TRAUNER VERLAG

RATGEBER

ELISABETH MOTSCH ■ DORIS SCHULZ

Karriere mit Stil

TOP-UMGANGSFORMEN IM BUSINESS

© 2014 by TRAUNER Verlag + Buchservice GmbH
Köglstraße 14, 4020 Linz

Gestaltung: Bettina Victor, Adelheid Hinterkörner, Rita Wenger
Umschlagfoto: istockphoto.com
Fotos: Fotolia.com, S. 199: Bernhard Bergmann, S. 244: shutterstock.com
Herstellung: TRAUNER Druck GmbH und Co KG, Linz
ISBN 978-3-85499-540-1

ELISABETH MOTSCH ■ DORIS SCHULZ

Karriere mit Stil

TOP-UMGANGSFORMEN IM BUSINESS

Vorwort

Elisabeth Motsch

Als Expertin für Image, Outfit und Umgangsformen bin ich eine international anerkannte Vortragende, Keynote Speaker, Trainerin und Coach. Ziel ist es, meine vielen Kunden zu unterstützen stilsicher aufzutreten und damit glaubwürdig und kompetent zu sein – das ist auch meine Lebensaufgabe.

Von der Visagistin habe ich mich zur Stilexpertin zuerst für Einzelpersonen, dann für Unternehmen weiter entwickelt. Heute bin ich bei Rodenstock als Brillenexpertin tätig und habe mich als Schmuckexpertin in einem internationalen Kristallkonzern etabliert. Ich berate und begleite Menschen aus dem Topmanagement, Politikerinnen und Politiker, Führungskräfte und Mitarbeiter, verfasse Bücher und bin als Vortragende und Trainerin sehr geschätzt.

Die Inhalte dieses Buches zu Stil und Etikette sind nicht trockenes Regelwerk, sondern basieren auf meinen umfangreichen Erfahrungen mit Menschen. Die Umgangsformen sollen nicht unabdingbarer Zwang sein, aber es ist gut, wenn Sie die Regeln kennen und Ihren persönlichen Weg finden. Wählen Sie aus und gewinnen Sie damit ein weiteres Stück Sicherheit.

Viele schöne Erfahrungen wünsche ich Ihnen dabei.

Homepage: www.motsch.at

Vorwort

Mag.ª Doris Schulz

Als Medienfrau, Politcoach und in meinen öffentlichen Ämtern stelle ich mich täglichen Herausforderungen. Diese Aufgaben bestmöglich zu erfüllen und Menschen ein Stück ihres Weges zu begleiten ist mein Ziel.

Stil, Auftreten und Kleidung sind im Zeitalter der Medien von immenser Bedeutung. Viele Jahre als Journalistin für Radio, Fernsehen und Zeitschriften tätig, habe ich 2004 die Seite des Mikrofons gewechselt und bin nun in politischer Verantwortung. Öffentlicher Auftritt, Präsenz, rasches Reagieren auf kritische Fragen, Stil und Umgang mit Menschen sind Teil jeder Persönlichkeit und Teil meiner täglichen Arbeit.

Das Buch „Karriere mit Stil. Top-Umgangsformen im Business" legen wir Ihnen neu überarbeitet vor – reich gespickt mit persönlichen Erfahrungen. Es soll Ihnen ein kompetenter und kurzweiliger Ratgeber sein. Nehmen Sie es mit Neugier zur Hand, blättern Sie nach – gewinnen Sie Sicherheit in Ihrem persönlichen Auftritt im Beruflichen wie im Privaten.

Viel Erfolg wünsche ich Ihnen.

Homepage: www.medienfrau.at

Inhalt

Mit Umgangsformen punkten

Gutes Benehmen ist wie Salz im Essen. Ganz ohne geht es nicht und allzu viel davon zerstört den Appetit. Es ist ein feiner Grat zwischen höflicher Leichtigkeit und verkrampftem Bemühen. Manieren haben wieder Saison, denn es geht längst nicht mehr nur darum, was, sondern wie wir etwas tun – sei es im Beruf oder im Privatleben. „Wer im Verkehr mit Menschen die Manieren einhält, lebt von den Zinsen. Wer sich über sie hinwegsetzt, greift sein Kapital an", meinte Hugo von Hofmannsthal. Ein wunderbarer unternehmerischer Vergleich, den Sie sich zu Herzen nehmen sollten.

Wenn Sie Gewinner im täglichen Umgang mit Ihren Vorgesetzten, Mitarbeitern und Mitarbeiterinnen sowie Kunden und Kundinnen sein wollen, beweisen Sie Stil, Kultur und Souveränität.

Umgangsformen sind wichtig

Hinter dem großen Business stehen Menschen, und diese Persönlichkeiten rücken in den Mittelpunkt. Nicht das Geschäft, sondern die, die es abschließen, sind wieder wichtig geworden. Daher erlangen gute Umgangsformen zunehmend an Bedeutung und sind in vielen Fällen geschäftsentscheidend.

Es ist bezeichnend, dass amerikanische und deutsche Firmenchefs ihre Mitarbeiter und Mitarbeiterinnen sowie deren Partner/innen, wenn sie in der engeren Bewerbungsphase für einen neuen Posten stehen, zum „Gabeltest" einladen. Sie wollen nämlich vorab wissen, ob ihre Mitarbeiter/innen ein Geschäftsessen mit Kunden und Kundinnen souverän mit Messer und Gabel absolvieren können.

Seit das Geschäftsleben mit dem modernen Begriff „Business" bezeichnet ist, werden fachliche Kompetenz und Kommunikationstechniken vorausgesetzt, ständig trainiert und ausgebaut. Wie aber steht es mit dem Wissen um die Regeln für das Miteinander, also die Umgangsformen? Etikette ist der Ausdruck gegenseitigen Respekts innerhalb der Gesellschaft.

Wirksamkeit in der Welt

„Jeder Mensch gilt in dieser Welt nur so viel, als wozu er sich selbst macht", meinte Ende des 18. Jahrhunderts Adolph Freiherr von Knigge. Der viel zitierte Herr Knigge wollte damals gar nicht gute Manieren lehren, sondern den Rechtschaffenen und Guten zu mehr Wirksamkeit in der Welt verhelfen. Sein Buch diente als Orientierungshilfe in einer Welt des Umbruchs, in der Landes- und Klassengrenzen durchlässig wurden und Menschen aus verschiedenen Schichten miteinander in Kontakt kamen.

Diese vorgegebenen Regeln gaben Halt in einer unsicheren Zeit, das macht das Thema Umgangsformen auch heute wieder aktuell. Durch die steigende Globalisierung und die wachsende Mobilität bewegen sich moderne Menschen in verschiedenen Milieus. Firmenchefs von heute verlangen von ihren Mitarbeitern und Mitarbeiterinnen neben fachlicher Qualifikation auch ein hohes Maß an stilsicherem Auftreten.

„Das Auftreten, der Habitus und eine natürliche Souveränität sind für die Karriere wichtiger als alle Zeugnisse" – so das überraschende Ergebnis einer Studie der Universität Darmstadt. Manager/innen – mögen sie noch so viele akademische Titel besitzen – werden es nicht sehr weit bringen, wenn sie sich nicht zu benehmen wissen.

Manieren als Signal

Benimm-Regeln sind Orientierungshilfen. Nur wer die Umgangsformen beherrscht, kann sich auf das Gespräch und seine Gesprächspartner/innen konzentrieren und ganz entspannt einen guten Eindruck machen. Wer nicht um Fassung und sein stilvolles Auftreten ringen muss, beweist Klasse – und wer strebt diese nicht an? Menschen mit Umgangsformen wurden immer schon als feiner und glaubwürdiger angesehen.

Das Image eines Unternehmens bestimmt auch den wirtschaftlichen Erfolg und wird durch das höfliche und korrekte Auftreten der Mitarbeiter/innen geprägt. Produkte und Dienstleistungen verkaufen sich heute nicht mehr alleine aufgrund ihrer Qualität. Viele Schulungen gelten besonders dem Schalterpersonal mit direktem Kundenkontakt, damit es freundlich und serviceorientiert auftritt. Jedes Unternehmen, das auf sich hält, lässt die ersten Ansprechpersonen am Telefon schulen; das ist Standard geworden. Genau genommen erwarten Sie als Anrufer/in oder als Kunde/Kundin, entsprechend behandelt zu werden. Werden Sie unfreundlich oder nicht korrekt angesprochen, ziehen Sie Ihre Schlüsse auf die Qualität des Unternehmens.

Trendumkehr – vom Knigge zur Klasse

Gutes Benehmen und feine Umgangsformen zeugen von Wertschätzung für Kunden/Kundinnen und für alle Personen, mit denen Sie sich umgeben. Benimmregeln und Etikette wurden in den letzten Jahrzehnten wenig geschätzt und kaum noch unterrichtet, weder in der Schule noch im Tanzkurs. Die Trendumkehr zeigt sich dadurch, dass Tanzschüler/innen Benimm-Zertifikate anstreben, Seminare über stilvolles Auftreten boomen und Medien verschiedenste Knigge-Anleitungen, ob im Beautysalon, im Hotel, im Geschäftsleben oder anderswo anbieten.

Die Chefin einer Großgastronomie und eines Cateringunternehmens erlebt in ihrem Restaurant einiges: „Bei der Art, wie sich manche Gäste benehmen, könnte man sich nur wünschen, dass auch mehr Erwachsene bereit wären, ihre Ausbildungslücken in den Umgangsformen zu schließen." Herbe Kritik, aber leider oft angebracht.

Gutes Benehmen lässt sich nicht einfach von anderen abschauen, sondern muss erklärt und trainiert werden. Der Weg zu gutem Benehmen ist ein Stück Arbeit, erfordert ein positives Vorbild und viel Konsequenz.

Gute Umgangsformen sollen kein starres Korsett sein, sondern zu einer angenehmen Selbstverständlichkeit werden. Dazu dient dieses Buch. Suchen Sie in der Fülle der Informationen Ihren ganz persönlichen Weg, denn Sie sollen dabei authentisch bleiben und sich wohl fühlen. Außerdem können Sie sich bei bestimmten Geschäftsterminen vorher ein paar Minuten Zeit nehmen, in Ruhe nachschlagen und Ihr Wissen auffrischen. Üben, üben, üben, ob zu Hause, mit Freunden/Freundinnen oder Arbeitskollegen/-kolleginnen, ist der beste Weg zu guten Umgangsformen.

Pünktlichkeit

Professionalität beginnt mit Pünktlichkeit

Vielen Menschen ist nicht bewusst, was Unpünktlichkeit wirklich signalisiert. Es ist Ausdruck von mangelndem Selbst- und Zeitmanagement. Bereits Anfang des 19. Jahrhunderts stellte der kanadische Schriftsteller Thomas Chandler Haliburtun fest: „Pünktlichkeit ist die Seele des Geschäfts." Lässt mich ein Partner mehr als einmal warten, so kommt Zweifel an seiner Professionalität und organisatorischen Kompetenz auf. Es gehört sich schlichtweg nicht, andere Menschen warten zu lassen.

Pünktlichkeit im Beruf ist keine Kür, sondern Pflicht. Wer unpünktlich ist, gilt als unzuverlässig. Durch zeitgerechtes Erscheinen nimmt man auch die Arbeit der anderen ernst und achtet deren Zeitplan. Pünktlichkeit soll nicht nur eine Geste gegenüber Kunden/Kundinnen sein, sondern auch den Umgang der Mitarbeiter und Mitarbeiterinnen miteinander im Unternehmen kennzeichnen.

Pünktlichkeit bei Geschäftsterminen

Vereinbaren Sie erst dann einen Termin, wenn Ihnen eine Besprechung oder eine Verabredung tatsächlich möglich und wichtig ist. Wenn Sie mit Kunden eine Besprechung haben, lassen Sie diese nie warten, damit vermeiden Sie den Eindruck von Unzuverlässigkeit. Kommt es doch vor, entschuldigen Sie sich dafür.

Falls Sie einen Termin nicht einhalten können, sagen Sie ihn lieber in absehbarer Zeit ab, auf keinen Fall in letzter Minute. Sollte sich eine Verspätung kurzfristig ergeben, rufen Sie von unterwegs an, sobald Sie dies abschätzen können. Jedes unpünktliche Erscheinen bedarf einer Entschuldigung.

Um sich den ohnehin mit Terminen vollgestopften Alltag zu erleichtern, gibt es ein paar einfache Tricks. Planen Sie Vorbereitungszeit für Besprechungen ein. Auch wenn Sie inhaltlich nichts vorbereiten müssen, sollten Sie genügend Zeit haben, Schreibunterlagen oder auch den Laptop vorzubereiten. Fordern Sie bei Meetings eine Tagesordnung an. Anfangs- und Endpunkt einer Besprechung sollten festgelegt sein, das verlangt auch eine professionelle Sitzungskultur (siehe Seite 84). Bei informelleren Zusammenkünften, z. B. Geschäftsessen, sollte ebenso klar sein, wie lange das Treffen anberaumt ist.

Tipps

- Erinnern Sie die Personen, mit denen Sie verabredet sind, in einer kurzen Mail am Tag oder ein paar Stunden vor dem Termin an Ihr Treffen.

- Fünf Minuten vor dem Termin zu erscheinen ist pünktlich.

- Möchten Sie noch Händewaschen gehen oder sich kurz frisch machen, so sind zehn Minuten, die Sie dafür einplanen, ausreichend.

- Der Vorsitzende einer großen kirchlichen Sozialorganisation plant seine Termine so, dass er etwa zehn Minuten vor dem Treffen vor Ort ist. Er kann sich vom Anreisestress erholen, sich erfrischen, die Unterlagen noch einmal überblicken oder sich auf das Gespräch vorbereiten.

- Eine Journalistin stellt die Weckfunktion auf ihrem Handy so ein, dass es jeweils ein paar Minuten vor dem Termin piepst, und kündigt das zu Gesprächsbeginn an. So kann sie mit einer einfachen Entschuldigung längere Termine abkürzen, kommt trotz Stress pünktlich und hat sich nebenbei schon viele Parkzeitüberschreitungen erspart.

Sich selbst einen Zeitrahmen setzen

Wer von Beginn an einen zeitlichen Rahmen setzt, wird vor der unangenehmen Aufgabe bewahrt, sich wegen eines wichtigen anschließenden Termins überraschend verabschieden zu müssen. Beginnen Sie jedes Gespräch mit einer Rückfrage, ob es beim gesetzten Zeitrahmen bleibt.

Termine haben immer Vorrang

Ein Kunden- oder telefonischer Gesprächstermin haben immer Vorrang vor Kunden und Mitarbeitern, die keine Termine mit Ihnen vereinbart haben. Teilen Sie mit, dass Sie nur kurz Zeit haben, weil Sie bereits einen anderen Termin vereinbart haben.

Wenn Sie jemand fragt: „Haben Sie kurz Zeit für mich?", so können Sie antworten: „Ja, ich habe kurz Zeit für Sie, aber um ... Uhr habe ich den nächsten Termin". Fragen Sie, ob sich das Gewünschte in dieser Zeit erledigen lässt. Wenn nicht, bieten Sie sofort einen Ausweichtermin an.

Pünktlichkeit bei Meetings und Besprechungen

Es gibt Mitarbeiter/innen, die immer zu spät kommen, weil Sie noch einen wichtigen Kunden am Telefon hatten oder Ähnliches. Lassen Sie Unpünktlichkeit von Anfang an nicht einreißen.

Als Führungskraft sind Sie immer Vorbild. Schließlich haben Sie es mit Ihrer Art geschafft, Chef/in zu werden. Ihr Verhalten ist für Ihr Team Erfolg versprechend und nachahmenswert. Wenn Sie Ihre Mitarbeiter/innen warten lassen, werden diese sich ein Beispiel an Ihnen nehmen.

Machen Sie Ihrem Team von Beginn an klar, was Sie erwarten: pünktliches Erscheinen und Zuverlässigkeit. Diese Werte werden nur dann eingehalten, wenn Sie sie klar kommunizieren.

Starten Sie Meetings pünktlich, auch wenn noch ein Mitarbeiter fehlt. Damit setzen Sie ein klares Signal, dass Sie Unpünktlichkeit nicht akzeptieren.

Bei Unpünktlichkeit rechtzeitig Bescheid geben

Jedem ist es schon passiert, unangenehm ist es trotzdem für beide Seiten: Wichtig ist, die anderen per Telefon oder SMS darüber zu informieren, dass man sich verspätet. Man kann das Sekretariat anrufen und ersuchen, die Verspätung weiterzugeben. Wer zu spät kommt, setzt sich diskret hin, ohne sich lange zu entschuldigen oder andere zu begrüßen, wenn das Meeting schon im Gange ist. Die Entschuldigung mit Grund wird bei nächster Gelegenheit nachgeholt, dann lieber ehrlich den Grund nennen, als dem anderen eine Lügengeschichte zu erzählen, das macht Sie sympathischer.

Pünktlichkeit bei privaten Einladungen

Bemühen Sie sich, bei privaten Essenseinladungen nie zu früh oder zu spät zu erscheinen – hier ist Pünktlichkeit gefragt. Kein Gastgeber/keine Gastgeberin ist mit den Vorbereitungen vorher fertig und dann möchte er/sie pünktlich servieren. Auf keinen Fall sollten Sie fünf Minuten vorher erscheinen, sondern wirklich zur angegebenen Zeit.

- s. t. (sine tempore): Hier heißt es pünktlich sein, z. B. bei Festakten oder Trauerfeiern.
- c. t. (cum tempore): Hier ist die akademische Viertelstunde erlaubt.

Bei Einladungen mit dem Satz: „... erwarten Sie ab 19 Uhr" steht es Ihnen frei zu entscheiden, wann Sie kommen möchten. Es kann auch eine Stunde später sein.

Bei Einladungen mit dem Satz: „... erwarten Sie um 19 Uhr" haben Sie pünktlich um 19 Uhr zu erscheinen.

Tipps

- Einladungen genau lesen.
- Persönliche Einladungen dürfen nur nach Rücksprache mit dem Gastgeber oder der Gastgeberin weitergegeben werden.
- Entschuldigen Sie sich immer für Ihr Zuspätkommen.
- Nennen Sie im kleinen Rahmen den Grund für Ihre Verspätung.
- Im großen Rahmen entschuldigen Sie sich nachher.

Einladungen absagen

Die Absage soll innerhalb von drei Tagen erfolgen. Schriftliche und persönliche Einladungen werden immer persönlich oder schriftlich absagt. Dies kann aus Zeitgründen telefonisch erfolgen – nennen Sie aber immer den Grund. Sagen Sie nie: „Es kam ein wichtiger Termin dazwischen." Damit signalisieren Sie dem Gastgeber oder der Gastgeberin, dass seine/ihre Einladung nicht ausreichend Gewicht für Sie hat.

Die Begrüßung

Sie werden vielleicht überrascht sein, dass dem Grüßen ein ganzes Kapitel gewidmet ist. „Grüßen ist etwas Alltägliches, das kann ich doch", meinen Sie womöglich, aber hier gibt es vieles zu bedenken, was die Begegnung freundlicher und Sie sympathischer macht.

Der erste Eindruck – die Begrüßung

Die richtige Begrüßung ist zentraler Moment für den ersten Eindruck. Wie lange, glauben Sie, dauert es bei einem ersten Zusammentreffen mit einer Person, dass Sie sich eine Meinung von Ihrem Gegenüber bilden? Sie haben ziemlich genau drei Sekunden für dieses erste Bild, das sich in Ihrem Unterbewusstsein kaum mehr verändern lässt. Vergessen Sie vor allem nicht zu lächeln. Ihr Auftreten kann noch so selbstbewusst sein, die Verbindlichkeit darf dabei nicht fehlen und die schaffen Sie durch ein Lächeln.

Wenn Sie jemanden begrüßen, konzentrieren Sie sich auch innerlich auf diese Person, sehen Sie ihr oder ihm in die Augen. Meinen Sie es ernst mit Ihrer Freundlichkeit und zeigen Sie, dass Sie Interesse an der begrüßten Person haben.

Regeln

- Lassen Sie einen Gruß nie unerwidert.
- Blickkontakt und ein Lächeln sollen Ihren Gruß begleiten.
- Erwidern Sie einen Gruß nicht, so kann dies Missachtung ausdrücken.

Bedenken Sie: Wir Menschen werden, so belegen mehrere Studien, bereits nach etwa zwanzig Sekunden unruhig, wenn wir das Gefühl haben, übersehen worden zu sein. Als soziale Wesen wollen wir von unseren Mitmenschen wahrgenommen werden.

Der Unterschied zwischen Grüßen und Begrüßen

Sind Sie in Eile und haben keine Zeit, mit Handschlag zu begrüßen oder ein paar Worte auszutauschen, so grüßen Sie im Vorbeigehen mit einem Kopfnicken, einem Lächeln oder auch einem Winken – selbstverständlich in Verbindung mit dem Gruß. Dies bedeutet: „Ich habe Sie gesehen und möchte zeigen, dass Sie mir wichtig sind." Begrüßen erfolgt immer mit Handschlag. Grüßen heißt, sich im Vorbeigehen zu grüßen, ohne sich die Hand zu geben.

Im Privatleben gelten die sonst im Berufsleben üblichen hierarchischen Regeln nicht. Hier grüßt immer zuerst der Mann die Frau und der Jüngere den Älteren.

Es grüßt
- der Jüngere den Älteren
- der Mann die Frau
- der Mitarbeiter den Chef

Begrüßen heißt, sich die Hand zu geben.

Es begrüßt
- der Ältere den Jüngeren
- die Frau den Mann
- der Chef den Mitarbeiter

Sich die Hand zu geben ist persönlicher. Runden Sie die Begrüßung mit ein paar persönlichen Worten ab. Geben Sie nie zu fest und nie zu locker die Hand, der Händedruck soll fest und sicher wirken.

Tipps
- Bei jeder Begrüßung mit Handschlag stehen Sie auf.
- Achten Sie darauf, dass Sie bei der Begrüßung und generell im Stehen Ihre Anzugjacke geschlossen haben – den mittleren Knopf bei drei Knöpfen und den obersten bei zwei Knöpfen.
- Stecken Sie Ihre linke Hand keinesfalls in die Hosentasche!
- Wenn über die geschäftliche Verbindung hinaus eine sehr persönliche Beziehung besteht, sollten Sie bedenken, dass eine zu private Begrüßung bei offiziellen Anlässen deplatziert sein kann.
- Wenn Sie zu feuchten Händen neigen, trocknen Sie Ihre Hände vorher mit einem Stofftaschentuch, das Sie in der Tasche haben, ab oder gehen Sie vorher Hände waschen.

- Blickkontakt aufnehmen – lächeln Sie und sehen Sie Ihrem Gegenüber immer in die Augen.
- Sie stehen zur Begrüßung immer auf. Beruflich steht auch die Frau auf, privat kann sie sitzen bleiben.
- Wenn Sie Mitarbeiter/in sind und als Gastgeber/in bei Veranstaltungen im Haus auftreten, begrüßen Sie Ihre Kunden und Kundinnen zuerst, obwohl Sie als Mitarbeiter/in rangniedriger sind.
- „Bussi-Bussi" gehört ins Privatleben.

Den Namen der begrüßten Person nennen

Ganz sicher kommt es gut an, wenn Sie beim Grüßen den Namen der Person nennen, der Sie soeben begegnen. Jeder Mensch hört seinen Namen gern und fühlt sich auf diese Weise besonders wertgeschätzt. „Guten Tag/Grüß Gott, Frau Schuster" wirkt persönlicher als nur „Guten Tag/Grüß Gott". Versuchen Sie sich die Namen der Kunden zu merken. Vielleicht hilft hier eine Eselsbrücke.

- Begrüßen Sie in der Gruppe von Bekannten entweder alle mit Namen oder keinen, sonst wirkt das unhöflich.
- Treffen Sie Bekannte und Fremde, so grüßen Sie die Bekannten mit Namen und grüßen die Fremden sehr bewusst.

Reihenfolge der Begrüßung in der Gruppe

Im kleinen Kreis heißt es immer „Ladies first"! Bei zwei bis fünf Personen wird die Dame zuerst, bei größeren Gruppen der Reihe nach begrüßt, Ausnahmen sind Ehrengäste; auch eine um Jahrzehnte ältere Person oder die einzige Dame in der Runde von vielen Herren werden vorgezogen.

Sollten Sie auf viele kleinere Kreise treffen, wird immer nur der Kreis begrüßt, zu dem Sie kommen. Sind Sie Gastgeber/in als Mitarbeiter/in, so begrüßen Sie wenn möglich jeden Kreis Ihrer Gäste. Selbstverständlich ist dies bei einer sehr großen Veranstaltung nicht möglich. Hier sind alle Mitarbeiter/innen aufgefordert, sich um die Gäste zu kümmern.

Der richtige Händedruck

Sie lernen jemanden kennen und begrüßen ihn oder sie mit Handschlag. Dabei geben Sie einiges von sich und Ihrem Charakter preis und vermitteln unbewusst Ihre Einstellung. Wenn Sie sich darüber im Klaren sind, können Sie das Händeschütteln entsprechend steuern, um eine Begegnung positiv zu beginnen.

- Dominanz: Dieser Mensch möchte mich dominieren.
- Unterwerfung: Diesen Menschen kann ich dominieren.
- Gleichheit: Diesen Menschen mag ich.

Der dominante Handschlag ist entweder sehr fest oder mit der Handfläche nach unten zeigend, was so viel bedeutet wie: „Ich möchte die Kontrolle übernehmen."

Der unterwerfende Handschlag ist entweder sehr weich, oder mit der Handfläche nach oben zeigend: „Ich möchte die Kontrolle abgeben oder dem anderen ein Gefühl der Überlegenheit vermitteln."

Ein „Knochenbrecher-Händedruck" ist das Erkennungszeichen des aggressiven Machos. Manche scheuen sich sogar, diesem Menschen zu begegnen.

Der Griff an das Handgelenk kann bei fremden Personen Misstrauen auslösen. Reicht der Griff bis zum Ellbogen, Oberarm oder gar zur Schulter, wird die Intimzone umso mehr verletzt, je weiter er nach oben geht.

Der passende Handschlag

Ihr Handschlag soll angenehm, aber nicht zu weich sein. Sie spüren sehr genau, wie stark Ihr Gegenüber die Hand drückt und dem passen Sie sich an, um gleichgestellt zu sein. Wenn Ihnen das Händeschütteln zu lange dauert, zeigen Sie dies mit einem festen abschließenden Händedruck an. Sollte Ihr Gegenüber nicht darauf reagieren, können Sie nur das Ende abwarten.

Regeln

- Ist jemand ranghöher, so warten Sie einfach ab, ob man Ihnen die Hand reicht.
- Achten Sie auf körpersprachliche Signale, denn nicht jeder Mensch möchte per Handschlag begrüßt werden.

Hauspersonal und Dienstleister/innen wie Kellner/innen, Verkäufer/innen oder Hotelpersonal werden nicht mit Handschlag, aber selbstverständlich freundlich begrüßt. Wenn Sie allerdings in diesem Haus Stammgast sind und mit einem Mitarbeiter eine sehr gute Beziehung aufgebaut haben, drücken Sie mit einem Handschlag Ihre Wertschätzung aus.

Wer grüßt wen zuerst?
Die korrekte Rangfolge im Geschäftsleben

Hier gilt das hierarchische Denken. Der Mitarbeiter/die Mitarbeiterin grüßt den Chef/ die Chefin und nicht umgekehrt, auch wenn der Chef/die Chefin sehr viel jünger ist. Es gilt also:

- Rangniedere grüßen Ranghöhere.
- Ausländische Gäste oder Mitarbeiter/innen sind immer ranghöher gegenüber Inländern/Inländerinnen gleichen Ranges.
- Bei gleichem Rang grüßt der Mann die Frau und der/die Jüngere den Älteren oder die Ältere.

Wie grüße ich?

Überlegen Sie, wo Sie sind und wie Sie grüßen möchten. Die Grußformel ist oft regional verschieden. In Österreich finden Sie kaum das „Guten Tag", wir sind im „Grüß Gott" verwurzelt. Bei der älteren Generation ist das „Grüß Gott" sicher gebräuchlicher als bei der jüngeren Generation in der Stadt, die keinen Bezug zur Kirche hat. Reisen Sie nach Paris, so werden Sie mit „Bonjour" grüßen. Wenn Sie mit bestimmten Regionen in Deutschland oder der Schweiz telefonieren, werden Sie „Ade", „Gruezi" oder auch „Tschüss" hören.

Gruß unter Kollegen/Kolleginnen im Unternehmen

Sie müssen nicht alle Kollegen/Kolleginnen jeden Morgen mit Handschlag begrüßen. „Schütteln" Sie allerdings mit, wenn dies so üblich ist!

Auf fremdem Terrain ist es angebracht, sich zu erkundigen, wie begrüßt wird, damit Sie nicht ins Fettnäpfchen treten.

- Einmal am Tag zu grüßen reicht.
- Ist eine Tür verschlossen, so klopft man immer an.

Sie grüßen immer, wenn Sie

- ein kleines Geschäft oder Lokal betreten,
- in einen Fahrstuhl steigen,
- in ein Wartezimmer kommen,
- ein geschlossenes Eisenbahnabteil betreten,
- sich in Flugzeug, Eisenbahn, anderen öffentlichen Verkehrsmitteln sowie im Theater oder Kino neben jemanden setzen,
- auf Hotelfluren Menschen begegnen oder
- im Unternehmen Fremden begegnen.

Auch Dienstleister/innen wie Kassierer/innen, Stewards und Stewardessen möchten freundlich gegrüßt werden, ebenso eine Verkäuferin oder ein Verkäufer, den/die Sie im Kaufhaus etwas fragen.

Tipps

- Sind Sie sehr groß gewachsen, so halten Sie mehr Abstand, um nicht „von oben herab" zu wirken.
- Lächeln Sie beim Grüßen.
- Dosieren Sie den Handschlag richtig.
- Einmal zu viel gegrüßt ist besser als einmal zu wenig.

„Darf ich bekannt machen?" oder „Darf ich vorstellen?"

Sie haben Gäste nach Hause eingeladen, diese treffen ein und kennen einander nicht. Jetzt kommt die große Frage, stelle ich nun vor oder mache ich bekannt? Die gleichen Regeln gelten natürlich auch im Geschäftsleben bei Veranstaltungen, Sitzungen oder Konferenzen im kleineren Rahmen.

„Darf ich bekannt machen" oder „Darf ich vorstellen" richtet sich grundsätzlich nach dem Rang, Alter oder Geschlecht der Person. Ein Bekanntmachen ist gleichrangig, beim Vorstellen besteht ein Rangunterschied. Bekannt gemacht wird in einem kleineren, persönlichen Kreis. Vorgestellt wird vorwiegend in beruflichen Situationen.

„Darf ich bekannt machen?"

Vor allem im Privatleben ist es üblich, dass jemand durch dritte Personen bekannt gemacht wird. Erzählen Sie zum Namen noch kurze Informationen wie Beruf, Hobby oder auch Gemeinsamkeiten. Damit erleichtern Sie den Gesprächseinstieg und bieten Anknüpfungspunkte. Sie können in beliebiger Reihenfolge bekannt machen. Die beste Formulierung dazu lautet: „Darf ich Sie miteinander bekannt machen, das ist ..." Sehr sympathisch wirkt es auch, wenn Sie sich selbst bekannt machen. Eine passende Situation ist in einer kleinen Gesprächspause.

„Darf ich vorstellen?"

Im Geschäftsleben wird der Chef/die Chefin den Gästen und Kunden/Kundinnen vorgestellt und nicht umgekehrt. Gehen Sie Besuchern oder Besucherinnen entgegen und signalisieren Sie damit Ihre Wertschätzung. Kunden und Kundinnen dürfen nicht als Bittsteller erscheinen.

- Beachten Sie das Alter der vorzustellenden Personen, mindestens eine Generation macht den Unterschied.
- In offizieller Gesellschaft wird ein Herr immer der Dame vorgestellt.
- Bei mehreren gleichrangigen Herren hat der ältere gegenüber dem jüngeren Herrn den höheren Rang – das Gleiche gilt bei Damen.
- Nennen Sie beim Vorstellen akademische Titel stets zum Namen dazu.

Tipps

- Wenn Sie sich geschäftlich duzen, nennen Sie bei einer Vorstellung Vor- und Zuname. Nur den Vornamen zu nennen ist ein Fauxpas.
- Stellen Sie Ihren Partner/Ihre Partnerin mit „meine Frau" – „mein Mann" – „mein/e Partner/in" vor, die Begriffe „Gatte" oder „Gattin", „Gemahl" oder „Gemahlin" sind altmodisch.

In allen Situationen vergessen Sie bitte die Floskeln: „(Sehr) angenehm" oder „Habe die Ehre", sondern antworten Sie stattdessen mit „Es freut mich, Sie kennenzulernen" und/oder „Ich habe schon viel von Ihnen gehört".

Die Selbstvorstellung

Wie oft ist Ihnen das schon passiert: Sie kommen zu einer Gruppe oder auch einer einzelnen Person, kennen niemanden und wollen nicht anonym an einem Gespräch teilnehmen. Wenn Sie eine bestimmte Person kennenlernen möchten, aber niemand zur Hand ist, der die Vorstellung übernimmt: Seien Sie mutig und stellen Sie sich selbst vor!

- Der augenscheinlich Jüngere, der Mann oder Rangniedere nennt seinen Namen.
- Der augenscheinlich Ältere, die Frau oder Ranghöhere reicht die Hand und nennt dabei auch ihren/seinen Namen.
- Gegebenenfalls können Sie noch das Unternehmen, für das Sie tätig sind, nennen.
- Den eigenen Titel nennen Sie bitte nicht.

Sollten Sie eine Person aus einer Gruppe sprechen wollen, so halten Sie gebührenden Abstand und versuchen, mit ihr Augenkontakt aufzunehmen. Erst dann können Sie sich dezent bemerkbar machen und die Reaktion abwarten. Entsprechend der Rückmeldung oder des Handzeichens können Sie sich selbst vorstellen und Ihr Anliegen vorbringen.

Sprechen Sie deutlich Ihren Vor- und Nachnamen mit Betonung auf den jeweils letzten Buchstaben des Vor- und Zunamens aus und machen Sie zwischen dem Vor- und Zunamen eine kurze Pause: „Ich heiße Monika Sigel" oder „Ich bin Monika Sigel", „Mein Name ist Monika Sigel."

Haben Sie den Namen nicht verstanden, zögern Sie nicht und fragen Sie ruhig nach: „Wie ist Ihr Name?" und nicht „Wie war Ihr Name?" oder „Ich habe Ihren Namen leider nicht verstanden, können Sie diesen bitte nochmals wiederholen?"

Ehepartner/in und Partner/in vorstellen

Kennen Sie diese Situation? Sie gehen mit Ihrem Ehepartner oder Ihrer Partnerin auf eine Veranstaltung. Sie kennen sehr viele Menschen und plaudern angeregt, nur Ihre Begleitung kennt niemanden. Wie oft passiert es leider, dass Ihr Partner/Ihre Partnerin, der/die oft auch niemandem vorgestellt wurde, gelangweilt daneben steht, während Sie in ein Gespräch vertieft sind. Beim Nachhausegehen hören Sie die meist berechtigten Vorwürfe: „Ich kenne niemanden", „Ich gehe nicht mehr mit", „Du hast dich nicht um mich gekümmert". Nicht jeder Mensch findet sofort Anschluss und beherrscht Small Talk. Manche Menschen trauen sich auch ganz einfach nicht, in ein Gespräch mit Unbekannten einzusteigen.

Tipps

- Den Partner/die Partnerin immer vorstellen.
- Immer wieder Blickkontakt zu ihm/ihr halten.
- Ihn/sie in das Gespräch mit einbeziehen.
- Seine/ihre Meinung erfragen, wenn es das Thema erlaubt.

Das Vorstellen ab fünf Personen

Das geht der Reihe nach, außer es ist nur eine Dame oder ein Ehrengast anwesend. Dann werden diese als Erste begrüßt.

Sie kennen nur eine Person in einer Gruppe? Warten Sie ab, ob Sie vorgestellt werden. Wenn nicht, begrüßen Sie zuerst die Person, die Sie kennen, dann werden alle anderen mit Handschlag begrüßt. Entweder Sie geben allen die Hand oder keinem. Kommt ein Neuer/eine Neue auf die Gruppe zu, so nehmen Sie ihn/sie sofort auf. Entweder den Neuen/die Neue der Gruppe vorstellen oder die Gruppe dem/der Neuen vorstellen. Den Vorrang haben immer: Ehrengast, sehr viel Ältere/r und Frauen. Kunden und Kundinnen sind immer die Ranghöchsten. Dem Kunden/der Kundin wird der Geschäftsführer/die Geschäftsführerin oder der Mitarbeiter/die Mitarbeiterin vorgestellt, nicht umgekehrt.

Hallo – Tschau – Tschüss – Baba

Diese saloppen Grußformeln haben bei Höhergestellten sowie bei Kunden/Kundinnen nichts verloren. Es ist Gruß unter Freunden oder Kollegen und gilt nicht als allgemeiner Gruß im Unternehmen, oder möchten Sie als Kunde „Hallo, Herr Berger!" gerufen werden? „Grüß Gott/Guten Tag, Herr Berger" klingt doch viel wertschätzender. Im Unternehmen wird mit den in Ihrem Haus üblichen Grußworten gegrüßt.

Hallo

Früher sagte man: „Der Hallo ist schon gestorben". Es galt als unhöflich, nicht vertraute Menschen mit „Hallo" zu grüßen. Heute wird das „Hallo" sehr oft verwendet, ohne zu wissen, dass es zu vertraut ist.

Kunden werden nicht mit „Hallo" gegrüßt. Das „Hallo" wird als Mittelding zwischen „Guten Tag/Grüß Gott" und dem sehr vertrauten „Grüß Dich" verwendet. Als Regel gilt, dass in Österreich das „Hallo" im geschäftlichen Bereich nicht verwendet wird, in Deutschland ist es üblicher, aber nicht besser. Werden Sie mit „Hallo" angesprochen oder im Mail angeschrieben, haben Sie das Recht, genauso zurückzusprechen oder zurückzuschreiben. Wenn Sie das nicht möchten, können Sie in der üblichen Art und Weise des Hauses antworten.

Ciao oder Tschau

In Deutschland ist statt des italienischen „Ciao" auch die Schreibweise „Tschau" üblich. Die Italiener sagen „Ciao" zur Begrüßung und Verabschiedung, aber sie mögen es nicht, wenn sie im Ausland von Nicht-Italienern damit begrüßt oder verabschiedet werden.

Tschüss ...

... versteht man in Deutschland als Abschiedsgruß, es wird auch zu Fremden gesagt. In Österreich ist diese Art der Verabschiedung nur bei Freunden erwünscht. Wundern

Sie sich nicht, wenn deutsche Kunden Sie mit „Tschüss" verabschieden, auch wenn der Kontakt nicht freundschaftlich war.

Servus

„Servus" wird in manchen Regionen zur Begrüßung wie auch zur Verabschiedung verwendet. Laut Wikipedia gilt das vor allem für das Saarland, Rheinland-Pfalz, Baden-Württemberg, Bayern, Hessen, Franken, das Vogtland und Österreich. In Norddeutschland wird jeder „Servus" verstehen, aber es ist nicht allgemein gebräuchlich. In Österreich ist das umgangssprachliche „Servas" unter Freunden verbreitet.

Baba …

… ist in Österreich der Abschiedsgruß an Kleinkinder und befreundete oder verwandte Personen.

„Mahlzeit" ist kein Mittagsgruß

Früher wünschte man sich eine „gesegnete Mahlzeit". Das war die Schrumpfform des Tischgebets. Das „Mahlzeit" hat sich als Ritual in Unternehmen eingebürgert. Damit um die Mittagszeit zu grüßen ist eine österreichische Unart und eigentlich keine offizielle Grußformel. Von 10 Uhr vormittags bis 3 Uhr Nachmittags hören Sie dieses Wort durch die Gänge schallen, sogar auf der Toilette begegnet man sich mit „Mahlzeit" und da sollte man es am allerwenigsten gebrauchen. Besser Sie begegnen einander mit „Grüß Gott" oder „Guten Tag" oder „Grüß dich", wenn Sie per Du sind. Wenn „Mahlzeit" die Grußformel in Ihrem Unternehmen ist, können Sie mitmachen oder stattdessen die üblichen Grußformeln verwenden. Bei Tisch wünschen Sie sich „Guten Appetit" oder „Gesegnete Mahlzeit".

Bis wann gilt „Guten Morgen" und ab wann „Guten Abend"?

Jeder kennt das aus seiner Umgebung: Menschen haben ganz verschiedene Tages-rhythmen. Dementsprechend wünscht jemand, der eher spät aufsteht, vielleicht um 10 Uhr noch „Guten Morgen", während ein Frühaufsteher möglicherweise bereits um 9 Uhr mit „Guten Tag" grüßt. Der Abend beginnt ca. um 18 Uhr. Obwohl es hier keine festen Richtlinien gibt, kann man sich an folgende Grundregel halten:

Regel

- Von 6 bis 11 Uhr sagt man „Guten Morgen".
- Von 11 bis 18 Uhr sagt man „Guten Tag/Grüß Gott".
- Nach 18 Uhr sagt man „Guten Abend".

Achtung – andere Länder andere Sitten: In Italien sagt man je nach Region schon ab 16 Uhr „Buona sera", also „Guten Abend". In Spanien richtet sich der Gruß nach den Essenszeiten. Ab dem Mittagessen bis zum Abendessen, das nicht vor 20 Uhr statt-findet, sagt man „Buenas tardes". Diese Grußformel würde übersetzt also sowohl „Guten Tag" im Sinne von „Guten Nachmittag" als auch „Guten Abend" bedeuten. Zu später Stunde wird „Buenas noches" verwendet, das wörtlich übersetzt „Gute Nacht" bedeutet, aber in Spanien nicht nur zur Verabschiedung, sondern auch zur Begrüßung verwendet wird.

Die Begrüßung in anderen Ländern

Hier kann viel falsch gemacht werden. Soll man seinem Gegenüber zunicken, auf die Schulter klopfen oder es gar umarmen und vielleicht auch noch küssen? Der feste Händedruck ist nicht überall gefragt. Die Südeuropäer wie Spanier, Italiener und Franzosen begrüßen einander überschwänglich mit meist angedeuteten Wan-genküssen. Aber Vorsicht, küssen Sie nicht einfach drauflos! In Italien und Spanien sind zwei Küsse – zuerst auf die rechte, dann auf die linke Wange – üblich. Beim

„Faire des bisous" der Franzosen können es bis zu vier angedeutete Luftküsse, über die Schulter des Gegenübers sein.

Bei den Amerikanern und Briten ist ein „How do you do" Teil des Begrüßungsrituals. Eine wahrheitsgemäße Antwort wird nicht erwartet. Es ist auch nicht immer üblich, sich mit Händeschütteln zu begrüßen.

In Griechenland, Italien, Spanien, Frankreich, Portugal, der Türkei, Ungarn, Polen, Serbien, Kroatien, Slowenien, Österreich, der Schweiz sowie in Teilen Süddeutschlands ist es üblich, dass sich Familienmitglieder und Freunde mit Küsschen begrüßen oder verabschieden.

In Deutschland, Österreich und Italien reichen zwei Küsse. In der Schweiz wird ein dritter Kuss erwartet. In Frankreich ist die Zahl der üblichen Wangenküsse unterschiedlich; je nach Region sind zwei bis vier Wangenküsse üblich.

Die Bussi-Bussi-Gesellschaft

Mit „Bussi-Bussi" grüßt man sich nur unter Verwandten, Freunden und denen, die sich dafür halten. Es hat nichts mit dem traditionellen Bruderkuss zu tun, sondern ist eine Vertraulichkeit, die in den letzten Jahren immer häufiger zu erleben ist. Es ist bei Nordländern eher verpönt, bei Südländern auch unter Männern sehr beliebt.

Tipps
- Küssen Sie bloß nicht die Frau des Chefs, außer Sie sind befreundet und treffen sich im privaten Rahmen.
- „Bussi-Bussi" gehört nicht ins Geschäftsleben.

- Wenn schon Bussi-Bussi, dann eher nur angedeutet, als laut schmatzend auf die Wangen der anderen Person geküsst.
- Bei „Bussi-Bussi" ist es üblich, mit der rechten Wange zu beginnen.
- Achten Sie bitte auf körpersprachliche Signale, ob Ihr Gegenüber das „Bussi-Bussi" überhaupt will.
- Zwingen Sie einen Partner nicht dazu, nur weil Sie mit dem anderen Partner das „Bussi-Bussi" pflegen.

Der Handkuss

Sollten Sie in Wien sein und in bestimmten Gesellschaftsgruppen verkehren, wo es üblich ist, mit Handkuss zu grüßen, so ist er ein Teil der guten Umgangsformen. In den übrigen Bundesländern oder auch in Deutschland verunsichern Sie die Damen zumeist. Allerdings freuen sich manche über einen stilvollen, eleganten Handkuss, wenn die Situation passt. Das wird aber kaum in beruflichen Situationen oder auf der Straße sein.

Regel

Beim Handkuss ergreift der Herr die Fingerspitzen der Frau und führt sie bis in etwa seine Brusthöhe. Der Mund berührt die Hand nicht, es wird der Kuss mit einer kleinen Verbeugung angedeutet. Schmatzgeräusche sind ein Stilbruch.

Körpersprache und Distanzzonen

Als soziale Wesen ist Kommunikation für uns von unendlicher Wichtigkeit. Da wir im Lauf der Zeit die Sprache entwickelt haben, glauben wir manchmal, dass wir nur über diesen Weg kommunizieren. Paul Watzlawick belehrt uns eines Besseren, indem er darauf hinweist, dass wir auch ohne zu sprechen ständig kommunizieren: „Man kann nicht nicht kommunizieren!" Unsere Körpersprache (Gestik, Mimik u. ä.) verrät mehr, als uns lieb ist. Sie ist die älteste Form der Verständigung und wirkt prompt. Sie spricht unsere Gefühle an, daher vertrauen wir ihr im Zweifelsfall mehr als dem gesprochenen Wort.

Vorsicht bei der Interpretation von Signalen

Die Körpersprache hilft, unser Gegenüber einzuschätzen. Dabei können wir uns aber auch täuschen. Selbst professionelle Trainer, die sehr viel Übung in der Interpretation von nonverbalen Botschaften haben, kommen dabei manchmal zu verschiedenen Ergebnissen. Die Körpersprache wird nämlich auch von unserem Geschlecht, unserem Alter, unseren Erfahrungen oder einfach unserem Kulturkreis beeinflusst. Am besten können Sie sich bei der Einschätzung Ihres Gegenübers daran orientieren, ob das Bild, das er/sie vermittelt, stimmig ist.

Unsere Gestik

Auch die Bewegungen von Armen, Händen und Kopf sind nonverbale Signale und werden als Gestik bezeichnet. Hier ist es besonders wichtig, auf den Kulturkreis seines Gegenübers zu achten, da manche Gesten, die bei uns ganz neutral oder gar positiv sind, in anderen Kulturen sogar beleidigend wirken können, zum Beispiel ein emporgestreckter Daumen. Grundsätzlich lässt sich aber sagen: Je nachdem, in welcher Höhe ober- oder unterhalb der Körpermitte sich die Hände dabei befinden, empfinden wir Gesten als negativ, positiv oder auch neutral. Diese Tatsache können Sie dafür nützen, Ihre Aussagen durch die passende Handhaltung zu unterstützen.

Tipp

Versteckte Hände – in den Hosentaschen oder hinter dem Rücken –
werden immer als negativ empfunden. Sind die Hände zu sehen, so ist es
wichtig, häufig freundlich zeigende und öffnende Gesten zu benutzen.

POSITIVE GESTEN

Wir leben in einer Gesellschaft, in der Bescheidenheit als Tugend noch immer sehr in den Menschen verankert ist. Daher verstärken wir unbewusst eher negative Aussagen durch körpersprachliche Unterstützung als positive. Versuchen Sie daher, Ihre Argumente und allgemein positive Ausdrücke wie Erfolg, Glück etc. durch offene und harmonische Gesten zu verstärken.

NEGATIVE GESTEN

Als negativ werden vor allem Gesten empfunden, die unterhalb der Taille ausgeführt werden, ebenso das Überkreuzen der Arme vor der Brust oder das Zeigen der Handrücken statt der Handflächen. Schulterzucken oder die Hände unterhalb der Taille nach außen zu drehen wird als Geste der Unterwerfung interpretiert. All das sollten Sie vermeiden, wenn Sie überzeugen möchten.

Die Unterstützung negativer Aussagen in der Gestik ist nur schwer zu unterdrücken. Auch wenn es uns in puncto Körperhaltung gelingt, aufrecht und gerade zu stehen – oft verraten wir uns durch die Hände und vor allem die sogenannten „Hand-Hals-Gesten".

Unsere Mimik

„Der kürzeste Weg zwischen zwei Menschen ist ein Lächeln." Lachen wirkt positiv und anregend auf unsere Umgebung, die ebenso freundlich darauf reagiert. Dadurch entsteht eine Art Rückkopplung, die ein gutes Gefühl gibt.

Erstaunlich ist, dass unser Lachen auch dann auf uns zurückwirkt, wenn es künstlich erzeugt wird. Schon die Bewegung im Gesicht, also dass wir die Mundwinkel hinaufziehen, hebt unsere Stimmung, wie Wissenschaftler in Versuchen feststellten. Umso besser wirkt Lachen, wenn es natürlich ist. Sogar Schmerzen lassen sich durch

Lachen verringern. Versuchen Sie also, öfter zu lachen oder auch nur zu lächeln, das macht Sie sympathisch und erleichtert Ihnen den Alltag.

IST EIN LÄCHELN ECHT?

Ein echtes Lächeln wirkt nicht nur anders als ein falsches, das unwillkürliche Lächeln umfasst auch viel mehr Gesichtsmuskeln als ein künstliches. Besonders gut erkennbar ist dies am Ausdruck der Augen. Beim echten Lächeln bilden sich Lachfalten, während beim unechten die Muskulatur um die Augen relativ starr bleibt. Diese nonverbalen Signale sind allerdings durch gesichtsstraffende Schönheitseingriffe oft verfälscht und können zum Teil nicht mehr richtig gelesen werden.

ACHTUNG AUCH AUF DEN MUND

Der Mund spielt zwar bei der Körpersprache eine untergeordnete Rolle. Allerdings ist es wichtig, zu wissen, dass Sie im Gespräch keinen Schmollmund machen sollten, da er im anderen ein schlechtes Gewissen erzeugt. Das gilt auch für öffentliche Auftritte. Tabu ist es, die Zunge herauszustrecken, aus welchen Gründen auch immer. Ebenso wie das schiefe Lächeln wirkt ein „schiefer Mund" wenig glaubwürdig. Wird sogar nur ein Mundwinkel angehoben, so signalisiert diese Mimik Zynismus, Arroganz oder ein Überlegenheitsgefühl.

DER SPIEGEL DER SEELE – DIE AUGEN

Kaum ein Körpersignal verrät so viel über unser Gegenüber wie die Augen. Angeblickt zu werden, vermittelt uns Beachtung und Aufmerksamkeit und stimmt uns positiv. Wer den anderen keines Blickes „würdigt", vermittelt Desinteresse, wird aber auch als arrogant empfunden. Wegsehen kann aber auch nur bedeuten, dass der andere unsicher ist oder sich schämt.

Wenn wir Menschen überzeugen wollen, müssen wir ihnen in die Augen sehen. Deshalb ist es besonders bei Vorträgen wichtig, zu möglichst vielen Zuhörern Blickkontakt aufzunehmen, um ihre Zustimmung einzuholen. Das vermittelt auch

Souveränität des Redners über sein Thema. Doch Vorsicht: Wenn der Blick zu lange auf den anderen gerichtet ist, bewirkt das Unbehagen, da es als aufdringlich und aggressiv empfunden wird.

Die Distanzzonen

Jeder Mensch hat seine Distanzzonen. Kommt Ihnen jemand zu nahe, fühlen Sie sich bedrängt und sogar bedroht. Die einzuhaltende Distanz richtet sich nach Ihrem Gegenüber. Je näher Sie eine Person kennen und je vertrauter Sie mit ihr sind, umso geringer ist auch der körperliche Abstand. Im Gespräch mit guten Freunden kann er 60 cm, bei Kollegen/Kolleginnen untereinander eine Armlänge, also etwa 80 cm, betragen, Mit Vorgesetzten kann er sogar bis zu 1,20 m sein.

Sicher kennen Sie die Situation, dass Ihnen jemand einen Arm um die Schulter legt oder Ihnen im Gespräch zu nahe kommt, ohne Sie zu berühren. Das empfinden wir als unangenehm und als Verletzung der persönlichen Distanzzone.

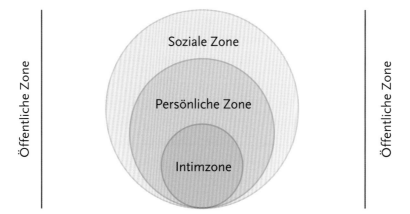

Distanzzonen im Berufsleben

Im Berufsleben stoßen wir auf verschiedene Distanzzonen und Reviere, die wie ungeschriebene Gesetze eingehalten werden müssen, um nicht anderen gegenüber unhöflich zu sein.

Das Büro oder der eigene Schreibtisch sind oft mit Blumenstöcken, Bilderrahmen, Kaffeetasse, Kinderzeichnungen, Postkarten und allerhand persönlichen Kleinigkeiten abgegrenzt. Im Kundenverkehr ist allerdings von dieser Wohnzimmeratmosphäre dringend abzuraten. Ebenso gehört der Computer, obwohl Firmeneigentum, in die persönliche Distanzzone. Diese Signale bedeuten: „Halt, bis hierher und nicht weiter!"

Im Restaurant wird der Anspruch auf Platz am Tisch üblicherweise halbe-halbe geregelt. Wie schlimm empfinden Sie es, wenn sich jemand über die Tischmitte beugt oder sein Glas dorthin schiebt?

INTIME DISTANZ

Die intime Distanz kann sehr gering sein und bis zum körperlichen Kontakt gehen. In unserem westlichen Kulturkreis reicht sie bis ungefähr sechzig Zentimeter heran. Sehr enge Freunde, Lebenspartner und Kinder dürfen in diese Distanzzone vordringen. Wenn ein Mann und eine Frau, die einander nicht nahestehen, sich zur Missachtung dieser intimen Distanzzone gedrängt fühlen, kann es für beide sehr peinlich werden.

Wenn Sie sich beim Anstellen in der Kantine, im Lift oder auf engem Raum mit vielen anderen Menschen unwohl fühlen, wird Ihre intime Distanzzone überschritten. Jedes Eindringen einer nicht vertrauten Person empfinden Sie daher als Grenzverletzung und reagieren automatisch: Sie spannen alle Muskeln an und versuchen, den Nachbarn auf keinen Fall irgendwo zu berühren. Diese Reaktion bedeutet: „Ich bitte Sie um Entschuldigung, dass ich in Ihre Zone eindringe, aber die Situation zwingt mich dazu und ich werde Ihre Privatzone respektieren." Sollten Sie anders reagieren und die Situation für sich ausnützen, haben Sie bereits verloren.

PERSÖNLICHE DISTANZ

Rund einen Meter Abstand zur nächsten Person, das ist die durchschnittliche Entfernung, die Sie brauchen, um sich wohl zu fühlen. Für den Beginn einer Kommunikation ist dies die wichtigste Distanzzone, daher ist es ganz entscheidend, diese auch zu beachten. Sie können einander die Hand reichen und der Kontakt ist für ein mehr oder weniger persönliches Gespräch eng genug.

Natürlich vermitteln Sie mit der Distanz auch eine Botschaft. Als Vorgesetzte/r sollten Sie sich dessen bewusst sein, dass Sie, wenn Sie an einen Mitarbeiter/eine Mitarbeiterin näher als an andere herantreten, damit eine gewisse Bevorzugung dieser Person signalisieren. Andererseits könnte dieses Nähertreten als aufdringlich empfunden werden, wenn Sie mit der Person auf weniger vertrautem Fuß stehen.

Manche Vorgesetzte oder Politiker nehmen den Unterarm der begrüßten Person oder legen die Hand auf die Schulter und maßen sich dabei eine Vertrautheit an, die ihnen nicht zusteht. Anfassen dürfen Sie Ihr Gegenüber nur, wenn Sie tatsächlich sehr vertraut miteinander sind.

GESELLSCHAFTLICHE DISTANZ

Bei der gesellschaftlichen oder sozialen Distanz ertragen Sie eine Entfernung von eineinhalb bis drei Metern. In diesem persönlichen Raum werden Geschäfte abgewickelt, wird mit Kunden/Kundinnen verhandelt und werden unpersönliche Angelegenheiten geregelt. Auch bei zwanglosen Treffen, bei Dienstleistern/Dienstleisterinnen und im Geschäft ist diese Distanzzone notwendig.

Die Büros von hochgestellten Persönlichkeiten, Generaldirektoren/-direktorinnen und Mitgliedern des Vorstands sind deshalb so geräumig, weil jene ihre Herrschaft durch die Distanz ausdrücken. Auch der Schreibtisch hat die Funktion, die Untergebenen oder Mitarbeiter/innen auf Distanz zu halten. In dieser Position ist es für Chefs/Chefinnen leicht, einfach hinter dem großen Schreibtisch sitzen zu bleiben, ohne an Status zu verlieren.

In Firmen ist diese Distanzzone wichtig, denn Sie können weiterarbeiten, ohne unhöflich zu wirken. Sie können aber auch die Arbeit beiseitelegen und reden. Empfangspersonal braucht beispielsweise diesen Raum, um weiterarbeiten zu können und nicht gezwungen zu sein, eine Unterhaltung mit der wartenden Person zu führen. Eine schützende Distanz, die Sie keinesfalls umgehen sollten.

ÖFFENTLICHE DISTANZ

Beobachten Sie einmal Menschen an einer Haltestelle. Weit verstreut, selbst bei Regen, sammeln sie sich und versuchen die öffentliche Distanz zum Nächsten nicht zu überschreiten. Sie beträgt vier bis sechs und mehr Meter, um als angenehm empfunden zu werden. Diesen Abstand halten Lehrer/innen zu ihren Schülern/ Schülerinnen im Unterricht, Vortragende im Seminar, Vorgesetzte bei der Rede an die Mitarbeiter/innen, Schauspieler/innen und Politiker/innen.

Tipps

- Halten Sie lieber mehr Distanz und achten Sie intensiv auf Signale Ihres Gegenübers, um nicht als unhöflich zu gelten.
- Eine Armlänge Distanz ist meist ein gutes Maß für einen Gesprächseinstieg.
- Berühren Sie keine Person, mit der Sie nicht vertraut sind.
- Halten Sie nach dem Händeschütteln nicht die Hand oder den Arm der begrüßten Person fest.

Erkennen der Distanzzonenverletzung

Wenn Sie einem Gesprächspartner zu nahe gekommen sind, können Sie dies an folgenden Reaktionen wahrnehmen:

- Der andere versucht unbewusst eine Barriere aufzubauen (z. B. mit einer Aktenmappe).
- Der andere geht einen Schritt zurück.
- Der andere weicht Ihrem Blick aus.
- Der Oberkörper geht zurück.

Wenn Sie eine dieser Reaktionen wahrnehmen, vergrößern Sie sogleich den Abstand, so kann sich der andere entspannen und Sie können sich wieder auf das Gespräch konzentrieren. Es kann aber auch sein, dass Ihr Körpergeruch „gekippt" ist.

Taktvoll für Distanz sorgen

Wenn Sie sich von einem Gesprächspartner bedrängt fühlen, sorgen Sie für mehr Distanz. Leichter gesagt als getan. Denn ein Schritt nach hinten hilft meist nicht, oft rückt der Gesprächspartner nach.

Sie können

- etwas in die Hand nehmen (z. B. eine Tasse, eine Mappe).
- dem anderen/der anderen einen Platz anbieten und den Tisch als Barriere nutzen.
- einen Schritt zur Seite treten, ohne den Blickkontakt zu verlieren, statt ihm/ihr frontal gegenüberzustehen.

KUNDEN IM HAUS

Meist übertreten Kunden, die sich Ihnen schon sehr vertraut fühlen, weil Sie schon öfter im Haus waren, die Distanzzone. Damit signalisieren Sie, dass Sie gute Freunde des Hauses sind. Oder neue Kunden zeigen mit diesem Verhalten, dass sie schon dazugehören wollen.

KUNDEN AUS ANDEREN KULTURKREISEN

Gerade dort, wo unterschiedliche Kulturen zusammenkommen – was in unserer globalen Welt und in wachsenden multikulturellen Unternehmen immer üblicher wird –, ist ein sensibles Miteinanderumgehen angebracht. Durch unterschiedliche Erziehung, Religion und politische Ansichten gibt es verschiedene Ausprägungen. Jede/r besitzt seine/ihre eigenen, individuellen Grenzen, die er/sie nicht überschritten sehen möchte.

In einigen lateinamerikanischen Ländern ist das Distanzbedürfnis viel geringer als in Europa. Wundern Sie sich nicht, wenn Ihnen ein Brasilianer zu nahe kommt. Für ihn ist das in Ordnung. In vielen asiatischen Ländern dagegen ist das Distanzbedürfnis sehr groß.

Tipp

Als kleine Richtlinie können Sie nehmen:

- Wenig Distanz halten die Menschen in Ländern wie Spanien, Frankreich, Italien, Türkei und in südamerikanischen Ländern.
- Ein bisschen mehr Distanz, aber für uns Mitteleuropäer noch immer zu wenig, halten die Osteuropäer.
- Viel Bedürfnis nach Abstand haben Deutsche, Skandinavier, Briten und Niederländer.
- Noch größer ist das Distanzbedürfnis in vielen asiatischen Ländern.

Im Lift

Jeder kennt die Situation: Man steht im Aufzug, umgeben von fremden Personen. Die Distanzzonengrenzen, wie sie in freien Räumen gelten, können nicht mehr eingehalten werden. Für viele Menschen bedeutet die Enge Stress, für manche fast eine Bedrohung. Jedenfalls aber ist fast jeder erleichtert, wenn er den Aufzug wieder verlassen kann. Damit die Fahrt möglichst entspannt verläuft, ist es hier besonders wichtig, sich an bestimmte Regeln zu halten.

Sie sollten sich auf keinen Fall zu nahe an eine andere Person heranstellen, aber auch nicht ihr frontal gegenüber und Sie sollten andere Personen nicht direkt ansehen. Ist der Lift schon ziemlich voll und Sie haben es nicht sehr eilig, warten Sie besser auf den nächsten.

Beim Ein- und Aussteigen sollte es nicht zu Drängelei oder Geschubse kommen. Generell gilt: Damen, Gäste und ältere Personen haben im Lift den Vortritt. In einem Unternehmen hat der Vorgesetzte Vortritt. Diese Regeln sind bei großem Gedränge nicht umsetzbar. Daher ist es am sinnvollsten, wenn derjenige, der der Tür am nächsten steht, zuerst geht.

Ebenso sollte derjenige/diejenige, der/die am nächsten bei den Knöpfen steht, zunächst die Eingestiegenen fragen, wohin sie fahren möchten und dann den entsprechenden Knopf drücken. Wenn genug Platz dafür ist, kann natürlich jede/r Einzelne selbst drücken. Sollte ein Mitfahrer/eine Mitfahrerin die Hände nicht frei haben, weil er/sie zum Beispiel Unterlagen oder Einkaufstaschen trägt, ist es selbstverständlich, dass man für ihn/sie den Knopf drückt, nachdem man ihn/sie nach dem Stockwerk gefragt hat.

Gespräche auf der Fahrt sind möglichst knapp zu halten. Insbesondere mit Fremden reicht es, wenn Sie fragen, wo er/sie aussteigen muss. Ein gezwungener Small Talk ist eher peinlich. Sprechen Sie in jedem Fall so leise wie möglich. Telefonate sowie intime Gespräche mit Bekannten sind im Aufzug völlig unangebracht.

Eine Frage, die immer wieder auftaucht, ist, wohin man schauen sollte. Die einen schauen gebannt nach oben, andere wieder senken den Blick zum Boden. Am besten richten Sie den Blick zur Tür und versuchen Sie, niemanden anzustoßen und ungewollten Körperkontakt zu vermeiden.

In der Hektik kann es vorkommen, dass Sie sich im Stockwerk irren und sich die Aufzugtür umsonst öffnet. Sollte Ihnen dieses Missgeschick passieren, entschuldigen Sie sich kurz und setzen Sie Ihre Fahrt fort. Schließlich hat sich jeder schon mal geirrt.

Beim Verlassen des Liftes verabschieden Sie sich von den Zurückbleibenden. Wer näher zur Tür steht, verlässt den Lift als Erste/r. Das ist garantiert nicht so umständlich, wie in der engen Kabine die richtige Reihenfolge einzuhalten.

DER AUFZUG IM HOTEL

Wenn Sie als Mitarbeiter/in in der Reception eines Hotels arbeiten, sollten Sie, wann immer Sie einen Gast Richtung Lift gehen sehen, diesen für ihn holen. Das ist eine unerwartete Aufmerksamkeit und macht Eindruck, auch wenn die Gäste gerade angekommen sind und Sie alleine an der Reception sind.

Wenn Sie Gäste auf ihre Zimmer begleiten, holen Sie den Lift und lassen die Gäste als Erste einsteigen. Sie folgen und drücken das Stockwerk. Wenn Sie am nächsten zur Tür stehen, können Sie als Erste/r den Lift verlassen. Sollte genug Platz sein, verlassen Sie den Lift als Letzte/r und zeigen mit einer Handbewegung an, in welche Richtung es weiter geht. Sie können aber auch sagen: „Darf ich bitte vorgehen?" oder: „Bitte, nach Ihnen!"

Die Anrede

Die Anrede lebt vom Namen

Das Wort, das Sie am häufigsten in Ihrem Leben wiederholen, ist Ihr Name, daher ist es der wichtigste Bestandteil der Anrede. Verschlossene Türen öffnen sich, wenn Sie den Namen der angesprochenen Person wissen, korrekt aussprechen und immer wieder im Gespräch einbauen. Machen Sie es sich zur Gewohnheit, andere Menschen sowohl im beruflichen als auch im privaten Leben per Namen anzusprechen, die Sympathien werden Ihnen zufliegen.

Dazu müssen Sie erst den Namen Ihres Gegenübers kennen. Namensschilder bei Tagungen und Kongressen helfen; sich vorstellen zu lassen oder Visitenkarten zu tauschen sind gute Möglichkeiten, Namen zu erfahren.

Sollten diese Varianten aber ausfallen, so stellen Sie sich zuerst selber vor und fragen einfach nach: „Wie ist Ihr Name?" Klingt der Name schwierig oder wird schlecht erfasst, wiederholen Sie den Namen so, wie Sie ihn verstanden haben. Die angesprochene Person korrigiert Sie sicher auf angenehme Art, Sie brauchen keine Scheu davor zu haben.

Sollten Sie Schwierigkeiten haben, sich Namen zu merken, so schaffen Sie sich gleich zu Beginn des Gesprächs eine Merkhilfe. Nur wenn Sie die Person wirklich intensiv wahrnehmen, hat Ihr Gedächtnis den Namen auch tatsächlich gespeichert. Ein bisschen Training und guter Wille gehören natürlich auch dazu.

Tipps

- Wiederholen Sie den Namen gleich bei der Vorstellung bzw. Begrüßung.
- Bei Telefonaten notieren Sie auch die Namen der Personen, die Sie verbunden haben, so kennen Sie jederzeit die entsprechende Anrede.
- Fragen Sie nach, wenn Sie bei der Aussprache nicht sicher sind.
- Fragen Sie: „Wie ist Ihr Name?" und nicht „Wie war Ihr Name?"
- Fragen Sie Sekretär/in oder Assistent/in, wie ihr Vorgesetzter/ ihre Vorgesetzte angesprochen werden will.

Die Anrede von Frauen

In Zeiten, in denen Frauen im Geschäftsleben ganz selbstverständlich anzutreffen sind, sollte die Anrede sehr sorgfältig gewählt sein. Die Bezeichnung „Fräulein" gibt es nicht mehr, weder für unverheiratete Frauen noch für Mädchen. Auch sollten Sie Bezeichnungen wie „Gnädigste" oder „Liebste" vermeiden, sie klingen in den meisten Situationen eher geringschätzend. Eine Kassiererin im Supermarkt will sicher nicht mit „Gnädige Frau" angesprochen werden.

In Restaurants gehört es sich nicht, die Serviererin mit „Fräulein" zu titulieren. Erkundigen Sie sich nach ihrem Namen und sprechen Sie die Kellnerin z. B. mit „Frau ..." an.

Die Europäische Union fordert ein, dass „Gender-Mainstreaming", also das Sichtbarmachen von Frauen und Männern, auch einen sprachlichen Ausdruck findet, um damit berufliche und private Gleichstellung zu unterstützen. Daher ist es wichtig, Frauen demgemäß anzusprechen – bei Ausschreibungen, Karriereannoncen und in Veröffentlichungen des Öffentlichen Dienstes ist dieser geschlechtergerechte Sprachgebrauch verpflichtend. Sie sollten sich diese Anredeform aneignen, um besondere Aufmerksamkeit von Ihren weiblichen Geschäftspartnern und Kollegen zu ernten. Sprache wirkt als Spiegelbild der Gesellschaft.

Für diese Forderung brauchen wir unsere deutsche Sprache nicht zu ändern. Wir müssen uns nur angewöhnen, die vorhandenen Mittel bewusst und kreativ auszuschöpfen. In der Anrede gilt daher: Frauen und Männer werden explizit genannt, Frauen immer zuerst.

Regeln

weiblich	männlich	
Frau Beamtin	Herr Beamter	
Frau Leiterin	Herr Leiter	
Frau Doktorin	Herr Doktor	als Titel und Berufsbezeichnung
Frau Bürgermeisterin	Herr Bürgermeister	gilt nur in der Funktion

Die gebräuchliche Anrede

Mit „Grüß Gott, Herr Bauer" oder „Guten Tag, Frau Müller" liegen Sie immer richtig. Aber wie steht es mit dem „Liebe/r"? Normalerweise ist diese Anrede nur auf den privaten Bereich beschränkt. Ist das Verhältnis herzlich und freundschaftlich, dann ist ein „Liebe/Lieber" auch korrekt.

Die korrekte Anschrift in Briefen

In der Anschrift werden alle Titel, akademischen Grade und nachgestellten Grade wie „Bakk.", „MBA", „PhD" oder auch „MAS" angeführt. Hat eine Person mehrere akademische Grade erworben, dürfen sie grundsätzlich kumulativ geführt werden – eine Reihenfolge ist gesetzlich nicht festgelegt, allerdings ist es üblich, die höherrangigen Grade dem Namen am nächsten zu führen.

Beispiele:
- Mag. Dr. Max Maier
- Professor Dr. Herbert Maier MBA

Sind mehrere gleiche Titel vorhanden, wird aus „Mag. Mag." ein „MMag." bzw. aus „Dr. Dr." wird „DDr.".

Die schriftliche Anrede

Wenn Sie einen Brief schreiben, ist die Wahl der korrekten Anrede äußerst wichtig. Vor allem, wenn Sie an Behörden, Doktoren/Doktorinnen oder Universitätsprofessoren und -professorinnen schreiben. Unkorrekte Anreden lassen Sie und Ihr Haus schnell unprofessionell wirken.

Die korrekte Reihenfolge in der geschäftlichen Anrede hängt von der Reihenfolge der hierarchischen Stellung der Empfänger ab. Für eine Person, die mehr als einen Titel hat, wird in der Anrede nur der höchste verwendet.

Tipps

Sie schreiben in der korrekten Anrede zuerst den Ranghöheren und dann die Rangniedere an
„Sehr geehrter Herr Dr. Maier, sehr geehrte Frau Mag. Müller".

Sind beide gleichgestellt, wird zuerst die Frau erwähnt
„Sehr geehrte Frau Mag. Müller, sehr geehrter Herr Dr. Maier".

Dem Titel „Professor" wird nicht zwingend ein Nachname nachgestellt. „Sehr geehrte Frau Professorin", „Sehr geehrter Herr Professor" ist auch zulässig.

Für die private Korrespondenz gilt, dass sich die Reihenfolge nach dem Geschlecht und dem Alter richtet, d. h. ältere Personen und Frauen zuerst angeführt werden.

Beispiel:
„Sehr geehrte Frau Maier, sehr geehrter Herr Maier"

Das „Hallo" in Briefen

Diese Anrede hat sich nicht durchgesetzt und sollte vermieden werden, es wirkt gerade auf ältere Personen zu flapsig. Erhalten Sie hingegen einen Brief mit „Hallo, Frau Maier" dann können Sie selbstverständlich genauso zurückschreiben, ausgenommen es entspricht nicht dem Stil Ihres Hauses oder Sie möchten das nicht.

Tipps

- Machen Sie den Vornamen Ihres Adressaten ausfindig, wenn Sie nur den Nachnamen kennen, um zu erfahren, ob es sich um eine Dame oder einen Herrn handelt.

- Bei uns nicht vertrauten Namen versuchen Sie herauszufinden, ob es sich um einen weiblichen oder männlichen Vornamen handelt. Haben Sie keinerlei Informationen, so können Sie „Sehr geehrte Damen und Herren" schreiben.

- Haben Sie selber einen ungewöhnlichen oder für Ihre Gäste nicht identifizierbaren Vornamen, so schreiben Sie in Ihrer Signatur z. B. Diplomkauffrau, dann ist klar, dass Sie eine Frau sind.

- Werden mehrere Leute angesprochen, so erwähnen Sie unbedingt alle Namen, einschließlich der Titel.

- Bewahren Sie Stil auch in Schreiben an Arbeitskollegen/-kolleginnen.

- Bei offiziellen Schreiben, wenn Sie mit jemandem per Du sind, schreiben Sie folgendermaßen: „Sehr geehrte Frau Müller, liebe Susanne". Sie schreiben aber per Sie weiter, wenn dies der Stil des Hauses erfordert.

- Beenden Sie Ihr Schreiben mit einem Abschiedsgruß und setzen Sie Ihren vollen Namen darunter (Vor- und Zuname).

Anlass	Klassische Variante	Moderne Variante
Förmliche Anrede	„Sehr geehrter Herr Maier"	„Guten Tag, Frau Müller" oder „Guten Tag, sehr geehrte Frau Müller"
Förmlicher Schluss	„Mit freundlichen Grüßen"	„Freundliche Grüße nach Hamburg"
Lockere Anrede	„Liebe Frau Berger"/ „Liebe Lisa"	„Liebe Frau Berger"/ „Liebe Lisa"
Lockerer Schluss	„Es grüßt Sie herzlich"	„Liebe/Sonnige/ Herzliche Grüße"
Anrede bei namentlich nicht bekannten Empfängern	„Sehr geehrte Damen und Herren"	„Guten Tag"

Adelstitel in Österreich und Deutschland

In Österreich wurden die Adelstitel 1919 abgeschafft und sind nicht mehr Teil des Namens. In Deutschland sind Adelstitel Teil des Namens, werden aber seit 1919 nicht mehr verliehen.

Der komplette Adelstitel einer Person kommt in die Briefanschrift. Das betrifft auch die Teile, die in der schriftlichen Anrede weggelassen werden.

Einen Johannes Graf von Mustermann schreiben Sie in der Briefanschrift so an: „Herrn Johannes Graf von Mustermann".

In der Briefanrede wird das „Herr/Frau" und das „von" weggelassen: „Sehr geehrter Graf Mustermann" „Sehr geehrte Gräfin Mustermann".

Sollte der Graf über einen Doktortitel verfügen, dann wird dieser auch mit seinem Titel angeschrieben: „Herrn Dr. Johannes Graf von Mustermann".

In der Briefanrede: „Sehr geehrter Dr. Graf Mustermann".

Es gibt noch eine Menge von Adelstiteln. Sind Adelige immer wieder Gast in Ihrem Haus, so empfiehlt es sich das „Kleine Lexikon des Adels" von Eckart Conze im Hause aufliegen zu haben. Rufen Sie in heiklen Situationen im Büro des Gastes an und erkundigen Sie sich, wie er oder sie gerne angeschrieben werden.

Was tun bei Doppelnamen?

Das Namensrecht in Österreich und Deutschland sieht vor, dass jede Person bei der Heirat ihren Namen selbst wählen kann. Das heißt, Frau Maier ist mit Herrn Schuster verheiratet, hat aber nicht seinen Namen angenommen und umgekehrt. Frau Maier könnte auch einen Doppelnamen gewählt haben: Maier-Schuster. Ebenso hätte ihr

Mann das tun können. Sie können also nicht einfach einen Teil des Namens weglassen. Bei offiziellen Anlässen oder bei der Vorstellung muss der gesamte Doppelname genannt werden. Welcher Teil des Doppelnamens weggelassen werden kann, muss der Träger/die Trägerin gegebenenfalls selbst bekanntgeben.

Titel in der Anrede

Der Inhaber eines akademischen Grades ist berechtigt, diesen zu führen. In Österreich legt man sehr viel Wert auf Titel. Steht auf einer Visitenkarte oder in der Mailsignatur ein Name mit Titel, so sprechen oder schreiben Sie diese Person mit Titel an, auch wenn Sie diese vorher ohne Titel angesprochen, bzw. angeschrieben haben.

Sie sprechen jede Person, von der Sie den Titel wissen, damit an. Erst wenn Ihnen erlaubt wurde, den Titel wegzulassen, respektieren Sie den Wunsch Ihres Gegenübers und lassen ihn weg.

Tipps

- Bei der Selbstvorstellung stellt sich Herr Dr. Müller schlicht als Herr Müller vor.
- Titel werden nur in der Funktion der angesprochenen Person verwendet, ausgenommen Sie wollen Respekt zeigen, so erwähnen Sie den Titel auch im Privaten.
- Bei mehreren Titeln gebrauchen Sie nur den höchsten.
- Titel werden nur auf ausdrücklichen Wunsch der angesprochenen Person weggelassen.
- Jeder Titelträger/jede Titelträgerin sollte sich bewusst sein, wo das Protokoll endet und das zwischenmenschliche Gespräch beginnt.
- Im Schriftverkehr werden in der Anschrift alle Titel angeführt und bei der Anrede wird der höchste genannt.

Verliehene Titel

Es gibt einige Titel, die aufgrund erworbener Leistungen verliehen werden und nichts mit der Ausbildung der Person zu tun haben. So wurde der Schlagersänger Udo Jürgens zum Professor ernannt. Diese Ehrentitel, wie auch Kammersänger/in oder Regierungs- oder Hofrat (Hofrat gibt es nur in Österreich), sind Auszeichnungen. In Deutschland wurde Anfang des 17. Jahrhunderts der Hofrat durch den Geheimen Rat ersetzt. Da für diese Titel extra bei öffentlichen Stellen angesucht werden muss, hat der verliehene Titel auch eine entsprechende Bedeutung für die Person.

Im offiziellen Sprachgebrauch wird ein Professor mündlich und schriftlich als Herr Professor angesprochen. Eine Frau wird als Frau Professorin angesprochen; der Familienname kann zusätzlich genannt werden.

Akademische Grade

Der akademische Titel darf nur von Berechtigten korrekt geführt werden. Das bedeutet auch, dass der Titel nicht auf den Lebenspartner übertragbar ist. Frau Doktorin Maier hat selbstverständlich selbst promoviert. Wenn Sie also Herrn Doktor und Frau Doktorin Maier vorstellen, haben beide eine akademische Ausbildung absolviert.

Regeln

männlich	weiblich
Diplomingenieur – DI oder Dipl.-Ing.	Diplomingenieurin – DI[in] oder Dipl.-Ing.
Magister – Mag.	Magistra – Mag.[a]
Doktor – Dr.	Doktorin – Dr.[in]

Laut deutschen Sprachnormen sind die Abkürzungen akademischer Grade geschlechtsneutral. In den letzten Jahren wird zunehmend eine eigene weibliche Form verwendet, wobei die jeweilige Endung hochgestellt angehängt wird:
DI[in]/Dipl.-Ing.[in], Mag.[a], Dr.[in]

Amtsbezeichnungen

Amtsbezeichnungen gelten für Personen, die in ein bestimmtes Amt gewählt sind, z. B. Bundeskanzler, Ministerpräsident (Deutschland), Landeshauptmann (Österreich), Minister, Staatsekretär, Kardinal, Bischof, Botschafter etc. Sie werden nur so lange mit diesem Titel angesprochen, als sie diese Funktion bekleiden. Bei nicht offiziellen Anlässen können Sie beispielsweise einen Bundeskanzler, der einen Titel hat, mit dem Titel und Namen ansprechen, ohne die Bezeichnung Bundeskanzler.

Üben politische Funktionsträger/innen ihr Amt nicht mehr aus, stehen aber noch in der Öffentlichkeit, so werden sie in ihrer derzeitigen Funktion angeschrieben. Ist zum Beispiel ein ehemaliger Bundeskanzler/eine ehemalige Bundeskanzlerin weiter als Mitglied des Bundestages tätig, so lautet die Briefanschrift: „Mitglied des deutschen Bundestages, Herrn Dr. Heinrich Mustermann/Frau Dr. Eva Mustermann". In der Briefanrede schreibt man in diesem Fall: „Sehr geehrter Herr Abgeordneter/Sehr geehrte Frau Abgeordnete", in der mündlichen Anrede „Herr Abgeordneter/Frau Abgeordnete".

Hat sich diese/r aus allen Ämtern zurückgezogen, so verwendet man in der Briefanschrift die ehemalige höchste Amtsbezeichnung mit dem Zusatz „a. D." (außer Dienst): „Herrn Bundeskanzler a. D. Dr. Heinrich Mustermann /Frau Bundeskanzlerin a. D. Dr. Eva Mustermann", in der schriftlichen Anrede: „Sehr geehrter Herr Dr. Mustermann/Sehr geehrte Frau Dr. Mustermann" und in der mündlichen Anrede: „Herr/Frau Dr. Mustermann". In Österreich ist es üblich, in der Anrede weiterhin „(Sehr geehrter)Herr Bundeskanzler/ (Sehr geehrte) Frau Bundeskanzlerin" zu verwenden. Das gilt für insbesondere für hohe politische oder geistliche Ämter wie Bundespräsident, Bundeskanzler, Landeshauptmann oder Bischof.

Berufs- und Funktionsbezeichnungen

Eine Berufsbezeichnung konkretisiert das Tätigkeitsfeld einer Person, ob sie nun Rechtsanwalt/-anwältin, Landwirt/in, Schriftsteller/in, Notar/in oder dergleichen ist. Die Anrede ist einfach mit Titel und Name zu wählen. Etwas anders verhält es sich bei Funktionsbezeichnungen wie Generaldirektor/in, Vorstandsvorsitzende/r, Vorstand, Direktor/ Direktorin, Vorsitzende/r etc. Diese Anreden werden zwar nicht immer gebraucht, aber oft noch gerne von den Funktionsträgern gehört. Entscheiden Sie selbst, wie genau Sie die Funktion einer Person nehmen wollen, oder Sie fragen nach: „Wie soll ich Sie vorstellen?", oder „Wie möchten Sie angesprochen werden?" etc.

Vom Sie zum Du

Sich zu duzen, empfinden viele Menschen als eine Form der Vertraulichkeit, doch es ist nicht immer passend. Ein „Sie" schafft Distanz und gewährt Diskretion. Ein „Du" leichtfertig, unüberlegt angeboten oder akzeptiert, schafft nicht immer die Basis für eine tatsächliche Freundschaft und sollte daher nicht überbewertet werden.

Im Geschäftsleben ist es mit gleichaltrigen Kollegen oft üblich, weil der Umgang ungezwungener und einfacher ist. Aber Vorsicht ist geboten, denn nicht immer ist klar, wer wem das Du anbietet.

Wer bietet wem das Du an?

Dafür gibt es klare Vorgaben:
- Der Ältere bietet es dem Jüngeren an.
- Die Frau bietet es dem Mann an.
- Der Ranghöhere bietet es dem Rangniederen an.
- Der Kunde bietet es dem Mitarbeiter an.

Wann ist jemand älter?
Man spricht von mindestens einer Generation Altersunterschied. Sie können nicht fragen: „Sind Sie 35 oder 37 Jahre alt?", wenn Sie selber 36 sind, um zu klären, wer älter ist. Vorsicht, manche Menschen sehen jünger und manche älter aus, als sie tatsächlich sind.

Neu im Betrieb

Wer neu im Unternehmen ist, wartet immer ab, dass ihm/ihr das Du angeboten wird. Werden Sie mit dem Satz: „Bei uns duzen sich alle" eingestellt, seien Sie ganz besonders vorsichtig. Gerade ältere oder langjährige Mitarbeiter/innen fühlen sich schnell überrumpelt und finden es sehr unangenehm, wenn Sie nicht den offiziellen Weg wählen.

Sie warten ab, bis Ihnen der andere das Du anbietet, auch wenn es offiziell anders lautet. In Tirol ist das Du so gebräuchlich, dass es sein kann, dass sich jemand, den Sie durch das Gruppen-Du siezen, auf den Schlips getreten fühlt. In großen Städten ist das jedoch undenkbar.

Das Du bei einem offiziellen Termin

Sind Sie im Beruf per Du und haben eine Besprechung mit Kunden/Kundinnen, vermeiden Sie zu sagen: „Peter, kannst Du mir bitte die Liste reichen?", sondern: „Kannst Du mir bitte die Liste reichen?"

Es muss nicht sein, dass Sie sich bei Besprechungen oder Veranstaltungen unter Kollegen siezen, wenn Sie sonst per Du sind. Sollte es aber dem Stil Ihres Unternehmens entsprechen, sich bei Kunden zu siezen, so halten Sie dies auch ein.

Ein Kunde kommt und verlangt nach Ihrem Kollegen Herrn Klammer, so antworten Sie: „Ich werde Herrn Klammer informieren" und nicht „Ich werde Peter informieren", ausgenommen, in Ihrem Haus werden alle nur per Vornamen angesprochen, was in manchen Branchen üblich ist.

Wie wird das Du angeboten?

Wenn Sie sich ganz sicher sind, dass es der richtige Moment ist, dann sagen Sie: „Darf ich Ihnen das Du anbieten?"

Sind Sie hingegen nicht sicher, so fragen Sie folgendermaßen: „Jetzt kennen wir uns schon so lange und es wäre mir eine große Freude, wenn wir zum Du übergehen würden. Wenn Sie aber gerne beim Sie bleiben möchten, ist das auch kein Problem für mich."

Das Du wird grundsätzlich vom Ranghöheren dem Rangniederen angeboten. Das heißt auch, immer von der Dame dem Herrn, wenn beide dieselbe Hierarchieebene haben, da sie gesellschaftlich die Ranghöhere ist.

Das Du im Unternehmen

Die im Betrieb herrschende Kultur wird einen Einfluss darauf haben, wie das Du im Unternehmen gehandhabt wird. In Handwerksbetrieben ist man sicherlich schneller untereinander per Du als in Großunternehmen.

Dass Führungskräfte ihre Mitarbeiter/innen oder Auszubildenden einseitig duzen, ist ein Tabu, die Betroffenen fühlen sich von oben herab behandelt. Wenn Ihnen das als Mitarbeiter/in passiert, bleiben Sie in der Sie-Form, ausgenommen, das Du wird Ihnen offiziell angeboten.

Ausnahme ist ein mütterliches oder väterliches Du gegenüber deutlich Jüngeren, wenn es als Anerkennung gedacht ist, das sollte aber immer angesprochen werden, um Unsicherheiten beim anderen zu vermeiden. Das einseitige Duzen ist dann angebracht, wenn der Chef/die Chefin offiziell fragt, ob er/sie eine/n Auszubildende/n per Du ansprechen darf, ohne das Du anzubieten.

Wenn der/die neue Chef/in sehr jung und der/die langjährige Mitarbeiter/in um vieles älter ist, gilt auch hier: Der Chef bietet das Du an. Eine Mitarbeiterin wird ihrem Chef das Du nicht anbieten und der junge Chef traut sich oft nicht, weil er Respekt vor der Frau und dem Alter hat. Dennoch bietet der Chef das Du an und nur bei gleicher Hierarchie ergreift die Frau die Initiative.

Das Du beim Kunden

Normalerweise bietet der Kunde das Du an. Manchmal passiert es bei Veranstaltungen, dass Geschäftsführer/innen oder Inhaber/innen von sich aus dem Kunden/der Kundin das Du anbieten. Es könnte die Kundenbeziehung empfindlich stören, wenn Sie allzu formell agieren, entscheiden Sie situationsbedingt. Gerade bei sportlichen Tätigkeiten sollten Sie bitte nicht automatisch zum Du übergehen, sondern fragen Sie ganz offiziell, ob es für alle passt, wenn Sie zum Du übergehen, weil es so üblich oder einfacher ist.

Dass Kunden Sie mit Du ansprechen, ohne dass Sie es offiziell angeboten haben, kommt oft vor, denn manche Kunden fühlen sich dem Haus so verbunden oder möchten sich so verbunden fühlen; oder sie haben einfach keine Manieren. Wägen Sie ab, ob es besser wäre, beim Sie zu bleiben oder zum Du überzugehen. Wenn eine junge Mitarbeiterin von älteren Kunden geduzt wird, dann empfiehlt es sich zurückzusiezen.

Sind Sie in kreativen Berufen tätig oder auch bei ausländischen Unternehmen, wo die Anrede Du Firmensprache ist, so kann dies in Ordnung sein, wenn es so eingeführt ist und der Kunde oder die Kundin akzeptiert. Aber Vorsicht! Manchen ist es immer unangenehm, wenn sie z. B. bei IKEA mit Du angesprochen werden, weil es zu vertraut ist.

Das Du bei Seminaren und Workshops

Sehr oft kommt es vor, dass Trainer/innen oder Workshopleiter/innen der Gruppe das Du anbieten. Davon ist abzuraten, wenn Chef/in und Mitarbeiter/innen gemeinsam in der Gruppe teilnehmen, weil man diese im Firmenalltag in unangenehme Situationen bringt. Bei mehrtägigen Seminaren kann das Du zur Teamentwicklung förderlich sein, dennoch gilt es abzuwägen, ob es bei jeder Gruppe angebracht ist. Ein Du während der Seminarzeit z. B. bis 17 Uhr wird von manchen angeboten, ist aber für die Teilnehmer/innen auch unangenehm.

Viele tun sich bei einer Begegnung mit einem Trainer/einer Trainerin oder Workshopleiter/in im Alltag schwer, diese/n per Du anzusprechen, weil man sich nicht wirklich vertraut ist. Also warum dann nicht gleich beim Sie bleiben?

Das Du in Pflegeberufen

Pflegebedürftigen Menschen steht dasselbe Maß an Höflichkeit und Rücksichtnahme zu wie allen anderen Menschen. Man duzt diese Menschen nicht einfach oder lässt sie in irgendeiner Weise ihre Hilfsbedürftigkeit und Abhängigkeit spüren. Sie können sich nicht wehren und ein Du wird oft als sehr demütigend empfunden.

Das Du in Vereinigungen

In Parteien, Interessenvertretungen, Sportclubs, Studentenverbindungen oder Vereinen ist es üblich, sich mit Du anzureden. Es ist ein Zeichen der Zugehörigkeit zur Gruppe, der man sich nicht entziehen sollte, außer Sie möchten das bewusst nicht haben. Alle reden sich automatisch per Du an, unabhängig von Rang und Hierarchie. Jede/r neu Hinzukommende soll kurz darüber informiert werden, welche Regeln herrschen, und gefragt werden, ob diese für sie/ihn in Ordnung sind.

Das Du zu später Stunde

Sollte Ihnen Ihr Chef oder ein Kunde zu später Stunde, vielleicht nicht mehr ganz nüchtern, das Du anbieten, warten Sie beim nächsten Treffen einfach ab, wie Sie angesprochen werden. Es gibt drei Möglichkeiten dazu:

- Er weiß es sehr wohl und wäre sehr irritiert, wenn Sie ihn siezen.
- Er will es nicht mehr wissen.
- Er weiß es wirklich nicht mehr.

Der Bruderschaftskuss

Der Bruderschaftskuss mit den gegenseitig verschlungenen Armen während des Trinkens gilt heute als antiquiert. Es reicht aus, mit einem Getränk anzustoßen und den eigenen Vornamen zu nennen oder „Servus" zu sagen.

Sie möchten, dass der Kunde Sie beim Vornamen anspricht

Das vereinfacht es dem Kunden im Dienstleistungsbereich wie bei Friseuren, Fuß-pflegern etc. sehr. Passend wäre: „Sie können gerne Lena zu mir sagen", wundern Sie sich aber nicht, wenn es Kunden/Kundinnen gibt, die dann darauf antworten: „Und ich bin die Sonja". Sie antworten so, weil sie nicht wissen, dass das nicht als Du-Angebot gilt. Es ist keine Du-Form, sondern ein „Sie" mit Vornamen. Namens-schilder mit dem Vornamen zeigen dem Kunden die richtige Anrede.

Die Visitenkarte

Im Geschäftsleben sind Visitenkarten ein absolutes Muss und werden zu Beginn eines Besuchs oder Gesprächs ausgetauscht. Die Visitenkarte sagt immer etwas über den persönlichen Stil und den Geschmack der Person aus, die sie überreicht. Bedenken Sie, dass sie auch Ausdruck der Marketingstrategie eines Unternehmens und Teil der „Corporate Identity" ist. Es verlangt viel Fingerspitzengefühl, wenn Sie Ihre Visitenkarte überreichen.

Tipps

- Drängen Sie niemandem Ihre Karte auf.

- Höherrangige Personen ersucht man nicht um ihre Visitenkarte.

- Bei Veranstaltungen überreichen Sie Ihre Karte nur, wenn es einen besonderen Grund, z. B. ein späteres Treffen, gibt.

- Sekretären/Sekretärinnen übergeben Sie Ihre Karte nur, wenn er/sie Ihre Daten für notwendige Informationen braucht oder Ihre Karte Ihrem Gesprächspartner/Ihrer Gesprächspartnerin weiterreicht.

Im Ausland ist das Überreichen der Visitenkarte oft Teil der persönlichen Vorstellung. Erkundigen Sie sich daher genau über diesen Datenaustausch und nehmen Sie sich bei der Begrüßung Zeit für die Überreichung und Entgegennahme der Karte.

Die Businesskarte

Die Visitenkarte wird auch oft als Businesskarte bezeichnet und erfüllt die gleiche Funktion. Rein äußerlich ist dabei kein Unterschied zu bemerken, denn weder Größe noch Form geben Hinweis auf die firmeninterne Position einer Person.

Der Unterschied zur Visitenkarte

Sie können Kurznachrichten auf die Rückseite der Businesskarte schreiben und sie statt einem Kurzbrief verwenden. Wenn Sie eine Aufmerksamkeit, Blumen oder persönliche Grüße überreichen, stecken Sie Ihre Karte mit einer kurzen Notiz in ein Kuvert. Damit weiß die beschenkte Person, woher die Aufmerksamkeit stammt, und kann sich entsprechend bedanken. Allerdings sollte das Kuvert dem Maß der Businesskarte angepasst sein, sonst wirkt sie reichlich verloren und hinterlässt einen billigen Eindruck.

Der Zustand der Karte

Eine Karte sollte immer absolut sauber und unbenutzt sein. Wenn die Karte geknickt, verschmiert oder auch handschriftlich korrigiert ist, wirkt das unprofessionell. Die Karte ist das Aushängeschild des/der Übergebenden und soll tadellos aussehen!

Die Karten werden in einem schönen Visitenkartenetui aufbewahrt und bei der Übergabe nicht aus der Geldtasche oder gar der Hosentasche gezogen.

Die Übergabe der Visitenkarte

Die Karte wird üblicherweise bei der Begrüßung übergeben. Sollte man jedoch bei einer Veranstaltung zu einer Gesprächsrunde stoßen, ist eine Übergabe unpassend, ausgenommen, es gibt einen Anlass dazu und jemand bittet Sie um Ihre Karte. In asiatischen Ländern erfolgt die Übergabe der Visitenkarten erst dann, wenn der Ranghöchste oder der Älteste die Karte überreicht, alle anderen haben abzuwarten.

Auch bei uns spielt beim Austausch der Visitenkarte im geschäftlichen Kontext die Hierarche eine wichtige Rolle: Man übergibt seine Karten zunächst dem Ranghöchsten und dann in der Reihenfolge weiter bis zum Rangniedrigsten. Sollten Sie die Rangfolge nicht kennen, ist es am besten, Sie verteilen die Karten der Reihe nach von einer Seite zur anderen und achten darauf, dass jeder eine Karte erhält und sich niemand übergangen fühlt.

Beim Überreichen halten Sie die Karte so, dass Ihr Gegenüber diese gleich lesen kann, ohne sie vorher umdrehen zu müssen. Schauen Sie ihm/ihr dabei in die Augen. Anders in asiatischen Ländern: Hier übergibt man die Karte mit zwei Händen, verbeugt sich kurz und achtet unbedingt darauf, dem anderen nicht in die Augen zu schauen.

Die Annahme der Visitenkarte

Die Visitenkarte wird genauso respektvoll behandelt wie Ihr Gegenüber. Nehmen Sie sich Zeit, diese genau zu betrachten, denn es ist unhöflich, die Karte sofort wegzustecken. Das zeugt von mangelndem Interesse. Haben Sie ein Problem sich Namen zu merken, legen Sie die Karte vor sich auf den Tisch. Achtung, die Karte liegenzulassen oder zu vergessen gilt als sehr unaufmerksam. Auch eine angemessene Verwahrung der Karte ist Pflicht, sie wird nicht in die Hosentasche gesteckt oder in die Tasche geworfen, sondern stilvoll in Ihr Visitenkartenetui gesteckt.

Tipps

- Legen Sie einen Ordner an, wo Sie die erhaltenen Visitenkarten aufbewahren. Günstig ist es, eine themenbezogene Liste zu erstellen, aus der Sie auch gleich sehen, wo und in welchem Zusammenhang Sie eine Person kennengelernt haben.

- Heute scannen viele die Visitenkarten ein und legen sie als Kontakt im Computer ab.

- Gesammelte Visitenkarten sollten Ihnen nicht aus der Brieftasche rutschen, sondern ordentlich in Hüllen oder speziellen Karteikästen aufbewahrt werden.

- Stecken Sie Ihre Visitenkarten in ein edles Etui, das hebt den Wert der Karte beim Überreichen.

Der Small Talk

Wer Small Talk beherrscht, wirkt souverän in sozialen Beziehungen, oberste Devise laut Oscar Wilde ist „vieles zu berühren und nichts zu vertiefen".

Stellen Sie sich vor, Sie kommen zu einer großen Veranstaltung oder einem Symposium und kennen niemanden. Um Sie herum tummeln sich Fremde, die angeregt miteinander plaudern, lachen, Anekdoten erzählen und ihre Visitenkarten tauschen. Nur Sie stehen verlegen bei einem Infostand und hoffen innig, dass endlich jemand Bekannter zu Ihnen kommt und mit Ihnen zu reden beginnt. Manche Frauen fühlen sich gehemmt, auf eigene Initiative ein Gespräch zu beginnen, vor allem mit wem und worüber?

Sympathie gewinnen

Sie können in kürzester Zeit und mit wenig Einsatz Kontakte knüpfen und pflegen.

Charismatiker/innen sind laut Untersuchungen von Verhaltensforschern Menschen, die den Small Talk perfekt beherrschen. Sie gewinnen Zeit und spielen ihrem Gesprächspartner/ihrer Gesprächspartnerin Bälle zu, damit ihr Kennenlernen in Gang kommt.

Small Talk erfordert Geschick, zum richtigen Zeitpunkt das passende Thema ins Gespräch zu bringen, die Unterhaltung zu beleben und mit bleibendem Eindruck abzuschließen. Dabei ist es hilfreich, sich in die Persönlichkeit des Gegenübers zu versetzen und zu überlegen, welche Interessen der/die Gesprächspartner/in haben könnte.

Beim Small Talk geht es darum, Themen und Gemeinsamkeiten zu finden, über die Sie nett plaudern können und die Sie interessant machen. Im Small Talk Geübte schaffen es bereits im Vorfeld einer Konferenz, einer Veranstaltung, einer Besprechung, bei einer Messe, im Flugzeug oder im Aufzug, ihr Gegenüber für sich einzunehmen.

Wann funktioniert Small Talk nicht?

Sie suchen krampfhaft einen Gesprächseinstieg, möchten besonders klug und geistreich sein, aber es fällt Ihnen nichts ein. Die Chance jemanden kennenzulernen oder ein gutes Gespräch zu führen ist vertan. Dafür kann es viele Gründe geben und es braucht vor allem etwas Übung und Mut.

Schwierig wird es, wenn Sie sich nicht trauen, die falschen Themen haben und keine gemeinsame Basis finden. Sie möchten glänzen, lassen sich aber im Gespräch das Heft aus der Hand nehmen. Sollten Sie sich missverstehen, wird das Gespräch kontrovers und die Pausen werden immer länger.

Tipp

Beginnen Sie Ihre Small-Talk-Karriere mit Menschen, die Ihnen sympathisch sind.

Menschen, die gut miteinander im Gespräch sind, weisen viele Gemeinsamkeiten auf. Sie sprechen gleich laut, ähnlich schnell und sie benutzen die gleiche Sprachebene – förmlich oder umgangssprachlich. Sie verwenden ähnliche Wörter, bewegen sich aufeinander zu, spiegeln die Gesten des Gesprächspartners/der Gesprächspartnerin und legen mit minimaler Zeitverschiebung die gleiche Mimik an den Tag.

Was macht im Small Talk sympathisch?

Sie sollten bereit sein, sich auf ein Gespräch einzulassen. Je natürlicher Sie wirken, desto sympathischer sind Sie und es entwickelt sich ein gutes Gespräch.

So schaffen Sie eine gute Voraussetzung:

- Suchen Sie und halten Sie Blickkontakt.
- Stellen Sie W-Fragen, um Ihr Interesse zu zeigen, z. B.: „Wie lange wird die Veranstaltung dauern?"
- Nehmen Sie sich zurück.
- Meiden Sie Klatsch und Tratsch.
- Hören Sie aktiv zu und fallen Sie Ihrem Gesprächspartner/Ihrer Gesprächspartnerin nicht ins Wort.
- Ermutigen Sie Ihr Gegenüber und suchen Sie einen Aufhänger: Hund, Kind, Künstler u. ä.
- Lassen Sie Raum für kurze Pausen.
- Resümieren Sie die Aussagen Ihres Gegenübers mit anderen Worten.
- Vermeiden Sie die Floskel „Wie geht es Ihnen?", wenn Sie die Person nicht kennen und/oder an der Antwort auch nicht interessiert sind.
- Interesse, ja – Neugierde, nein.

- Lenken Sie durch Fragen auf erfreuliche Themen, die Ihnen liegen.
- Vermeiden Sie Unterbrechungen Ihres aufkeimenden Gesprächs.
- Bitten Sie andere um Rat, aber vermeiden Sie kostenlose Sprechstunden.
- Dosieren Sie Komplimente richtig.

Tabu-Themen

Beim Small Talk soll eine angenehme Gesprächsatmosphäre geschaffen werden, wählen Sie deshalb erfreuliche Themen. Meiden Sie schlechte Nachrichten und konfliktträchtige Themen.

Diese Themen sind tabu:
- Politik, wenn Sie die Gesinnung des/der anderen nicht kennen.
- Krankheiten, psychische, partnerschaftliche oder familiäre Probleme.
- Religion, wenn Sie die Konfession des anderen nicht kennen.
- Katastrophen, Sex/Intimes oder Vermögensverhältnisse.
- Schimpfen Sie nicht über andere und vermeiden Sie Bekehrungsversuche.
- Brechen Sie keinen Streit über Sinn oder Unsinn eines Hobbys etc. vom Zaun.
- Schwelgen Sie nicht in hemmungsloser Selbstdarstellung und Prahlerei – das macht unbeliebt.
- Reden über Dinge, die ekelig und anstößig sind, Kraftausdrücke, derbe Witze und sexistische Bemerkungen sind Zeichen schlechter Manieren.

Als Tabus im Berufstalk gelten das Verbreiten von Unternehmensinterna und Berufsgeheimnissen, Klagen über schlechte Arbeitsbedingungen, Auftragslage oder Gewinne von Selbstständigen. Das Schlechtmachen eines Berufsstandes sowie fachliche Streitgespräche oder Fragen nach dem Gehalt sind grundsätzlich im Small Talk verpönt.

Gute Small-Talk-Themen

Damit Sie schnell ins Gespräch kommen, wählen Sie Themen mit Breitenwirkung, die viele interessant finden, wie Sport, Reisen, Kultur oder einen aktuellen Anlass. Geben Sie kleine Anekdoten zum Besten oder machen Sie Komplimente. Damit wirken Sie offen und interessiert und Sie haben vor allem den Anfang gesetzt. Wichtig ist es nun, die Gesprächsbälle einander zuzuwerfen, beziehungsweise in der Gruppe kreisen zu lassen.

Regeln

- Fallen Sie anderen nicht ins Wort.
- Nörgeln Sie nicht.
- Vermitteln Sie den Eindruck, dass Sie die Antwort wirklich hören wollen.
- Wenden Sie sich Ihrem Gesprächspartner/Ihrer Gesprächspartnerin so zu, dass jederzeit eine weitere Person an Ihrem Gespräch teilnehmen kann.
- Halten Sie sich kurz, vermeiden Sie aber Gesprächspausen.

Die Kunst, sich zurückzunehmen

Der Einstieg ist gelungen, Sie führen ein sympathisches Gespräch und freuen sich über das Interesse das Ihr Gesprächspartner/Ihre Gesprächspartnerin zeigt. Achten Sie nun darauf, wiederkehrende „Ich-Botschaften" zu vermeiden. Wer möchte schon ständig zu hören bekommen, dass das Gegenüber alles kann, alles weiß, schon die ganze Welt gesehen hat, nur exklusiv und teuer einkauft und ohnehin nur in den höchsten Kreisen verkehrt. Ich, ich, ich – so macht man sich unbeliebt und erstickt jedes Gespräch bereits im Keim. Sich im Gespräch zurücknehmen bedeutet, Interesse am Gesprächspartner/an der Gesprächspartnerin zu zeigen und zu fragen.

Stellen Sie zu Beginn taktvolle Fragen über Herkunft, Anreise oder ob die Person aus der Gegend stammt. Das Wetter ist zwar ein guter Einstieg, sollte aber so kurz wie möglich gehalten werden. Anschließend bietet es sich an, über den Bezug des Gesprächspartners/der Gesprächspartnerin zum Anlass oder zum Gastgeber/zur Gastgeberin zu fragen.

Tipp

Sollten Sie doch in der Hitze des Gefechtes in ein Fettnäpfchen rutschen und bereits die herannahende Peinlichkeit ahnen, so sprechen Sie Ihren Satz gar nicht fertig. Entschuldigen Sie sich kurz und ohne viel Aufhebens dafür.

Ermutigen Sie Ihr Gegenüber

Um im Gespräch zu bleiben, ermutigen Sie Ihr Gegenüber mit Formulierungen wie „Das ist ja interessant", „Darüber würde ich gerne mehr erfahren". Und merken Sie sich die Antworten, sonst stehen Sie als schlechter Zuhörer/schlechte Zuhörerin da. Small Talk ist vor allem eine wichtige Karrierestrategie, um Ihre Netzwerke auszubauen. So mancher Firmenchef/manche Firmenchefin beobachtet, wie sich die Mitarbeiter/innen am gesellschaftlichen Parkett bewegen, ob sie auf andere zugehen und gut ankommen. Es genügt, dass Sie sich im Raum umsehen und kurz beobachten, was hier passiert. Das liefert zumeist genügend Gesprächsstoff.

Tipps

- Beachten Sie einen vorsichtigen Umgang mit Ihren Worten.
- Seien Sie tolerant.
- Wenn Sie einen Raum betreten, grüßen Sie immer als Erste/r.
- Begrüßen Sie die Gastgeber der Veranstaltung und bedanken Sie sich gleich für die Einladung.
- Bei einer kleinen Runde begrüßen Sie alle mit Handschlag.
- Haben Sie einen festen Händedruck und blicken Sie in die Augen des Gegenübers.
- Wenn Sie sitzen und jemand kommt auf Sie zu, um Sie zu begrüßen, so stehen Sie bitte auf und reichen die Hand. Bitte das Aufstehen nicht nur andeuten, sondern sich ganz aufrichten.
- Bedenken Sie die Rangfolgen: Ältere vor Jüngeren, Dame vor Herrn, Ranghöhere vor Rangniederen.

Mehr dazu können Sie im Abschnitt „Grüßen und Begrüßen", Seite 22, nachlesen.

Das Vorstellen

Beim Small Talk ist es nicht immer üblich, dass man sich zu Beginn vorstellt oder eine Visitenkarte überreicht. Erst wenn der/die andere Interesse bekundet, kann man mit dem berühmten Elevator Pitch überzeugen, also einer Kurzvorstellung Ihrer Person, der Tätigkeit, der Firmen, Dienstleistungen oder Produkte in ca. 30 Sekunden. Jedoch ist ein Vorstellen möglich, wenn jemand neuer dazu stößt. Dann empfiehlt es sich, sie/ihn zu fragen: „Kennen Sie sich schon?" Wenn es die Situation erfordert, so beachten Sie die Rangfolge, das Alter und das Geschlecht.

Mehr dazu können Sie unter dem Kapitel „Die Begrüßung", Seite 21, nachlesen.

Ein gutes Gesprächsklima schaffen

Mit einer positiven Einstellung und Interesse an der anderen Person haben Sie schon einen guten Start.
- Lächeln.
- Blickkontakt halten.
- Zuwendung mit dem Körper.
- Händedruck.
- Sie schneiden ein Thema an und prüfen, ob Ihr Gegenüber auf das Thema anspringt.
- Sie tasten sich mit Fragen vor, bis Sie ein gemeinsames Thema gefunden haben.
- Lassen Sie lieber den anderen den Vortritt, wenn Sie noch nicht warmgelaufen sind.
- Haben Sie verschiedene aktuelle Themen parat.

Wenn Sie echtes Interesse an der Person und ihren Themen haben, entwickelt sich der Small Talk aufs Angenehmste. Der andere fühlt sich ernst genommen. Jedes Heucheln von Interesse wird auf unbewusster Ebene wahrgenommen und endet mit einem unguten Gefühl.

Tipps

- Stellen Sie offene Fragen, statt permanent zu reden.
- Understatement ermutigt mehr zum Gespräch als Prahlerei.
- Erläutern Sie persönliche Gründe, warum Sie diese Frage stellen.
- Die zweite Frage wird erst gestellt, wenn die erste beantwortet ist.
- Gewähren Sie dem/der anderen genug Redezeit, auf jeden Fall mindestens 60 Prozent des Gesprächs.
- Kommentieren Sie die Antworten neutral und nicht wertend.
- Ungebetener Rat kommt nie gut an.
- Lächeln Sie und nicken Sie ab und zu.
- Unterstreichen Sie die Worte des Gegenübers mit sozialen Geräuschen wie „Hm" und „Ach so", das hält die Kommunikation in Fluss.

Bälle zuwerfen im Gespräch

Gerade in der Anbahnungsphase des Small Talks ist es schwierig, ein Thema zu finden. Probieren Sie es mit Themen-Bälle zuwerfen.

Beispiel: Sie sind auf einer Veranstaltung in Wien, möchten mit jemanden ins Gespräch kommen und beziehen sich dabei auf den Veranstalter/die Veranstalterin mit den Worten: „So eine schöne Veranstaltung, ich bin schon das zweite Mal hier. Ich kenne den Veranstalter/die Veranstalterin aus München." Diese Information ist ein

Ball und dieser wird aufgenommen. Dann kann der/die andere sagen: „Ah, aus München kennen Sie den Veranstalter/die Veranstalterin, kommen Sie aus München?" Und schon können Sie anknüpfen mit den Worten: „Ja, ich komme aus München, habe hier private Wurzeln und wollte mir das auch mal ansehen." „Sind Ihre Eltern aus Wien?" Und schon geht es weiter!

Sie sind im Gespräch und suchen jemanden

Diese Situation kennen Sie sicher: Sie sind auf einer Veranstaltung und möchten sich noch mit Frau Müller treffen. Damit sie Ihnen nicht entwischt, blicken Sie sich ständig um, ob Sie sie sehen. Das merkt Ihr Gegenüber – nicht wissend, dass Sie jemanden suchen – und bekommt das Gefühl, dass Sie sich nicht für ihn/sie interessieren, und er/sie zieht sich zurück. Sie merken das auch, aber führen das vielleicht auf mangelndes Interesse von der anderen Seite zurück. Wenn Sie jemanden suchen und mit Blicken immer wieder vom Gespräch abschweifen, erklären Sie Ihrem Gegenüber, dass Sie jemanden suchen, damit der/die andere nicht irritiert ist.

Allein unter vielen

Menschen, die alleine zu einer Veranstaltung kommen, sind oft dankbar Kontakte zu knüpfen, auf unbekannte Menschen zuzugehen fällt nämlich vielen sehr schwer.
- Sie warten, bis Sie Augenkontakt haben.
- Ein Lächeln auf Ihren Lippen stellt den nächsten Kontakt her.
- Machen Sie einen Schritt auf die Person zu.
- Sie grüßen höflich – sich die Hände zu geben ist aber nicht notwendig.
- Wenn Sie sich vorstellen, dann ausschließlich mit Vor- und Zunamen.
- Bei Buffets ergibt sich immer eine Gelegenheit, jemanden zu treffen und wenn es nur ein beginnendes Gespräch über die Veranstaltung, das tolle Essen, den tollen Abend etc. ist.

Im Kundengespräch

Als Mitarbeiter/in ist ein rascher Kontakt zur Kundin/zum Kunden möglich. Das ergibt einen einfachen Start in den Small Talk. Sie schätzen den Small Talk mit Ihnen, und sei es nur ein kurzer, er reicht aus, um ihnen das Gefühl zu geben, Sie interessieren sich für sie.

Treffen Sie bei einer hausinternen Veranstaltung auf Kunden/Kundinnen, bleiben Sie anfangs nicht zu lang, sonst fühlen sich andere Gäste benachteiligt. Am Beginn ist ein wirklich kleiner Small Talk für die Dauer eines Händedrucks ausreichend, dann kann man sich schon weiter in der Runde bewegen.

Zu späterer Stunde, wenn Sie mit allen gesprochen haben, können Sie etwas länger bei Gästen stehen bleiben, diese haben oft viel zu erzählen, besonders Stammgäste.

Außenseiter ins Gespräch ziehen

Fast in jeder größeren Gesprächsrunde gibt es jemanden, der am Rande steht – aus Schüchternheit, weil er/sie neu in der Runde ist oder weil er/sie nichts mit dem Thema anzufangen weiß. Im Small Talk Erfolgreiche zeichnen sich dadurch aus, dass sie auch Neulinge, Schüchterne und Außenseiter ins Gespräch ziehen. Gut ist es auch, Außenseiter in ein Zwiegespräch zu ziehen.

Wenn Sie Ihre Gesprächspartner/innen mit Namen ansprechen, haben Sie bereits viele Pluspunkte gesammelt. Jeder hört seinen Namen gerne. Üben Sie sich darin, wie im Kapitel „Die Anrede", Seite 50, und „Die Begrüßung", Seite 21, beschrieben.

Der Name ist Ihnen entfallen

Das ist Ihnen sicher schon passiert und allen ist es peinlich. Geben Sie offen und ehrlich zu, dass Ihnen der Name auf der Zunge liegt, Sie aber auf der Leitung stehen. Sie können sagen: „Helfen Sie mir bitte mit Ihrem Namen." Machen Sie glaubhaft, dass Ihnen zwar der Name entfallen ist, nicht aber die Person. Sie können dann Folgendes sagen: „Ich erinnere mich noch sehr genau an unsere Diskussion bei unserem letzten Treffen." Das darf Ihnen bei Kunden/Kundinnen jedoch nicht regelmäßig passieren, denn dann ist es unglaubwürdig.

Small Talk beim Geschäftsessen

Wenn Sie zu einem Geschäftsessen eingeladen sind oder selbst Gastgeber/in sind, sollten Sie vermeiden, direkt beim Essen über Geschäftliches zu reden, außer es wurde so vereinbart. Das anschließende Dessert oder der Kaffee lassen Ihnen mehr Ruhe und Zeit für diese Themen, achten Sie aber auf das vorgegebene Zeitlimit. Viel wichtiger ist es, dass Sie Ihren Partner/Ihre Partnerin von sich erzählen lassen und Sie sich in einer guten Stimmung befinden. Geschäftsessen dienen sehr oft ausschließlich dem Zweck, die persönliche Beziehung aufzubauen.

Tipps

- Stellen Sie nicht zu private Fragen.
- Vermeiden Sie Unterbrechungen.
- Coole Sprüche und Kraftausdrücke haben hier nichts zu suchen.
- Machen Sie aus dem Gespräch kein Verhör.
- Formulieren Sie positiv.

Den Small Talk beenden

Stellen Sie sich Folgendes vor: Sie haben einen Termin oder es einfach eilig und Kunden/Kundinnen möchten mit Ihnen plaudern – für viele eine der schwierigsten Situationen. Genervt auf die Uhr zu blicken ist keine gute Lösung. Sagen Sie vielmehr Ihren Kunden/Kundinnen sehr freundlich, dass Sie gleich einen Termin, ein Vorstellungsgespräch etc. haben, ersuchen Sie dafür um Verständnis und erörtern Sie die Möglichkeit, das Gespräch zu einem späteren Zeitpunkt fortzuführen. Sie können sagen: „Ich hätte mir gerne für Sie Zeit genommen; darf ich unser Gespräch zu einem anderen Zeitpunkt weiterführen, weil ich gleich ...?"

Einen Termin vorzuschieben, den Sie gar nicht haben, um aus dem Small Talk auszusteigen, ist nicht zu empfehlen, Lügen haben bekanntlich kurze Beine.

Verabschieden Sie sich mit einem Lächeln und je nach Situation mit Handschlag.

Tipps
- Warten Sie, bis Ihr Gesprächspartner/Ihre Gesprächspartnerin zu Ende gesprochen hat.
- Lächeln Sie.
- „Ich habe das Gespräch mit Ihnen sehr genossen, muss aber noch mit einem Kunden/einer Kundin etwas besprechen."
- „Es war schön, Sie kennenzulernen."
- „Gerne hätte ich mich noch länger mit Ihnen unterhalten, leider muss ich mich noch um die anderen Gäste kümmern, vielleicht haben wir später nochmals Gelegenheit dazu, wäre schön."

Der amerikanische Psychologe Leonhard Zunin hat herausgefunden, dass ein flüchtiges Gespräch im Supermarkt oder auf der Straße mindestens vier Minuten dauern muss, wenn wir unser Gegenüber nicht dadurch brüskieren wollen, dass wir kurz angebunden sind. Danach können Sie sich ohne Weiteres verabschieden.

Sitzungen und Besprechungen

Sitzungen, Besprechungen, Team-Meetings und andere Zusammenkünfte für den gegenseitigen Austausch von beruflichen Informationen und Weiterentwicklungen leiden oft unter ihrer Effektivität: Sie dauern zu lange, es wird zu viel geplaudert statt konstruktiv gearbeitet; Unpünktlichkeit und Spielen mit dem Handy gehören zu den Sitzungskillern Nummer eins. Oftmals sitzen die meisten Mitarbeiter/innen einfach ihre Zeit ab und verhalten sich entsprechend passiv, das wirkt sich aufs Sitzungsklima aus, ist unwirtschaftlich und demotiviert die Teilnehmenden. Hier werden Ressourcen vergeudet, die an anderen Stellen dringend gebraucht werden. Flache Hierarchien, mehr Team- und Projektarbeit erhöhen den Abstimmungsbedarf, daher ist eine effiziente Sitzungs- und Besprechungskultur zwingend erforderlich. Aber wie verhält man sich bei Sitzungen und Besprechungen, damit sie wie ein Motivationsbrunnen alle begeistern und effizient sind?

Vor der Besprechung

Pünktlichkeit ist eine wichtige Voraussetzung für eine gelungene Besprechung, denn wer zu spät kommt, lässt nicht nur einen Gesprächspartner, sondern gleich mehrere warten. Wer den Beginn einer Besprechung oder Präsentation verpasst, kann inhaltlich kaum oder nur zu spät einsteigen und hat ein informatives Defizit. Im allerschlimmsten Fall muss der/die Präsentierende noch einmal von vorne beginnen – das ist respektlos allen Sitzungsteilnehmenden gegenüber. Kommen Sie rechtzeitig, dann sind Sie von Beginn an dabei und können etwaige Stimmungen vor der Sitzung bereits aufnehmen.

Sollten Sie sich doch verspäten, rufen Sie vorher an und geben Sie mit Angabe von Gründen Bescheid, dass Sie nicht pünktlich sein werden. Sobald Sie den Sitzungsraum möglichst geräuscharm betreten haben, suchen Sie den nächsten freien Stuhl, belassen es bei einem kurzen „Entschuldigung" und verzichten auf wortgewaltige Erklärungen – versuchen Sie so wenig wie möglich zu stören.

Wer pünktlich kommt, kann die Raumsituation begutachten, den Sitzplatz selber wählen, feststellen, wie es mit Getränken und kleinen Imbissen während der Sitzung aussieht, und die mitgebrachten Unterlagen auf dem gewählten Platz vorbereiten.

Tipps

- Der Platz am obersten Tischende ist immer dem Vorsitz vorbehalten.

- Suchen Sie einen Sitzplatz, wo Sie das Fenster im Rücken haben, weil Sie Ihr Gegenüber besser sehen können und nicht geblendet werden.

- Checken Sie die Lautloseinstellung Ihres Handys und verstauen Sie es in der Tasche.

- Legen Sie sich Tagesordnung, Schreibutensilien und Papier zurecht, wenn Sie diese brauchen.

- Grenzen Sie mit Ihren Unterlagen Ihr „Revier" am Verhandlungstisch ein, bauen Sie aber keine Ordnerburgen.

- Sollten Getränke und Imbiss bereitstehen, können Sie sich gleich davon bedienen und eine kleine Portion mit Serviette, sowohl für Gläser als auch Essen, auf Ihren Platz mitnehmen.

Wer ist anwesend?

Es obliegt der Sitzungsleitung die teilnehmenden Personen einander vorzustellen, wobei die übliche Höflichkeitsform gilt – siehe Kapitel „Begrüßen", Seite 21. Bei Titel- oder Funktionsbezeichnungen achten Sie auf die korrekte Wiedergabe, denn das sind wichtige Informationen für die Sitzung und klärt die Rangpositionen innerhalb der Gruppe.

Beim Begrüßen lächeln Sie höflich, im europäischen Kulturkreis gehört ein fester Händedruck zu einem souveränen Auftreten. Bei ranghohen internationalen Gästen aus anderen Ländern klären Sie vorab mit Dolmetsch oder Delegationsleiter/in, wie die Begrüßung und Vorstellung am höflichsten ist. Grundsätzlich können Sie von europäischen Gepflogenheiten bei internationalen Gästen in Europa ausgehen.

Betritt jemand nach Ihnen den Raum, ist es höflich, wenn Sie zur Begrüßung kurz aufstehen. In größeren Gruppen spart es Zeit, wenn sich jeder mit dem vollen Namen sowie dem Titel und Position kurz selber vorstellt und noch ein paar sitzungsbezogene Informationen gibt, damit es später keine Nachfragen geben muss.

In der Besprechung

Vor Sitzungsbeginn schalten Sie Ihr Mobiltelefon aus oder zumindest auf stumm, sollten Sie eine wichtige Nachricht erwarten. Das Telefon gehört nicht auf den Verhandlungstisch, sondern in Ihre Tasche. Zum richtigen Verhalten zählt auch Ihre Sitzhaltung, die Interesse und aktive Teilnahme signalisiert. Bleiben Sie aufrecht in Ihrem Stuhl sitzen, legen Sie die Hände auf den Verhandlungstisch und zeigen Sie sich als aktive/r Zuhörer/in. Sollte Sie ein Thema nicht ständig betreffen oder ein privater Disput zwischen zwei Teilnehmern bestehen, können Sie sich ein wenig zurücklehnen, aber nicht lümmeln. Sie nehmen sich damit aus der „Schusslinie" und setzen ein körpersprachlich eindeutiges Zeichen. Setzen Sie sich also aufrecht hin, das zeigt, dass Sie am Thema interessiert sind und sorgt für einen guten Eindruck. Mit einer aufrechten Körperhaltung haben Sie außerdem eine kräftigere Stimme und können sich besser konzentrieren.

Wenn Sie vorbereitet in die Besprechung gehen, können Sie zielgerichtet verhandeln und mit Wissen punkten. Beschäftigen Sie sich schon vorher mit der Thematik und haben Sie Ihre Argumente notiert, so können Sie Ihre Interessen besser vertreten. Notieren Sie sich Anliegen, über die Sie selber sprechen möchten, so bleiben keine Fragen offen. Sollten diese Punkte eine Erweiterung der vorgelegten Tagesordnung sein, so kündigen Sie dies zeitgerecht, d. h. zu Beginn der offiziellen Sitzung an.

Ihre Redebeiträge melden Sie immer per Handzeichen bei der/dem Vorsitzende/n an. Sollte diese/r im Moment mit anderen Teilnehmerbeiträgen beschäftigt sein, warten Sie, bis Sie Augenkontakt aufnehmen können, und geben dann ein dezentes Zeichen.

Dauerredner sind unbeliebt

Richtiges Sitzungsverhalten bedingt, dass Sie ein Gefühl für das Sitzungsklima haben. Wird nur in kurzen Sequenzen und sehr zielorientiert gesprochen, ist es üblich, Höflichkeiten auszutauschen und dann erst auf den Punkt zu kommen, wie viel Zeit für einen Tagesordnungspunkt überhaupt vorgesehen ist. Es ist unhöflich, andere zu unterbrechen, doch man tut sich auch keinen Gefallen, wenn ein Dauerredner nicht zum Ende kommt. Höflich ist es, den/die Kollegen/in ausreden zu lassen oder mit kurzen, konkreten Zwischenfragen den Monolog zu unterbrechen. Hier ist es wichtig, Bezug auf das bisher Gesagte zu nehmen, z. B. „Sie sagten gerade ..." und sich für das Unterbrechen zu entschuldigen. Es ist Aufgabe der Sitzungsleitung, solche Dauerredner zu kürzeren Beiträgen zu ermahnen bzw. ihnen das Wort höflich, aber bestimmt mit dem Hinweis auf die Sitzungsdisziplin abzuschneiden.

Sie sind Sitzungsleiter/in

Die Vorbereitung

Sie als Sitzungsleitung bestimmen, wo und wie eine Besprechung abgehalten wird, daher sind Sie auch für deren Vorbereitung zuständig. Viele Punkte die Sie entscheiden, werden Sie für die organisatorische Ausführung an Sekretäre/Sekretärinnen oder Assistenten/Assistentinnen delegieren. Überlegen Sie vor der Sitzung, ob die anstehenden Punkte eine Besprechung rechtfertigen oder zeitsparendere Alternativen wie Mails, Videokonferenzen oder Vier-Augen-Gespräche besser geeignet sind. Laden Sie nur Betroffene, die tatsächlich an der Sache interessiert sind, denn vor allem hier werden aus Höflichkeitsgründen oft Zugeständnisse gemacht, weil der Herr X oder die Frau Y eben immer dabei sind und sich sonst übergangen fühlen. Entlassen Sie Teilnehmer/innen, deren Part erledigt ist, auf höfliche Art und bedanken Sie sich für ihr Mitwirken.

Verlangen Sie gute Vorbereitung für den Termin und verschicken Sie Einladung, Informationsmaterial und die Tagesordnung rechtzeitig, damit sich die Teilnehmenden und Sie gut vorbereiten können.

Fordern Sie ein, dass technische Hilfsmittel wie EDV, Beamer und Präsentationen funktionieren oder Unterlagen vorbereitet sind und ebenso Kugelschreiber im Sitzungsraum in ausreichender Zahl aufliegen. Sie selbst werden als eine/r der Letzten den Sitzungsraum in aller Ruhe betreten und die Teilnehmenden persönlich begrüßen.

Die Tagesordnung

Ein straffer Sitzungsplan ist dann möglich, wenn Zeitangaben zu jedem Tagesordnungspunkt enthalten sind, dadurch können sich alle Teilnehmenden zeitlich orientieren. Die Tagesordnung sollte überschaubar und zu erledigen sein, denn oft werden zu viele Punkte in die zur Verfügung stehende Zeit hineingepackt und können nur oberflächlich bearbeitet werden. Verzichten Sie, wenn es die Geschäftsordnung erlaubt, auf den Tagesordnungspunkt „Sonstiges" oder „Allfälliges", denn hier ticken oft Zeitbomben!

DIE SITZUNG BEGINNT

Eröffnen Sie unbedingt pünktlich! In der Anfangsphase einer Sitzung lernen die Teilnehmenden besonders viel über das Verhalten in dieser Gruppe. Nur ein pünktlicher Start sichert von Anfang an ein zielstrebiges, motiviertes Sitzungsklima. Sitzungen brauchen eine starke Führung, die konsequent für die Einhaltung des Zeitplans und der Regeln sorgt. Besser ist es, gleich von Anfang an einzugreifen, wenn sich Teilnehmende nicht zielorientiert verhalten.

Machen Sie ausreichend Pausen, denn die Konzentrationsfähigkeit in Sitzungen lässt schon nach 45 bis 60 Minuten spürbar nach. Kleine Pausen ermöglichen das Durchlüften der Räumlichkeiten, einen kurzen Weg in die Waschräume, Zwischenverhandlungen oder einfach nur Durchatmen.

KONFLIKTE IN DER SITZUNG

In vielen Sitzungen werden Konflikte entweder hochgespielt oder so lange ignoriert, bis das Fass überläuft, manche Leitende verbieten sogar Widerstand; alle diese Verhaltensweisen sind sehr konfliktträchtig. Achten Sie unbedingt auf Sachlichkeit, und wenn es gar nicht anders geht, machen Sie eine Sitzungsunterbrechung mit Zeitangabe, wann es weitergeht.

Es gibt immer wieder Teilnehmende, die zu Selbstdarstellung und Profilierung neigen, manchmal werden sogar scheinbar sachliche Darstellungen dazu genutzt. Kanalisieren Sie Selbstdarstellungs- und Mitteilungsbedürfnisse vor der Besprechung, indem Sie kurze Gelegenheit zum Small Talk geben. Fordern Sie auf jeden Fall Sitzungsdisziplin ein.

Ende der Sitzung

Verfassen Sie ein Ergebnisprotokoll oder fordern Sie es von der dafür zuständigen Person ein und geben Sie bekannt, bis wann das Protokoll allen Teilnehmenden zur Verfügung steht. Dieses beinhaltet kurz zusammengefasste Ergebnisse, Entscheidungen und To-do-Listen.

Enden Sie pünktlich, denn ein fix vorgegebener Zeitrahmen sollte eingehalten werden, damit Anschlusstermine aufrecht bleiben können. Sie als Sitzungsleitung sind diesbezüglich Vorbild für alle Teilnehmenden. Die Erfahrung, dass Tagesordnungspunkte unbehandelt bleiben, motiviert die Teilnehmenden bei der nächsten Sitzung, sich an den vorgegebenen Zeitplan zu halten.

Belohnen Sie gute Leistungen, indem Sie die Teilnehmenden wertschätzen. Bedanken Sie sich höflich für die gute Zusammenarbeit und beenden Sie offiziell die Sitzung.

Tipp

Versuchen Sie aus Fehlern zu lernen und nehmen Sie sich kurz Zeit für eine Stärken-Schwächen-Analyse. Verbessern Sie die Sitzung durch Verhaltensänderungen, das gilt für Sie in der Rolle als Teilnehmende/r wie auch in der Rolle als Leiter/in.

Erfolg auf Messen und Ausstellungen

Verkaufsmessen und Ausstellungen gewinnen in einer Zeit des unpersönlichen Internethandels und globalisierter Konzerne an Bedeutung, denn Menschen wollen mit allen Sinnen erleben und einkaufen: angreifen, hören, riechen, schmecken und fühlen, das alles begleitet von einem persönliches Gespräch. Der Trend geht eindeutig zu Fachmessen, wo Ausstellungen, Workshops, Expertengruppen und Vorträge geboten werden. Damit kann der Besucher sehr gezielt an seine Informationen und Produkte kommen. Bedenken Sie daher, dass der Standbesuch nur ein Termin in einem umfangreichen Messeprogramm ist.

Professionelles Auftreten ist ein Garant für den Verkaufserfolg, denn Ihr Unternehmen investiert viel in diese Firmen- und Produktpräsentation. Als aktives Messeteam beweisen Sie zur Hälfte verkäuferische und zur Hälfte fachliche Kompetenz. Sie sind die Visitenkarte in einem umworbenen Markt. Laden Sie im Vorfeld Ihre Kunden persönlich und mit kostenlosen Eintrittskarten oder Gutscheinen zum Messebesuch ein, denn ein gut besuchter Messestand ist Zeichen für ein interessantes Produkt und stärkt den Unternehmensauftritt.

Der erste Eindruck zählt

Es versteht sich von selbst, dass Sie fit, ausgeruht und pünktlich am Messestand erscheinen. Zu Ihrem gepflegten Äußeren gehören frischer Atem, Kleidung im Unternehmensstil, damit Sie als Mitarbeiter/in sofort erkannt werden, und Sie tragen ein Namensschild am linken Revers ihres Sakkos, die Visitenkarten sind griffbereit.

Damit sich Ihre Besucher/innen willkommen fühlen, sollten Sie sich nicht hinter Standaufbauten verstecken oder mit den Kollegen in der Sitzecke scherzen. Wenn es am Stand nicht fix geplant ist, sind Handys und PC tabu, ebenso Essen und Trinken vor Publikum oder wenn die Messetheke als Bar missbraucht wird; das sind Eindrücke, die abschreckend und unprofessionell wirken.

Ein fester Händedruck zeigt Selbstvertrauen, Herzlichkeit und Offenheit – ein nonverbales Zeichen, das positiv in Erinnerung bleibt. Bei Kundenempfängen am Stand oder am Abend achten Sie darauf, dass Ihr Alkoholkonsum nicht übermäßig ist, auch wenn Sie schon anstrengende Messetage hinter sich haben. Für Ihre Kunden sollen Sie den besten Eindruck hinterlassen.

- Führen Sie keine längeren Gespräche mit Kollegen, sonst glauben Besucher, dass sie stören.
- Kunden und Interessierte sollten nicht ignoriert werden oder warten müssen.
- Essen und trinken Sie ausschließlich in den Aufenthaltsräumen.
- Präsentieren Sie sich aufmerksam und freundlich am Stand.
- Für Pausen gehen Sie woanders hin oder benutzen die Aufenthaltsräume.
- Melden Sie sich bei der Messeleitung Ihres Firmenstands an und ab, wenn Sie eine Auszeit brauchen oder mit Kunden ein Restaurant besuchen.
- Der Messestand muss immer einladend wirken, sorgen Sie also dafür, dass leere Gläser und Teller immer abgeräumt sind.
- Achten Sie auf Zeitdiebe – jedes Gespräch, das länger als eine halbe Stunde dauert, sollte in einem eigenen Termin fortgesetzt werden.

Heißen Sie Besucher willkommen

Empfangen Sie Ihre Besucher/innen mit offenen Händen, d. h. Sie bewegen diese oberhalb der Gürtellinie und verstecken sie nicht in Hosen- oder Jackentaschen. Dabei sollten Sie die Menschen nicht überrumpeln, denn viele wollen sich noch orientieren und erst dann Ihre Aufmerksamkeit erlangen.

Lächeln Sie freundlich, bevor Sie Kunden ansprechen. Zum Gesprächseinstieg eignen sich „W-Fragen", z. B. „Wie gefällt Ihnen unser Messestand?" oder „Welche Neuheiten darf ich Ihnen anbieten?" oder „Was sagen Sie zu unserem Messeangebot?".

Mit dem Elevator Pitch (siehe auch Kapitel „Small Talk", Seite 71) stellen Sie in etwa dreißig Sekunden Ihr Angebot dar und überreichen eine kurze Produktbeschreibung, um erste Fragen zu beantworten. Sollten Sie Interessen erkennen bzw. mit einem langjährigen Kunden ins Gespräch kommen, so laden Sie auf den Stand zu einer

Erfrischung oder Kostprobe ein, die von Ihnen beim Standpersonal geordert und von diesen unaufdringlich gebracht werden. Geben Sie sich als freundlicher Gastgeber. Wichtig ist, dass Sie Ihre Messebotschaften vermitteln, mitgegebene Prospekte personalisieren, Give-aways überreichen und sich anschließend ein Messeprotokoll erstellen, wenn Ihre Kunden den Stand verlassen haben.

Sollten Sie ein Messeskript führen oder einen Auftrag schreiben, lassen Sie Ihre Kunden mitverfolgen, was Sie notieren, und fragen Sie immer wieder nach, ob das im gegenseitigen Einverständnis ist.

Erkennen Sie Messebesucher und Kunden

Ein Messebesucher verbringt etwa fünfzehn Minuten an einem Stand, bis er/sie sich die wichtigsten Informationen geholt hat. Daher sollten Ihre Gespräche kurz und informativ sein, Vorführungen maximal zehn Minuten dauern und Sie die Visitenkarten der Besucher erfragen. Es gibt drei Kategorien von Messegästen:
- Er/sie will sich informieren und steht daher bei Präsentationen in der ersten Reihe.
- Er/sie sucht das Gespräch zum Erfahrungsaustausch und kommt offensiv auf das Standpersonal zu.
- Er/sie hat eine Kaufentscheidung bereits getroffen und steht abseits der Präsentationen, auf diese Menschen sollten Sie besonders achten und Ihnen Aufmerksamkeit schenken.

Tipp

Fragen Sie Ihre Kunden, ob Sie nach der Messe einen Termin vereinbaren können, und rufen Sie bald an, damit der Messebesuch noch frisch in Erinnerung ist. Warten Sie nicht, bis der Mitbewerber sich gemeldet hat, sondern greifen Sie zum Hörer – anrufen ist übrigens erfolgreicher als anschreiben.

Bei Messen und Ausstellungen sollten Sie langfristig denken. Der Umsatz, den Sie auf der Messe machen, ist zwar wichtig, sollte aber nicht das Maß der Dinge sein. Wichtiger ist, dass der dadurch gewonnene Kontakt langfristige Umsätze bringt und Kunden besonders an Ihr Unternehmen bindet.

Telefon, Videokonferenz und soziale Netzwerke

Das Telefon

Das Telefon hat unsere Kommunikation revolutioniert. Mittlerweile sind wir so gut wie überall weltweit erreichbar. Im Berufsleben gehört das Telefon zu den größten Zeitkillern, da wir ständig von seinem Läuten in der Konzentration gestört werden, rasch und spontan auf unerwartete Informationen reagieren müssen und so unsere Arbeit nicht immer zeitgerecht beenden können. Entsprechend oft hört der Anrufer/die Anruferin den Stress und die Angespanntheit des/der Angerufenen.

Die Situation ist schwierig genug. Der Anrufer/die Anruferin kann uns nicht sehen, weiß nicht, wo wir uns befinden und wie günstig der Zeitpunkt des Anrufes ist. Hier

Haltung zu bewahren, immer gleich freundlich und entgegenkommend zu sein, sowie der anrufenden Person das Gefühl zu geben, dass man sich über ihren Anruf freut, verlangt viel.

„Hallo" ist zu wenig

Melden Sie sich am Telefon freundlich und beginnen Sie erst zu sprechen, wenn Sie den Hörer bereits bei sich haben. Grüßen Sie, nennen Sie dann Firmenname, eventuell die Abteilung und anschließend Ihren eigenen Vor- und Zunamen. Es soll Ihr Nachname zum Schluss stehen, damit dieser gut verstanden wird. „Hallo" oder zu rasche Aussprache des Namens sind unpassend, immerhin möchte der Anrufer/ die Anruferin wissen, wo er/sie tatsächlich gelandet ist und wer am Apparat ist.

Telefonzeiten einhalten

Die modernen Telefonanlagen erlauben mittlerweile nur Anrufe in der Geschäftszeit. Sollten Sie jedoch bei Privatpersonen anrufen, bedenken Sie, dass dies nur in der Zeit zwischen 9 und 13 Uhr, sowie 15 und 19 Uhr sein sollte. Samstags und – wenn es tatsächlich sein muss – am Sonntag, ist der frühestmögliche Zeitpunkt ab 10 Uhr. Es bedarf schon sehr triftiger Gründe, sich über diese üblichen Telefonzeiten hinwegzusetzen. In Zeiten des E-Mails können Sie ohnehin Ihre Nachricht verschicken, wenn sie Ihnen dringend erscheint. Sollte das für den Adressaten/die Adressatin auch zutreffen, wird er/sie Ihnen umgehend darauf antworten.

Regeln

- Halten Sie sich an die offiziellen Telefonzeiten.
- Notieren Sie den Namen der Person, mit der Sie sprechen, um sie später persönlich anzureden.
- Lassen Sie sich nicht überrumpeln, auch am Telefon kann man sich vertagen.
- Legen Sie niemals grußlos auf, auch wenn Sie noch so wütend sind.
- Privatgespräche in der Dienstzeit sind Diebstahl am Arbeitgeber!

Mobiles Telefonieren mit Stil

Da mittlerweile verordnete handyfreie Zonen bestehen und das Klingeln allerorts lästig ist, sollte das Handy nicht überall eingesetzt werden.

Wer sein mobiles Telefon in der Öffentlichkeit nutzt, sollte sich immer bewusst sein: Das unfreiwillige Mithören von beruflichen oder privaten Gesprächen kann anderen zur Last fallen. Besprechen Sie Ihren Anrufbeantworter am Mobiltelefon, so wird Ihnen niemand böse sein, wenn Sie für ein paar Augenblicke nicht sofort erreichbar sind.

Tipps

- Verwenden Sie keine „lustigen" Klingeltöne, die nicht zu Ihrem Image passen.
- Lassen Sie Ihr Handy in der Tasche verschwinden, wenn Sie jemandem begegnen oder ihn/sie gar begrüßen.
- Bedenken Sie bei Freisprechanlagen, dass mehrere Personen unwillkürlich zuhören könnten.
- Smartphones haben die Funktion, per Knopfdruck eine kurze Rückmeldung an den Anrufer/die Anruferin zu geben, z. B.: „Bin in einer Besprechung, rufe zurück."

Regeln

- Seien Sie freundlich am Telefon, Sie wissen nie, wo und in welcher Situation Sie Ihren Gesprächspartner erreichen.
- Akzeptieren Sie sofort, wenn Ihnen ein Rückruf angeboten wird.
- Verlassen Sie sich auf Ihre Anrufbeantworterfunktion, wenn Sie abschalten.
- Je leiser und dezenter Sie Ihr Handy bedienen, desto stilvoller ist Ihr Auftreten.
- Handy aus, wenn es so gewünscht oder verordnet ist.

Wenn Sie in der Öffentlichkeit, im Bus, in der Bahn oder im Restaurant mit dem Mobilgerät telefonieren, versuchen Sie dies möglichst leise zu tun und die Hand vorzuhalten, um andere nicht mit Ihrem Gespräch zu stören. Stellen Sie den Klingelton leise oder noch besser auf Vibrationsalarm, so schrecken nicht alle auf, wenn Sie einen Anruf bekommen. Spüren Sie, dass dieses Gespräch andere Menschen stört, dann führen Sie das Telefonat später weiter. Halten Sie sich möglichst kurz oder suchen einen Ort auf, an dem Sie alleine sind und ungestört telefonieren können.

Unerwünscht in Sitzungen oder Seminaren

Sind Sie in einem Mitarbeitergespräch oder einer Sitzung, sollten Sie Ihre Aufmerksamkeit den anwesenden Personen widmen. Jedes Telefonat, SMS oder jeder Blick auf das Display unterbricht die Konzentration und signalisiert Ihrem Gegenüber Desinteresse. Viele empfinden dies auch als mangelnden Respekt.

Handys sind auf dem Besprechungstisch nicht erlaubt. Ausnahme ist: Warten Sie auf dringende Informationen, die Sie noch in der Sitzung benötigen, so schalten Sie Ihr Telefon auf Vibrationsalarm oder Meeting, um nicht alle mit dem Klingelton zu belästigen, und weisen darauf hin, dass Sie auf dringende Informationen per Telefon warten. Dann legen Sie den Apparat vor sich mit Lautloseinstellung auf den Tisch. Wenn es so weit ist, führen Sie das Gespräch abseits der Sitzung, um nicht noch mehr zu stören. Das Gleiche gilt bei Geschäftsessen und Einladungen im Restaurant.

Falls Sie doch einmal vergessen haben, das Handy auszuschalten oder auf „stumm" zu stellen, entschuldigen Sie sich dafür und schalten es sofort aus.

Wenn Sie eine Sitzung oder ein Seminar leiten, ist es Ihre Pflicht, darauf hinzuweisen, dass Handys ausgeschaltet werden. Wer sein Telefon trotz allem nicht stilllegt, darf durchaus gerügt werden. Mancherorts werden Pönalzahlungen oder „Extragebühren" für ein klingelndes Handy verrechnet, sollte jemand das Telefon in einer Sitzung benutzen oder Mails beantworten.

Rückrufe erwünscht

Sind Sie in ein Gespräch vertieft und Ihr Telefon meldet sich, so kündigen Sie einen Rückruf an, um nicht den Gesprächsfluss länger als notwendig zu unterbrechen. Sollten Sie beim Autofahren keine Freisprechanlage besitzen, so verweisen Sie ebenfalls auf einen Rückruf, nämlich dann, wenn Sie wieder festen Boden unter den Füßen und das Auto angehalten haben.

Handyservice für Kollegen/Kolleginnen

In gehobenen Restaurants und an manchen Veranstaltungsorten gibt es ein Handyservice, wo Sie Ihren Apparat abgeben können. Das Personal nimmt die eingehenden Anrufe entgegen und bringt bei vereinbarten Anrufen das Telefon direkt zu Ihnen. Entscheiden Sie, ob Sie der Handyservice Ihres Kollegen/Ihrer Kollegin sein wollen, wenn diese/r das Handy auf dem Schreibtisch vergessen hat. Sie müssen schon sehr gute Kollegen/Kolleginnen sein, um das Handy dieser Person tatsächlich beantworten zu dürfen, ausgenommen natürlich, Sie wurden extra darum gebeten. Im Zweifelsfall lassen Sie das Mobiltelefon besser läuten.

Tipp

Wenn Sie das Mobiltelefon einer anderen Person abheben, sollten Sie
sich entsprechend zu erkennen geben. Sagen Sie beispielsweise: „Guten
Tag/Grüß Gott, das ist das Mobiltelefon meiner Kollegin Doris Meister.
Mein Name ist Sabine Müller und ich soll diesen Anruf in Empfang
nehmen. Kann ich etwas ausrichten?" oder Sie sagen: „Mobiltelefon von
Doris Meister, Sie sprechen mit Sabine Müller." Auch das ist passend.

Dasselbe gilt für das Festnetz: Sich nur mit dem eigenen Namen zu
melden, verwirrt den Anrufer/die Anruferin sehr. Notieren Sie anschließend die Nachricht und legen Sie den Zettel auf den Platz des
Kollegen/der Kollegin.

Wo legen Sie das Handy hin?

Auch wenn Sie einen wichtigen Anruf erwarten, legen Sie das Handy nicht auf den
Tisch. In einem Gespräch oder im Restaurant zeugt das von schlechten Manieren.
Tragen Sie das Handy bei sich in der Jackentasche oder in der Hand- bzw. Geschäfts-
tasche. Es wird nicht am Gürtel getragen und nicht um den Hals gehängt. Es sollte
auch in der Handtasche leicht zu finden sein, denn es nervt, wenn Damen in ihren
Handtaschen hektisch nach dem Handy kramen und womöglich alles ausleeren.

Die Ansage auf der Mobilbox

Eine persönliche Ansage auf Ihrer Mobilbox wirkt vertrauensvoller als eine Compu-
terstimme, die kalt und unpersönlich klingt. Verzichten Sie auf unnötige Floskeln, der
Text sollte kurz und klar sein. Wenn Sie einen Rückruf versprechen, halten Sie das
auch ein. Bei der Aufnahme sollte absolute Ruhe herrschen. Wählen Sie allerdings
Hintergrundmusik und das Telefon ist geschäftlich genutzt, muss diese zum Stil
des Hauses passen.

Ihr Handy im Betrieb

Ihr privates Handy hat im Betrieb nichts verloren, es sollte auf lautlos gestellt sein und Ihren Arbeitsablauf nicht stören. Sie laufen auch nicht telefonierend über den Parkplatz des Hauses, noch stehen Sie telefonierend vor der Eingangstür, wo Gäste vorbeikommen, auch wenn Sie schon außer Dienst sind.

Tabuzonen für Handys

Bei kulturellen und religiösen Veranstaltungen wie in Kirchen, auf Friedhöfen, in Kinos, Theater, Museen, Bibliotheken, Krankenhäusern, Hotellobbys und normalerweise auch in Bussen sowie in gekennzeichneten Ruhebereichen des ICEs ist Handygeklingel tabu. In manchen neu geplanten Gebäuden erhalten die Architekten bereits den Auftrag, Handystörzonen fix einzuplanen, in denen kein Empfang möglich ist.

SMS und MMS

Sollten Sie ein SMS empfangen, schielen Sie nicht gleich auf den Absender oder antworten darauf, während Sie noch in einem Gespräch mit Kunden/Kundinnen oder Kollegen/Kolleginnen stecken. Die Nachrichten bleiben erhalten und sind meist nicht dringend.

MMS-Telefone sind Mobilgeräte mit Multi Media Services (MMS) und können mithilfe einer kleinen eingebauten Kamera Fotos und kurze Videosequenzen aufnehmen und sofort verschicken. In vielen Ländern werden sogar Gerichtsverhandlungen über die missbräuchliche Nutzung und das Personenrecht der Fotografierten abgehalten, weil sich die Menschen belästigt fühlen.

Das stilvolle Telefongespräch

Das Telefon gilt als eine der wichtigsten Kontaktstellen neben dem E-Mail. Doch nicht überall wird ein professioneller Umgang mit dem Telefon gepflegt. Das Telefon ist die Visitenkarte Ihres Hauses. Eine unfreundliche Stimme kann schnell einen Kunden vergraulen.

Führen Sie ein Telefongespräch so, dass der Anrufer/die Anruferin merkt, Sie haben Zeit dafür. Nebenbeschäftigungen wie essen, trinken, am Computer tippen etc. lenken ab und sind für den Anrufer störend oder sogar geringschätzend.

Achten Sie auf eine angenehme Körperhaltung. Die Haltung beeinflusst Klang und Ausdruck Ihrer Stimme und damit auch den Eindruck, den Sie während des Gesprächs vermitteln.

Holen Sie tief Luft und entspannen Sie sich kurz. Erst dann bedienen Sie das Telefon. Eine angespannte und genervte Stimmung wird über die Stimme übertragen. Wenn Sie sich sammeln und entspannen, wird auch Ihre Stimme angenehmer. Das hat eine positive Auswirkung auf Ihr Gespräch und schafft eine gute Beziehungsebene.

Notieren Sie gleich am Beginn des Gesprächs den Namen des Anrufers/der Anruferin. Das hilft Ihnen, dass Sie diese/n im Lauf des Gesprächs mit Namen ansprechen können. Wenn Sie den Namen nicht verstanden haben, bitte sofort nachfragen: „Wie ist Ihr Name?" oder „Entschuldigung, ich habe Ihren Namen akustisch nicht verstanden." Vermeiden Sie bitte: „Wie war Ihr Name?" Da haben schon einige geantwortet: „Ich lebe noch."

Peinlich wird es, wenn Sie erst nach einer halben Stunde nach dem Namen fragen, weil Sie ihn vergessen haben. Wenn Sie den Anrufer direkt mit Namen ansprechen, schafft das zusätzlich Nähe.

Ist der Anrufer/die Anruferin im Haus bekannt, können Sie an vorangegangene Telefonate oder auch an den letzten Aufenthalt anknüpfen. „Wir haben ja gestern besprochen ...", „Sind Sie wieder gut nach Hause gekommen?". Halten Sie sich aber nicht zu lange damit auf.

Tipps

Verwenden Sie positive Formulierungen wie:

- „Ja, bitte." oder „Ja, gerne."
- „Das machen wir gerne für Sie."
- „Ich werde gleich Ihren Wünschen nachkommen."
- „Ich erledige das umgehend für Sie."
- „Selbstverständlich sende ich Ihnen das Prospekt gleich zu." (Legen Sie Ihre Karte mit ein paar persönlichen Worten zum Gespräch bei.)
- „Ich werde das sofort für Sie erledigen." – Das müssen Sie dann auch tun.
- „Ich freue mich sehr, Ihnen dieses Angebot vorzubereiten."
- „Schön, dass Sie sich an unser Haus gewandt haben."
- „Danke für Ihren Anruf."

Bieten Sie dem Kunden/der Kundin aktiv Informationen an, damit er/sie seinen/ihren Wünschen entsprechend informiert wird. Wenn das Besprochene nochmals wiederholt wird, kann der Anrufer/die Anruferin für sich abklären, ob alles passt.

Zieht sich das Gespräch unnötig in die Länge und keiner findet den Absprung, so können Sie mit folgenden Worten das Ende einleiten: „Gut, dann haben wir soweit alles geklärt, vielen Dank dafür", und schließen das Gespräch positiv ab: „Ich freue mich, wieder von Ihnen zu hören", „..., Sie persönlich kennenzulernen" oder „..., Sie im schönen Chiemgau begrüßen zu dürfen."

Weiterverbinden

Achten Sie darauf, dass Anrufer/innen nicht endlos in der Warteschleife Ihres Telefonnetzes hängen, weil sich niemand zuständig fühlt; auch die netteste Telefonansage hilft hier gar nichts. Anrufer/innen werden dadurch verärgert und es kann sein, dass sich das auf den weiteren Gesprächsverlauf und das Ansehen Ihres Unternehmens auswirkt.

Um Anrufer/innen nicht an falsche Ansprechpartner/innen zu vermitteln, informieren Sie sie darüber, dass Sie kurz mit der Person sprechen, zu der Sie verbinden wollen, um sicherzugehen, dass es der/die richtige Gesprächspartner/in ist. Sollte diese/r nicht erreichbar sein, bieten Sie Ihre Hilfe oder einen Rückruf an.

Sie haben keine Zeit zum Telefonieren

Geben Sie frühzeitig zu verstehen, wenn Sie unter Zeitdruck stehen. Sie können dies mit folgenden Worten tun: „Leider habe ich gleich einen Termin, kann ich Sie zurückrufen, denn ich hätte mir gerne Zeit für unser Gespräch genommen" oder „Schaffen wir es in ein paar Minuten, weil ich dann weg muss." Das setzt aber auch voraus, dass Sie wirklich wie versprochen zurückrufen. Lassen Sie sich nicht zurückrufen, sondern rufen Sie immer selbst zurück.

Notieren Sie sich gleich nach dem Gespräch alle anfallenden Aufgaben zu diesem Gespräch, besonders wenn es andere Kollegen/Kolleginnen betrifft. Vergessen Sie nicht, die Adressdaten in Ihrer Datenbank einzugeben und eventuell den nächsten Termin schon zu vermerken.

Hinterlassen Sie eine Nachricht auf dem Anrufbeantworter und achten Sie darauf, dass Sie langsam und deutlich sprechen. Wiederholen Sie die Telefonnummer nochmals klar und deutlich.

Sie sind Mitarbeiter/in im Kundenbereich eines Unternehmens und telefonieren gerade, als ein Kunde/eine Kundin kommt und Ihre Aufmerksamkeit erwartet. Halten Sie sich kurz und signalisieren Sie dem Kunden/der Kundin mit den Augen, dass Sie gleich Zeit für ihn/sie haben. Das erhöht seine/ihre Bereitschaft, zu warten, weil er/sie gesehen wurde. Bitten Sie den Anrufer/die Anruferin darum, dass Sie zurückrufen dürfen, weil gerade kein anderer Mitarbeiter verfügbar ist.

Nutzen Sie die Vorteile einer CRM-(Customer-Relationship-Management-)Datenbank für die Kundenbeziehung. Schreiben Sie sich wichtige Infos zum Gespräch ein, beispielsweise „Kunde fragt nach einem Sonderwunsch." So haben auch andere Mitarbeiter/innen diese Informationen, falls Sie nicht da sein sollten.

Reklamation am Telefon

Wenn Sie von einem Kunden/einer Kundin angerufen werden, repräsentieren Sie in diesem Moment das eigene Unternehmen und zwar nur über die Stimme. Für diese verantwortungsvolle Aufgabe braucht es vor allem Motivation, eine positive Einstellung und den Glauben an sich selbst. Je mehr Freundlichkeit und Persönlichkeit Sie in Ihre Stimme legen, desto besser gelingt das Gespräch.

Ein Kunde/eine Kundin beschwert sich und soll erst einmal beruhigt werden – eine schwierige Aufgabe. Das Schlimmste, was Sie machen können, ist herumzustottern und dem Gegenüber zu zeigen: „Ich habe keine Ahnung." Stattdessen lieber zur eigenen Unwissenheit stehen und sagen: „Herr/Frau ..., da muss ich nachfragen. Ich kümmere mich um Ihr Anliegen und rufe Sie zurück."

Allein die Aussage „Ich kümmere mich" gibt dem Kunden/der Kundin ein gutes Gefühl. Hinzu kommt ein bisschen Psychologie. Findet das Gespräch beispielsweise um elf Uhr statt, fragen Sie einfach den Kunden/die Kundin: „Wann kann ich Sie vor zwölf Uhr erreichen?" Jede Minute, die Sie vor dieser Zeit zurückrufen, wird das Gegenüber überraschen und positiv für Sie einnehmen.

Sagen Sie nie: „Ich rufe gleich zurück." Für den einen ist „gleich" in fünf Minuten, für den anderen in einer Stunde oder später – da sind Missverständnisse vorprogrammiert.

NEGATIVE AUSSAGEN VERMEIDEN

„Ich habe keine Ahnung, da muss ich die Chefin fragen" oder „Da sind wir voll, da geht gar nichts mehr" – solche Sätze sind tabu, weil sie negativ formuliert sind. Stattdessen gehen Sie lieber auf das Gegenüber zu und sagen: „Lassen Sie uns doch gemeinsam einen Termin finden." Damit signalisieren Sie dem Anrufer/der Anruferin: „Ich kümmere mich darum", und diese Form der Geborgenheit hinterlässt den stärksten Eindruck beim Gegenüber.

Richtiges Telefonieren ist nicht nur wichtig für Mitarbeiter/innen in Callcentern oder für Chefsekretäre/Chefsekretärinnen. Auf allen Ebenen sind Mitarbeiter/innen gefragt, die sich und die Firma am Telefon gut präsentieren können. Eine Kompetenz, die in Zukunft immer gefragter sein wird.

Videokonferenz oder SKYPE

Die Möglichkeit, Videokonferenzen durchzuführen, wird vor allem in größeren Unternehmen mit mehreren Standorten seit längerer Zeit praktiziert. Die entsprechenden Bandbreiten der Telefonleitungen bzw. der Satellitenübertragung verbessern die Bild- und Tonqualität der Videokonferenzen ständig. SKYPE gilt für internen persönlichen Kontakt als gute Option, große Distanzen einfach per Internet-Bild-Telefonie zu überwinden.

Kommen Sie bereits vor dem offiziellen Konferenzbeginn in den Raum. Es werden die Mikrofone und Kameras so eingerichtet, dass alle Teilnehmer/innen gut gesehen und gehört werden können.

Sobald der Techniker/die Technikerin die Telefonleitungen hergestellt hat, begrüßt der/die zur Konferenz einladende Konferenzleiter/in die versammelte Gruppe des anderen Standortes, die Sie am Monitor sehen können. Auch von dieser Seite wird die Begrüßung wiederholt.

Es folgt die Einstiegsrunde, in der der Konferenzleiter/die Konferenzleiterin die teilnehmenden Teams mit Namen und Funktion vorstellt, anschließend werden die Themen und die vorgegebene Zeit abgesteckt. Ab diesem Zeitpunkt treten Sie in die Konferenz ein, wobei die Konferenzleiter/innen jeweils die Wortmeldungen zuteilen.

Regeln

- Technik beherrschen: Alle Teilnehmer/innen sollen sich eingehend mit den Funktionen des Video-Konferenz-Systems beschäftigen: Wer ist eingeloggt, wie lässt sich das Mikro stumm schalten und wie ist die korrekte Einstellung der Kamera, damit Sie auch gut gesehen werden?
- Testlauf: Eine Stunde vor der Videokonferenz testen, ob alles reibungslos funktioniert.
- Agenda vorbereiten: Alles muss für die Besprechung gut geplant und strukturiert sein. Der Moderator/die Moderatorin sollte, wie bei jedem anderen Meeting

auch, eine Agenda zur Verfügung stellen, aus der Zweck und Ziel hervorgehen, das hilft, das Gespräch zielgerichtet zu führen.

- Grundregeln vereinbaren: Der Moderator/die Moderatorin legt fest, wie die Kommunikation während der Konferenz aussehen soll. Alle Teilnehmer/innen sollten die Regeln kennen und es sollte abgeklärt werden, ob Wortmeldungen gleich gewünscht sind oder erst im Anschluss.
- Die richtige Beleuchtung: Man soll den Gesprächspartner gut sehen, d. h. die Lichtquelle kommt aus der Richtung der Kamera, die aufzeichnet. Dadurch wird das Gesicht optimal ausgeleuchtet.
- Keine Geräusche und Gespräche nebenbei: Klingelnde Telefone, das Bearbeiten von E-Mails nebenbei und vibrierende Handys sind ein No-Go. Sollte doch ein Anruf entgegengenommen werden müssen, das Mikro auf „stumm" schalten, damit die anderen Konferenzteilnehmer/innen nicht gestört werden.
- Geräusche vermeiden: Hat die Videokonferenz mehr als zwei Teilnehmer/innen, sollte das Mikrofon derer, die sich nicht zu Wort melden, auf stumm geschaltet bleiben, um Echos und Pfeiftöne zu vermeiden. Um Aufmerksamkeit zu signalisieren, reicht es völlig aus, zu nicken.
- Sprechen Sie langsam, deutlich und warten Sie vor einer Antwort ab, dass die Gesprächspartner/innen ihre Beiträge abgeschlossen haben. Immer in Richtung des Mikrofons sprechen. Unterbrechen Sie niemanden.
- Ordentliche Umgebung: Dort, wo Sie sich präsentieren, soll Ordnung herrschen.
- Dezente Kleidung wählen, um nicht von den Inhalten abzulenken. Schrille Farben, karierte Muster und auffällige Kleidung lenken vom Gesicht ab, auch die Frisur muss sitzen.

Soziale Netzwerke

Surfen im Internet ist dank sozialer Netzwerke beliebter denn je. Das birgt sowohl Gefahren als auch viele Möglichkeiten für Unternehmen. Mitarbeiter/innen dürfen sich in den meisten Unternehmen nur für berufliche Zwecke einloggen, eine beschränkte private Nutzung muss mit der Führungskraft abgesprochen sein.

Die Gefahren der sozialen Netzwerke

Die Gefahr, im Social Web, also Twitter, Facebook & Co. gegen die Sicherheitsregeln eines Unternehmens zu verstoßen, ist sehr groß. Mitarbeiter/innen chatten, twittern und plaudern in Foren und vergessen dabei, dass man nicht nur als Privatperson im Netz ist. Achten Sie darauf, dass durch das ungezwungene Vernetzen nicht über Kunden/Kundinnen gelästert wird oder Produkte von Mitbewerbern/Mitbewerberinnen abgewertet oder kommentiert werden, das kann ein schlechtes Bild auf das Unternehmen werfen. Über die IP-Adressen der Computer legen die Schreibenden virtuelle Spuren, die zu den Arbeitgebern führen, und das Internet vergisst nichts!

Die Motive von beruflich genutzten Netzwerken sind unter vielen anderen, dass Mitarbeiter/innen mit Kunden/Kundinnen in Kontakt treten oder sich mit Kollegen auf sehr schnelle und einfache Art und Weise austauschen können.

Die Höflichkeit in der Web-Kommunikation

Jetzt gibt es eine Art offiziellen Social-Media-Knigge, den Rainer Wälde für den Deutschen Knigge-Rat entwickelt hat. Er gibt Tipps, wie man sich in sozialen Netzwerken benehmen sollte, um erfolgreich zu kommunizieren:

Wählen Sie Ihre favorisierten Netzwerke sorgsam aus
Überlegen Sie kritisch, welche Netzwerke für Sie geeignet sind. Kriterien sind Kosten, Datenschutzbestimmungen, Popularität und Image des Netzwerks, Funktionen und Angebote sowie Ihr persönlicher Nutzen durch den Beitritt. Entscheidend ist, ob Sie die Plattform beruflich oder privat nutzen möchten. Vermeiden Sie eine Mischung aus beiden Bereichen und die Freigabe allzu vertraulicher Informationen.

Bleiben Sie authentisch
Bauen Sie keine fiktive Identität auf. Nicht nur Freunde, auch potenzielle Geschäftspartner und Arbeitgeber recherchieren im Internet. Ihre Glaubwürdigkeit und Repu-

tation leiden, wenn das Gesamtbild nicht stimmig ist. Hilfreich ist es zum Beispiel, wenn Sie in allen Netzwerken das gleiche Foto verwenden.

Vermeiden Sie es außerdem, innerhalb eines Netzwerkes mit zwei Profilen zu agieren. Das stiftet Verwirrung.

Meiden Sie plumpe Vertraulichkeiten

Überlegen Sie sich vorab, welche Kontakte Sie über welches Netzwerk pflegen möchten. Ihre Kunden sind nicht unbedingt Ihre „Freunde" und empfinden diese Bezeichnung vielleicht als unpassend oder zu intim.

Prüfen Sie außerdem Ihre individuellen Sicherheitseinstellungen sorgfältig. Manch ein Nutzer ist verwundert, dass seine Party- und Bikinifotos vom letzten Urlaub ungeschützt und für jeden zugänglich sind.

Lehnen Sie unerwünschte Anfragen ab

Haben Sie keine Scheu davor, unerwünschte Kontaktanfragen abzulehnen. Eine taktvolle Rückmeldung, dass Sie nur persönlich bekannte Personen als Freunde bestätigen, vermeidet Missverständnisse und gehört zum guten Ton. Vorsicht ist insbesondere vor jenen geboten, die virtuelle Kontakte wie Trophäen sammeln. Dies ist kein Zeichen von Qualität sondern eher für Oberflächlichkeit und Geltungssucht.

Belästigen Sie Ihre Kontakte nicht

Belästigen Sie Ihre „Freunde" nicht mit nervenden Spielen und Anwendungen. Wenn Sie Ihre Kommunikation nur auf spielerische Anfragen beschränken, werden Sie schnell ignoriert.

Bleiben Sie freundlich

Wahren Sie die Formen der Höflichkeit. Auch wenn alle Netzwerk-Partner als „Freunde" angezeigt werden, kommt ein unvermitteltes Duzen zwischen Geschäftspartnern nicht stilvoll an. Eine korrekte Anrede und ein höflicher Abschiedsgruß gehören bei Kontaktanfragen dazu und steigern Ihre Chancen, akzeptiert zu werden.

Reagieren Sie humorvoll

Löschen Sie keine unbequemen Einträge von Ihrer Pinwand, denn Zensuren sind den meisten Menschen suspekt. Reagieren Sie humorvoll statt verbissen. Entscheidend ist nicht der Eintrag, sondern Ihre Reaktion.

Halten Sie den Dialog lebendig

Überprüfen Sie regelmäßig Ihre Nachrichten und kommunizieren Sie mindestens einmal pro Woche mit Ihren Netzwerk-Partnern. Nur wenn Sie direkt auf Einträge reagieren, bleibt der Dialog lebendig.

Behalten Sie den Weitblick

Überlegen Sie vor jedem Eintrag, ob er auch später noch gut für Ihre Reputation ist. Das Internet vergisst nie. Stellen Sie sich die Frage: Möchte ich, dass meine Meldung auch in zwei Jahren gefunden und gelesen werden kann? Achten Sie auf Ihre „innere Stimme" und löschen Sie lieber direkt impulsive Einträge, die Ihnen selbst oder anderen schaden könnten. Bedenken Sie, dass etliche Firmen die Netzwerk-Einträge potenzieller Bewerber prüfen.

Schließen Sie Trolle aus

Lassen Sie sich nicht von unangenehmen Zeitgenossen zu unüberlegten Reaktionen verleiten. Die sogenannten „Trolle" sind nicht am eigentlichen Thema interessiert, sondern wollen nur Menschen in Misskredit bringen oder Diskussionen sabotieren. Blockieren Sie diese Personen in ihrer Kontaktliste.

Extra-Tipps fürs Geschäftsleben

BUSINESS-TIPP: GEBEN SIE EMPFEHLUNGEN

Nutzen Sie Ihr Netzwerk, um kurz über interessante Filme, Bücher oder Produkte zu schreiben. Wie im realen Leben dürfen Sie zwischendurch auch mal auf eigene Projekte hinweisen. Die Abwechslung ist entscheidend.

Business-Tipp: Aufdringliche Werbung ist tabu

Belasten Sie „Freundschaften" nicht mit aggressiver Werbung. Wenn Sie nur verkaufen wollen, werden Sie schnell ignoriert. Denken Sie langfristig und vermeiden Sie es, als „nervender Nachbar" ausgegrenzt zu werden.

Quelle: Wälde, Rainer: Social-Media-Knigge, Freundschaft auf den ersten Klick? Stilvolle Kontaktpflege durch soziale Medien, Der deutsche Knigge-Rat, http://www.knigge-rat.de/themen_social_media.html (12. 6. 2013)

„Bitte", „Danke", „Verzeihung"

Höflichkeit ist in jeder Beziehung, ob privat oder im Geschäftsleben, mehr als angebracht. Vorbei sind lässige Umgangsformen, aber auch der Mief und Muff längst vergangener Zeiten. Eine korrekte Höflichkeit mit Herz, begleitet von einem Lächeln, hinterlässt immer einen angenehmen Eindruck, damit sind keineswegs hohle Freundlichkeit, Heuchelei oder verlogenes Getue gemeint. Die Worte „Bitte", „Danke" und „Verzeihung" sollten Ihnen daher immer in Verbindung mit einem Lächeln über die Lippen kommen.

„Bitte" und „Danke"

„Bitte", „Bitte sehr" sagt man, wenn man jemand anderem etwas überreicht, die Türe aufhält oder etwas erbittet oder erfragt: „Kann ich zahlen, bitte?" Es sollte aber keine Unterwerfungsgeste sein, sondern wie selbstverständlich wirken. Unterscheiden Sie auch zwischen einer Bitte und einem Ersuchen, denn es macht einen Unterschied, ob man sagt: „Ich bitte Sie, mir zu helfen" oder „Ich ersuche Sie, mir zu helfen".

Wenn man jemandem einen Gefallen getan hat und er/sie bedankt sich dafür, dann sagt man darauf: „Bitte, gern geschehen."

Wenn man bei Tisch ein Angebot annimmt, antwortet man mit „bitte": „Möchten Sie/möchtest du noch etwas trinken?" – „Ja, bitte."

Bei allen anderen Angeboten sagt man hingegen meist: „Ja, danke."

„Danke" oder „vielen Dank" antwortet man, wenn einem etwas überreicht wird, man eine Auskunft erhält oder die Tür aufgehalten bekommt. Das gilt auch für ein von einem selbst abgelehntes Angebot: „Nein, danke."

„Verzeihung"

Vielen Erwachsenen geht es wie manchen Kindern, wenn ihnen etwas passiert ist und sie sich entschuldigen sollten: Sie würden sich lieber die Zunge abbeißen, als ihr schlechtes Benehmen oder einen Fauxpas mit einem „Verzeihung" wieder zurecht-zurücken. Dabei wird ein Wort des Bedauerns oder die entgegengestreckte Hand kaum zurückgewiesen, das wäre eine grobe Kränkung. Sollten Sie dennoch Angst vor einer Zurückweisung haben, so schicken Sie eine kurz gefasste schriftliche Ent-schuldigung mit einem Blumenstrauß oder einer anderen kleinen Aufmerksamkeit.

Treten Sie jemandem auf den Fuß oder rempeln jemanden an, sagen Sie: „Verzeihung" oder „Entschuldigung".

Wenn Sie Ihren Weg in einer nicht vertrauten Umgebung suchen, leiten Sie Ihre Frage wie folgt ein: „Verzeihung, können Sie mir ..."

Um sich Gehör zu verschaffen, beginnt man mit: „Entschuldigen Sie, bitte ...". Unterbrechen Sie jemanden, sagen Sie auch: „Verzeihen Sie!" bzw. „Verzeihung!" oder „Verzeihung, dürfte ich Sie kurz unterbrechen?".

Niesen

Seit der Schweinegrippe hat sich das Niesverhalten verändert. Früher hat man in die linke Hand geniest, heute kann in den Ellenbogen geniest werden. Das ist hygienisch einwandfrei und kommt immer mehr in Mode. Es sollte auf jeden Fall so dezent wie möglich und gleich ein Taschentuch bei der Hand sein. Der/die Niesende dreht sich zur Seite, sagt kurz „Entschuldigung" und niest und niemand entgegnet etwas. Dies würde nur die Kommunikation unterbrechen und den Fokus auf das Niesen legen.

Eine alte Benimmregel fordert, dass man daraufhin immer und überall „Gesundheit" wünscht. Dem ist nicht ganz so. Geschäftlich gilt anderen „Gesundheit" zu wünschen als zu familiär und ist offiziell nicht angebracht. Unter Umständen wäre es eine Möglichkeit zu sagen: „Wie ich höre, sind Sie erkältet, ich wünsche Ihnen gute Besserung!" Es gibt noch viele, die es als unhöflich empfinden, wenn man nicht „Gesundheit" sagt, halten Sie es daher so, wie es bei Ihnen üblich ist. Privat ist „Gesundheit" immer erlaubt.

Wenn Sie stark erkältet sind und eine Begrüßung mit Handschlag Ihnen nicht hygienisch erscheint, können Sie sagen: „Entschuldigung, ich bin erkältet, darf ich heute auf den Händedruck verzichten? Bitte um Ihr Verständnis." Mit einem erklärenden Satz gibt es kein Missverständnis.

Regel

„Gesundheit" einem Niesenden zu wünschen ist privat erlaubt, geschäftlich unter-lässt man es.

Tipps

- Mit der linken Hand wird vorgehalten – die rechte reicht man ja zum Begrüßen.
- Zu lautes Niesen wirkt unhöflich.
- Halten Sie sich keinesfalls die Nase zu.
- Haben Sie immer ein Taschentuch bereit und drehen Sie sich beim Naseputzen zur Seite.

Glückwünsche

Ziel ist es, den Jubilaren/Jubilarinnen, den Geburtstagskindern, den Ausgezeichne-ten, den Geehrten eine Freude zu machen und die Beziehung zu pflegen.

Tipp

Überbringen Sie Glückwünsche lieber persönlich als schriftlich, lieber handschriftlich als per E-Mail. Handschriftliche Glückwünsche kommen immer gut an.

Der Glückwunschtext sollte nicht zu lange sein, zu kurz und knapp wirkt aber wie Pflichterfüllung. Ein paar persönliche Worte zum Anlass genügen und freuen den Adressaten/die Adressatin bestimmt.

Betonen Sie Gemeinsamkeiten oder bisherige Erfolge Ihrer Zusammenarbeit und vermeiden Sie über Negatives oder vorhergegangene Probleme zu schreiben.

Auch Mitarbeiter/innen freuen sich über Ihre Gratulation zum Geburtstag, zur bestandenen Prüfung etc.

Ihre Glückwunschkarte enthält Anrede, Hauptteil, Schluss.

GLÜCKWÜNSCHE AN IHRE KUNDEN UND KUNDINNEN

Darüber freuen sich Ihre Kunden/Kundinnen mit Sicherheit. Aber nur, wenn diese handschriftlich verfasst sind. Ein Satz zum letzten Urlaub oder zum Besuch in Ihrem Haus wirkt sehr verbindend. Zum Schluss schreibt man noch, dass man sich freut, sie wieder im Haus begrüßen zu dürfen.

Kondolieren

Mit dem Tod befassen wir uns nur sehr ungern. Wenn wir die Todesnachricht eines Bekannten von einem Angehörigen des Verstorbenen erhalten, trifft sie uns meist völlig unvorbereitet, wir müssen aber rasch reagieren. Besonders in dieser Situation hat man Angst, nicht die richtigen Worte zu finden. Wenn Sie die Nachricht durch andere oder eine Todesanzeige erhalten, haben Sie mehr Zeit, sich zu fassen.

Wenn Sie zum Verstorbenen selbst ein enges oder gutes Verhältnis hatten, verstehen die Angehörigen auch einen stillen Händedruck. Andernfalls drücken Sie Ihr Beileid mit eigenen Worten aus. Sie können auch gerne über Ihre Beziehung zum Verstorbenen sprechen. Aufmunterndes wie „Zeit heilt alle Wunden" oder „Kopf hoch!" – das möchten Trauernde nicht hören. Dafür haben sie in ihrer Situation kein Verständnis.

Sehen Sie von direkten Telefonanrufen ab. Trauernde sind in dieser Phase nicht in Stimmung, auch noch zu telefonieren. Die schriftliche Beileidsbekundung kann mit einer Trauerkarte ausgedrückt werden. Damit vermitteln Sie, dass Sie ebenfalls sehr betroffen sind. Ein handgeschriebener Brief ist ebenso möglich, sollten Sie keine passende Karte parat haben. Verwenden Sie weder Geschäftspapier noch Briefpapier mit schwarzem Rand (dieser ist nur den Hinterbliebenen vorbehalten).

Die Bestandteile eines Kondolenzschreibens sind die Anrede, Ihr Ausdruck der Betroffenheit, der Wunsch für Kraft und Hoffnung und Ihre Unterschrift.

Tipps

Sie können noch hinzufügen:

- Ein Zitat, das zu den Hinterbliebenen passt.
- Wie Sie vom Tod erfahren haben.
- Erinnerungen und Erlebnisse mit dem Verstorbenen.
- Wertschätzung dem Verstorbenen gegenüber.

Sprache ist Macht

Samuel Johnson, der englische Literaturkritiker und Dichter stellte fest, dass „Sprache die Kleidung der Gedanken" ist. Gespräche werden nur dann erfolgreich verlaufen, wenn eine positive Grundstimmung vorherrscht. Da unsere Worte die Stimmungen des Gesprächspartners/der Gesprächspartnerin stark beeinflussen, ist es wichtig, Aussagen positiv zu formulieren.

Sprache ist mehr als ein Instrument und Kommunikationsmittel. Sie beeinflusst unser Denken und schafft Wirklichkeiten.

Sprache ist Macht. Menschen, die sich gut artikulieren können, eine wohlklingende Stimme und einen umfassenden Wortschatz haben, faszinieren. Sie werden wohlwollender aufgenommen als unverständlich in sich hineinmurmelnde Redemuffel.

Regeln

- Sprechen Sie laut, deutlich und gut verständlich.
- Überlegen Sie, bevor Sie sprechen.
- Verändern Sie Ihr Sprechtempo und setzen Sie Pausen.
- Atmen Sie aus, bevor Sie zu sprechen beginnen, und lassen Sie sich Zeit.
- Reden Sie lieber langsamer als zu schnell.

Dialekt, Umgangssprache und Hochsprache

Dialekt ist ein wichtiges Kulturgut, das wir pflegen sollen und müssen, doch zur richtigen Zeit.

In Österreich sprechen wir keine Hochsprache, sondern, wenn sie gepflegt ist, gehobene Umgangssprache. Das sollte auch der Sprachstil in Ihrem Berufsleben sein. Hochsprache klingt bei ungeübten Sprechern meist aufgesetzt, holprig und künstlich. Da es aber wichtig ist, dass Sie in Sprache und Ausdruck authentisch bleiben, kultivieren Sie lieber Ihre Umgangssprache. Sie und Ihre Zuhörer/innen werden sich bei gepflegter Umgangssprache wesentlich wohler fühlen.

Tipp

Etwas Übung und gute Freundinnen/Freunde oder Familienmitglieder, die Sie immer wieder daran erinnern, wenn Sie in den alten sprachlichen Schlendrian zurückfallen, sind hier sehr hilfreich.

Rhetorik- und Sprachschulungen sollten Sie immer wieder besuchen, um Ihre Sprache aufzupolieren. Zwischendurch lesen Sie die Zeitung laut und achten besonders auf Ihre Artikulation.

Coole Sprüche sind im Business out!

Was früher nur Schülerinnen und Schülern sowie heranwachsenden Jugendlichen zugestanden wurde, vermischt sich heute in fast allen Generationen. Mobile Kommunikation, Internationalität und die Privatisierung der Radio- und Fernsehlandschaft tragen zu einer Sprache bei, die trendig klingt, aber nicht unbedingt geschäftstauglich ist. Ausdrücke wie „abgefahrenes Zeug", „cooles Outfit", „heiße Songs", „urgeile Klamotten" und dergleichen sollten Jugendlichen in der Freizeit vorbehalten bleiben. Erwachsene, die sich dieser Sprache bedienen, werden nicht nur von der jungen Generation belächelt, sondern auch im Geschäftsleben nicht ernst genommen. Oder fühlen Sie sich von einem Verkäufer/einer Verkäuferin gut beraten, wenn er/sie von der „supergeilen, megamäßig tollen Soundmaschine" vorschwärmt und Sie eigentlich nur ein kleines Radio brauchen? Stilvolles Auftreten im Geschäftsleben hat nichts mit Modeausdrücken, Sagern und coolen Sprüchen zu tun.

Der Kunde ist König

Der erste Eindruck eines Unternehmens wie auch der richtige Umgang mit Kunden/ Kundinnen ist vielfach entscheidend, wie schnell Sympathien und das Vertrauen eines Kunden/einer Kundin gewonnen werden können.

Ist ein er/sie vom Empfang im Unternehmen und von der Kompetenz seiner/ihrer Gesprächspartner/innen erst einmal begeistert, so bringt das dem Unternehmen beträchtliche Wettbewerbsvorteile.

Ein professioneller Kundenempfang erleichtert zum einen die Aufnahme und Pflege persönlicher Kontakte, zum anderen verbessert er die Voraussetzungen für die Abwicklung wichtiger geschäftlicher Transaktionen. Daher muss es oberste Priorität sein, ihn besonders kundenorientiert zu gestalten. Sie als Berater/in sind nicht nur Imageträger/in des Unternehmens, Sie sind Teil des Erfolgs. „Der Kunde ist König!"

Kunden/Kundinnen kommen an

Kunden/Kundinnen, die ins Unternehmen kommen, werden von allen gegrüßt, die ihnen begegnen, und sofort nach ihrem Anliegen gefragt, sollten sie sich suchend umsehen. Vermitteln Sie Kunden/Kundinnen das Gefühl, gern gesehene Gäste zu sein.

Fragen Sie den Kunden/die Kundin:„Darf ich Ihnen den Mantel abnehmen?" Wenn er/sie Ihnen daraufhin den Rücken zudreht, helfen Sie ihm/ihr aus dem Mantel und nehmen Sie ihn ihm/ihr ab. Manche Kunden möchten lieber selbst aus dem Mantel schlüpfen. Empfinden Sie das nicht als Zurückweisung.

Kunden/Kundinnen müssen warten

Signalisieren Sie mit einem Kopfnicken und mit den Augen, wenn Sie nicht gleich reagieren können: „Ich habe Sie gesehen". Jede/r versteht, dass man manchmal warten muss, daher hier ein paar Kniffe, um das Warten so angenehm wie möglich zu gestalten.

Tipps

- Während der Wartezeit verstärkt betreuen und aufmerksam sein.

- Eventuell eine Erfrischung und eine ordentliche Tageszeitung bereitstellen.

- Wenn Sie ein anderes Gespräch haben, unterbrechen Sie dieses mit einer kleinen Entschuldigung, wenden Sie sich dem Besucher/der Besucherin zu, begrüßen Sie sie/ihn und bitten Sie um Geduld.

- Seien Sie taktvoll.

- Immer wieder kurz Kontakt aufnehmen, während der Kunde/ die Kundin wartet.

- Mitarbeiter/innen müssen den Wartenden nicht die Zeit vertreiben.

Kunden/Kundinnen werden abgeholt

Wenn Sie Ihren Kunden/Ihre Kundin abholen, gehen Sie neben ihm/ihr oder einen Schritt voran. Passieren Sie Gefahrenzonen z. B. Produktionshallen etc., gehen Sie voran und erläutern Ihr Verhalten: „Wenn Sie einverstanden sind, gehe ich hier voran." Halten Sie Ihrem Gast die Tür auf, lassen Sie ihn/sie zuerst hindurchschreiten.

Kein Gast berührt die Türklinken selbst, während Sie ihn begleiten.

Gehen Sie eine Treppe hinauf, haben Sie den Vortritt mit folgenden Worten und der Handbewegung: „Darf ich vorgehen?" Die Treppe hinunter gehen Sie auch vor. Sollte Ihr Gast stürzen, könnten Sie ihn/sie stützen und auffangen.

Regel

Im Unternehmen ist die Regel außer Kraft gesetzt, dass die Frau als Erste die Stiege hinaufgeht.

Entweder bieten Sie dem Kunden einen bestimmten Platz an oder lassen ihn/sie frei wählen, denn der Sitzplatz hat Einfluss auf Ihre Kommunikation.

Haben Sie Ihren Stammplatz im Besprechungsraum, so legen Sie entweder im Vorfeld schon Ihre Unterlagen auf diesem Platz ab oder Sie gehen sofort zu Ihrem Stammplatz und zeigen mit einer Handbewegung dorthin, wo der Kunde/die Kundin sich hinsetzen soll. Achten Sie aber darauf, dass diese/r nicht mit dem Rücken zur Tür sitzt.

Die Bewirtung

Die Bewirtung hängt von Anlass und Zeitdauer des Kundenempfangs ab.

Von rechts wird das Geschirr serviert, wenn dafür genügend Platz ist.

Das Wasserglas wird auf Papieruntersetzer oder auf ein kleines, feines Tablett gestellt. Servieren Sie Kaffee mit verschiedenen Zuckersorten, Milch oder Sahne und Wasser, bieten Sie eventuell auch Tee an.

Bei mehreren Gästen halten Sie mehrere Zuckerdosen und Sahnekännchen bereit. Auf jeden Fall sollten Sie Mineralwasser mit und ohne Kohlensäure anbieten oder einen Krug Leitungswasser bereitstellen. Der/die Ranghöchste wird zuerst bedient, zum Schluss der/die Gastgeber/in. Verwenden Sie kein abgeschlagenes Geschirr oder Pappbecher. Für Süßes oder pikantes Kleingebäck halten Sie kleine Servietten bereit.

Der/die Vorgesetzte bestimmt, wann serviert wird, und diese Aufgabe übernehmen Assistenten/Assistentinnen bzw. Sekretäre/Sekretärinnen, eventuell mit einem Servierwagen.

Tipp

Bei Brötchen mit Speck oder Lachs aufpassen – sie können nicht sehr gut gebissen werden und stilvolles Essen wird schwierig.

Die Verabschiedung

Die Verabschiedung hat die gleiche Bedeutung wie die Begrüßung. Der letzte Eindruck wird gespeichert und hinterlässt Gefühle. Begleiten Sie Ihre Kunden und Kundinnen zu Tür, Aufzug, Ausgang, Auto, Bahnhof oder veranlassen Sie eine Begleitung. Niemals sollten Sie Kunden/Kundinnen am Schreibtisch verabschieden. Je weiter Sie mitgehen, umso mehr fühlt sich der Kunde/die Kundin wertgeschätzt.

Tabus beim Kundenempfang

- Der Firmenempfang ist nicht besetzt.
- Der Empfang ist über den Kundenbesuch nicht informiert (nicht immer möglich).
- Der Kunde/die Kundin wird übersehen.
- Der Kunde/die Kundin muss sich durchfragen.
- Längeres Warten ohne Betreuung.
- Den Kunden/die Kundin ohne Anweisung wohin zu schicken. Wenn der Kunde/die Kundin nicht begleitet wird, muss er/sie genaue Anweisung haben, wo seine/ihre Ansprechperson zu finden ist.
- Der Kunde/die Kundin wird als „Ihr/Dein Termin" beim zuständigen Mitarbeiter angekündigt.
- Unaufgeräumte Büros.
- Kaffeetassen und Gläser vom vorhergehenden Termin stehen noch auf dem Tisch.
- Offene Unterlagen von anderen Kunden/Kundinnen liegen auf dem Tisch.

- Privatgespräche mit Kollegen/Kolleginnen und am Telefon.
- Der Kunde/die Kundin muss bei unangenehmen Telefonaten mithören.

Sie als Kunde in einem Unternehmen

Unabhängig davon, ob Sie Neukunde oder Stammkunde sind, führen Zuverlässigkeit und Höflichkeit zur Zufriedenheit. Wer mit Respekt behandelt werden möchte, muss auch dem anderen respektvoll und höflich begegnen. Das ist die beste Basis für eine gute und langfristige Kundenbeziehung.

Die passende Kleidung

Achten Sie darauf, richtig gekleidet zu sein, denn der erste Eindruck ist entscheidend, wenn Sie jemandem gegenübertreten. Informieren Sie sich vorab über das Unternehmen, welcher Dresscode dort gepflegt wird und wer Ihre Gesprächspartner/Gesprächspartnerinnen sind. Sollte Ihr Termin in der Produktionsabteilung stattfinden, werden Sie nicht den dunklen Anzug, sondern eventuell eine Kombination ohne Krawatte bzw. Rock oder Hose mit Blazer und nicht das strenge Businessoutfit wählen. Handelt es sich hingegen um einen Termin in einer Bank, wird die Kleidung viel formeller sein (Näheres dazu im Kapitel „Dresscode" auf Seite 228). Eine ausdrucksstarke Stimme, ein kräftiger Händedruck und ein fester Blick in die Augen sorgen dafür, dass das Gegenüber einen guten Eindruck von Ihnen gewinnt.

Pünktlichkeit

Sie versteht sich von selbst. Kommen Sie nie zu früh, sondern etwa fünf bis zehn Minuten vor dem Termin, so können Sie sich vorher noch die Hände waschen, um entspannt und gelöst auf Ihr Gespräch zu warten. Sollten Sie nervös oder gestresst hereinhasten, versuchen Sie vorher noch, sich zu sammeln und denken Sie darüber nach, wie Sie das Gespräch locker beginnen können. Eine halbe Stunde vor dem Termin zu erscheinen ist zu früh und macht keinen guten Eindruck. Außerdem werden Sie warten müssen, entweder weil Ihr Gegenüber vorher noch einen Termin hat, sich vorbereiten muss oder weil er/sie zeigen möchte, dass er/sie die Zeit bestimmt und nicht Sie. Lesen Sie dazu auch im Kapitel „Pünktlichkeit" ab Seite 11 nach.

Tipp

Wer sich verspätet, informiert seinen Gesprächspartner/seine Gesprächspartnerin so früh als möglich telefonisch und nicht erst fünf Minuten vor dem Termin. Dann stürmen Sie nicht zu Ihrem Termin, sondern atmen durch und melden Ihren Besuch an.

Ankunft im Unternehmen

Sollten Sie eine Zigarette geraucht oder noch einen Kaffee getrunken haben, dann helfen Mintbonbons, einen frischen Atem zu bekommen, Raucher gehen sich vorher noch die Hände waschen.

Sie kommen an, grüßen, teilen der Person am Empfang Ihren Namen und das Unternehmen mit, fragen höflich nach Ihrem Gesprächspartner und können eventuell Ihre Visitenkarte vorlegen. Vielleicht wird Ihnen hier schon angeboten, den Mantel abzulegen, spätestens im Büro oder Besprechungsraum können Sie Ihre Überbekleidung ablegen.

Sie werden vom Empfang aus telefonisch avisiert, daher kann es zu einer kleinen Wartezeit kommen. Sollte Ihnen ein Getränk angeboten werden, können Sie es annehmen, lassen es aber später stehen und nehmen es nicht mit in das Besprechungszimmer. Wird Ihnen eine längere Wartezeit angekündigt, können Sie kurz den

angewiesenen Platz einnehmen, stehen aber rechtzeitig auf, um Ihren Gesprächs-
partner/ihre Gesprächspartnerin auf Augenhöhe zu begrüßen.

Regeln

Entweder werden Sie abgeholt oder Sie kennen den Weg.
- Wenn Sie den Weg kennen, so gehen Sie alleine ins Büro oder ins Besprechungs-
  zimmer, während Sie der Empfang anmeldet.
- Werden Sie am Empfang abgeholt, so werden Sie mit Handschlag begrüßt.
- Sollten Sie in Begleitung sein, stellen Sie diese Person sofort Ihrem Gesprächs-
  partner vor und gehen gemeinsam den Weg.
- Den Vortritt in den Lift erhalten Sie als Gast.
- Es wird Ihnen die Tür ins Büro aufgemacht und dann ein Platz angeboten.
- Beim Betreten eines Büros grüßen Sie die Anwesenden mit einem allgemeinen
  Gruß ohne Handschlag

Ein guter Gastgeber wird Ihnen mit einer Handbewegung den Weg zeigen und mit
Ihnen mitgehen oder sagen: „Darf ich bitte vorgehen?" Siehe auch Seite 117.

Platznehmen im Besprechungsraum oder im Büro

Sie werden von einem Mitarbeiter/einer Mitarbeiterin ins Besprechungszimmer
geführt, dort wird Ihnen ein Platz angeboten und Sie werden gefragt, ob Sie etwas
trinken möchten.

Bleiben Sie besser stehen, denn das Anbieten eines Platzes ist Aufgabe Ihres Gastgebers. Außerdem wissen Sie nicht, welchen Stammplatz Ihr Gesprächspartner/
Ihre Gesprächspartnerin hat – meist ist es der Platz mit Sicht zur Tür. Ausgerechnet
diesen Platz wählen Kunden gerne aus, weil Sie den anderen beim Betreten erblicken
wollen. Während des Wartens stehen Sie so, dass Sie nicht hinter der Tür verschwinden, wenn diese aufgeht.

Regel

Achtung bei Bürobesuchen: Werden Sie gebeten im Büro Platz zu nehmen, ohne dass Ihr Gesprächspartner im Raum ist, nehmen Sie dieses Angebot nicht an und schlagen vor, lieber draußen in der Wartezone zu warten.

„Was möchten Sie trinken?"

Kommt Ihr/e Gesprächspartner/in sofort in den Besprechungsraum, können Sie vorab schon Ihre Getränkeauswahl kundtun. Andernfalls ersuchen Sie eventuell um ein Glas Wasser und schlagen vor, dass Sie mit dem gewünschten Getränk auf Ihren Gesprächspartner/Ihre Gesprächspartnerin warten möchten, um diesen gemeinsam mit ihm/ihr zu trinken: „Bringen Sie mir den Kaffee, wenn Herr/Frau ... hier ist." Der gemeinsame Kaffee ermöglicht ein paar Worte Small Talk, bevor Sie ins Geschäft einsteigen. „Was möchten Sie trinken?" ist eine Form der Gastfreundschaft und Sie sollten sich für ein Getränk entscheiden, ob Sie nun durstig sind oder nicht. Sie wählen aus dem Angebot, das Ihnen gemacht wird. – Sonderwünsche sind fehl am Platz.

„Bitte, nehmen Sie Platz"

Wenn Ihr Gesprächspartner kommt und Ihnen mit der Bemerkung: „Bitte nehmen Sie Platz", keinen Stuhl zuweist, so fragen Sie: „Wo sitzen Sie?" Meist kommt die Antwort: „Ich sitze da." – „Gut, dann setze ich mich hier hin", wäre Ihre Antwort. Oder es kommt: „Ich habe keinen Stammplatz, nehmen Sie Platz, wo immer Sie möchten" – „Gerne, dann setze ich mich am besten hierhin." Gute Gastgeber zeigen mit einer Handbewegung gleich auf den Platz, wo Sie sitzen sollten.

Wird Ihnen kein Platz angeboten, bleiben Sie einfach stehen und warten, das verlangt die Höflichkeit. Die meisten Gastgeber bemerken ihre Unaufmerksamkeit gleich, entschuldigen sich und bieten Ihnen einen Platz an.

Wenn es sich um Sitzungen handelt, wo der/die Ranghöchste erst kurz vor Beginn erscheint und alle Teilnehmer/innen schon vorher anwesend sind, fragen Sie den Sitzungsleiter/die Sitzungsleiterin, wo Herr/Frau ... sitzt und dann nehmen Sie Ihren Platz ein. Sobald der/die Ranghöchste eintritt, erheben sich die Sitzungsteilnehmer/innen zum Gruß; ob Sie als Kunde per Handschlag begrüßt werden, gibt diese Person vor.

Das Gespräch beginnt

Sind mehrere Gesprächspartner der Firma, die Sie besuchen, anwesend, werden diese Ihnen vorgestellt und Sie sagen immer Ihren Vor- und Zunamen, damit sie sich Ihren Namen einprägen können. Werden diese Ihnen nicht vorgestellt und stellen sich auch selbst nicht vor, z. B. weil es sich um einen Assistenten bzw. eine Assistentin handelt, ist es in Ihrem Interesse, dass Sie sich selbst und Ihre Begleitung mit vollem Namen vorstellen.

Regel

Wer zu einer bereits laufenden Sitzung zu spät kommt, tritt möglichst geräuscharm ein und setzt sich unauffällig auf einen freien Platz. Zeit zur Entschuldigung ist in der Pause, wo Sie den Grund für das Zuspätkommen erwähnen können. Wichtig ist es, die anderen Sitzungsteilnehmer/innen in der Pause persönlich zu begrüßen.

Sobald Sie Platz genommen haben, werden die Visitenkarten mit ein paar freundlichen Worten ausgetauscht, um langsam ins Kundengespräch zu kommen. Sollten Sie den Austausch der Visitenkarten vergessen, kann dieser auch zu einem späteren Zeitpunkt nachgeholt werden. Lassen Sie auf jeden Fall die Karten während des Gesprächs vor sich liegen, Sie können sich damit die Namen und Funktionen der anderen besser vergegenwärtigen. Es empfiehlt sich, eine Visitenkarte in die Unterlagen für den Gastgeber zu geben. Weiterführende Informationen zum Thema „Visitenkarten" finden Sie auf Seite 67.

Wann der beste Moment gekommen ist, vom Small Talk zum eigentlichen Grund des Gesprächs überzuleiten, richtet sich danach, für wie lang der Termin anberaumt ist. Klären Sie am besten bereits zu Beginn, wie der Zeitrahmen aussieht. Dann beginnt das eigentliche Gespräch, das in einer lockeren und entspannten Atmosphäre stattfinden soll, denn Ihr/e Gesprächspartner/in merkt Ihre Nervosität als Kunde.

Wohin mit den Unterlagen?

Ihre Unterlagen bleiben in der Aktenmappe oder Arbeitstasche, bis Sie sie tatsächlich brauchen. Sollte Ihr Gesprächspartner/Ihre Gesprächspartnerin mitlesen, legen Sie die Unterlagen in seine/ihre Leserichtung und blättern Sie um. Das setzt voraus, dass Sie Ihre Unterlagen genau kennen. Handelt es sich um ein Gespräch an einem Büroschreibtisch, müssen Sie vorher fragen, ob Sie Ihre Unterlagen dort ablegen dürfen, da Sie sich auf fremdem Terrain befinden.

Tipp

Die Hände unterstützen Ihre Kommunikation. Wenn Sie mehr über Körpersprache im Geschäftsleben wissen möchten, ist das Buch von Stefan Verra „Die Körpersprache im Verkauf" sehr zu empfehlen.

Das Vorstellungsgespräch

Sie bewerben sich für eine Arbeit, haben ein Vorstellungsgespräch im neuen Unternehmen und wollen natürlich den besten Eindruck hinterlassen. Ihre Kleidung,

Körpersprache und Art sich zu präsentieren sind die wichtigsten Entscheidungs-
faktoren für ein erfolgreiches Gespräch. Wichtig ist, dass Sie authentisch sind und
nicht als Schauspieler in seiner Rolle agieren, aber Sie können trotzdem einiges für
den Erfolg tun.

Vorbereitung ist alles: Lesen Sie die untenstehenden Punkte durch und üben Sie
die richtige Körperhaltung vor dem Spiegel ein. Das mag Ihnen nun lächerlich vorkommen, aber es wird Ihnen vieles von Ihrer Nervosität nehmen. Sie können auch
Familienmitglieder oder Freunde zurate ziehen. Wichtig ist immer, dass Sie sich
möglichst natürlich verhalten.

Regeln

- Wenn Ihnen die Hand gereicht wird, erwidern Sie den Händedruck (siehe auch
  „Der passende Handschlag", Seite 26) und sehen Sie Ihren Gesprächspart-
  ner freundlich an. Vermeiden Sie sowohl den drucklosen Handschlag, wo Ihr
  Gegenüber gar nicht richtig zugreifen kann, als auch einen allzu festen. Wenn Sie
  zu feuchten Händen neigen, waschen Sie sich vor dem Gespräch noch schnell
  die Hände oder wischen Sie sie mit einem Stofftaschentuch ab.
- Da schon der erste Eindruck zählt, überprüfen Sie Ihre Haltung, sowohl im
  Gehen als auch im Stehen und Sitzen. Versuchen Sie, den Oberkörper aufrecht
  zu halten, ohne dabei steif zu wirken.
- Beim Gehen sollten Sie weder übertrieben ausschreiten noch trippeln. Stehen
  Sie nicht breitbeinig, wippen Sie nicht herum und wechseln Sie nicht ständig das
  Standbein.
- Wird Ihnen ein Stuhl angeboten, so setzen Sie sich auf die ganze Sitzfläche
  und nicht auf die vordere Stuhlkante, sonst wirken Sie unsicher. Allzu lässiges,
  zurückgelehntes oder gar breitbeiniges Sitzen kommt aber sicher nicht gut an.
- Egal, ob Sie sitzen oder stehen, bleiben Sie „geerdet", indem Sie Ihre Fußsohlen
  auf den Boden stellen: Das beruhigt und hilft gegen Nervosität.
- Bewegen Sie Ihre Hände natürlich und passend zu dem, was Sie sagen. Verschrän-
  ken Sie Ihre Arme nicht vor dem Körper. Das ist eine Abwehrhaltung und vermittelt
  Ablehnung. Halten Sie sich auch nicht verkrampft an der Sessellehne fest.

- Schauen Sie Ihrem Gegenüber in die Augen, wenn er/sie mit Ihnen spricht. Das zeigt, dass Sie interessiert sind. Aber bitte nicht übertreiben! (Siehe auch „Körpersprache", Seite 38)

Im Anschluss bedanken Sie sich für das gute Gespräch und werden dann zur Stiege, zum Lift oder zum Ausgang geführt. Sie gehen je nach Möglichkeit nebeneinander oder Ihr Gesprächspartner geht vor, holt den Lift, geht als erster die Stiege hinunter, etc. Es kann auch sein, dass man sich im Büro die Hand gibt und dann beim Lift, der Treppe, dem Ausgang nochmals. Gute Gastgeber verabschieden Kunden nie am Schreibtisch und lassen diese nicht alleine von dannen ziehen.

Der Kundenbesuch im Privathaus

Sie haben einen geschäftlichen Auftrag, daher läuft alles ähnlich wie bei einem Unternehmensbesuch ab. Stehen Sie nicht zu nah an der Haustür und nicht vollbepackt an beiden Händen. Stellen Sie lieber alles ab, damit Sie die Hände frei zum Gruß haben. Es wird Ihnen die Hand gegeben und nicht umgekehrt.

Schuhe ausziehen?

In Österreich, in manchen Gegenden in Deutschland und in anderen Kulturen ist es üblich, dass Gäste die Schuhe ausziehen – bitte respektieren Sie das. Wenn Gästepantoffel beim Eingang stehen oder Ihnen der Kunde auf die Schuhe schaut, bedeutet das für Sie, gleich die Schuhe auszuziehen. Hat der Kunde selber Straßenschuhe an, dann erübrigt sich die Frage. Fordert man Sie auf, die Schuhe anzulassen, erkennen Sie am Ton, ob es zaghaft – dann empfiehlt es sich die Schuhe auszuziehen – oder mit bestimmtem Ton gesagt wird.

Tipp

Wer etwas verkaufen möchte, den sollte man nicht die Schuhe ausziehen lassen. Vielleicht ist er schon den ganzen Tag in den Schuhen, der Geruch lässt zu wünschen übrig oder die Socken haben Löcher.

Stellen Sie sich vor, er sitzt an Ihrem Tisch und riecht hochkommenden Fußgeruch. Das Verkaufsgespräch ist beeinträchtigt und läuft halb so gut. Außerdem ist das gesamte Erscheinungsbild ohne Schuhe beeinträchtigt, denn man muss sich wohlfühlen.

Wenn Sie in die anschließenden Privaträume geführt werden, fragen Sie jetzt nicht „Wo darf ich mich hinsetzen?", sondern „Wo sitzen Sie?".

Die Visitenkarte wird zu Beginn des Gesprächs übergeben, dann würdigen Sie im Gesprächseinstieg die Wohnung, das Haus, den Standort, die Einrichtung. Seien Sie ehrlich – benennen Sie diese Dinge, auch wenn es noch so eine Kleinigkeit ist. Es kann auch sein, dass Sie gemeinsam den Platz wechseln, weil Ihr Kunde die Unterlagen einsehen soll oder Sie im Computer etwas vorzeigen.

Sämtliche Präsentationsmittel und Mappen werden erst zur Hand genommen, wenn sie zum Einsatz kommen. Trinken Sie immer etwas aus Höflichkeit, auch wenn Ihnen nicht danach ist. Gerade im privaten Rahmen empfinden es Gastgeber/innen als eigenartig, wenn jemand das Angebotene ablehnt. Ob Sie einen Kuchen annehmen oder nicht, ist Ihnen überlassen; auf jeden Fall kann es das Verkaufsgespräch sehr unterstützen, besonders wenn er gut schmeckt und Sie den Kuchen loben.

Nach Beendigung des Gesprächs wird es noch kurzen Small Talk geben, dann verabschieden Sie sich und werden hinausbegleitet. Der letzte positive Eindruck bleibt am meisten in Erinnerung. Also kann man auch hier noch punkten.

Die gute Gastgeberin – der gute Gastgeber

Im Berufsleben kommt Ihnen, vor allem, wenn Sie in leitender Position sind, immer wieder die Rolle der Gastgeberin/des Gastgebers zu. Unabhängig, ob Sie Ihre Gäste in der Firma, im Restaurant oder in Ihren privaten Räumen empfangen, müssen Sie und Ihre Umgebung entsprechend vorbereitet sein. Nehmen Sie sich vor, Ihre Einladung als ein angenehmes Zusammentreffen mit gutem Verhandlungsergebnis zu gestalten. Der deutsche Schriftsteller Peter Maiwald versichert sogar: „Das Mit-der-Faust-auf-den-Tisch-Schlagen nimmt ab, wenn er gedeckt ist." Als Gastgeber/in führen Sie Regie über die Art und Dauer des Besuchs.

Gastgeber/in in der eigenen Firma

Geben Sie beim Vereinbaren des Termins entsprechende Zusatzinformationen für die geladenen Gäste, damit diese sich auch vorbereiten und wohlfühlen können. Bei speziellen Anlässen geben Sie einen Tipp zur Kleiderwahl und ob ein Essen, Imbiss, Buffet oder nur ein Umtrunk zu erwarten sind.

Informieren Sie das Empfangspersonal und die Mitarbeiter/innen, dass Sie Gäste im Haus erwarten. Sollte es eine Kundenveranstaltung sein, wählen Sie qualifizierte Mitarbeiter/innen für die Betreuung der Gäste aus. Die Mitarbeiter/innen sollten sich nicht in Gruppen oder auch nur zu zweit zusammenstellen, denn das kann den Eindruck erwecken, Sie sprechen über die Gäste. Ist eine größere Festlichkeit geplant, nehmen Sie die Dienste professioneller Cateringunternehmen in Anspruch.

Imbiss in den Firmenräumen

Laden Sie zu einem Imbiss mit Brötchen und Getränken, so vergewissern Sie sich, dass genügend helfende Hände beim Vorbereiten und Ordnunghalten während der Einladung bereit sind.

Regeln

- Der ranghöchste Gast wird als Erster bedient.
- Der Chef/die Chefin erhält als Letzte/r das Getränk, weil er/sie Gastgeber/in ist.
- Im größeren Firmenkreis werden die Getränke in der Reihefolge Gäste, Chef/in, Mitarbeiter/innen serviert.

Tipp

Achten Sie bitte darauf, dass sämtliche Getränkeflaschen gut temperiert sind, Wasser mit und ohne Kohlensäure bereitgestellt ist und Sie mehrere Sorten wie Früchte-, Schwarz-, Grün- oder Pfefferminztee anbieten können. Für Tee und Kaffee wählen Sie unterschiedliche Tassen, bzw. Gefäßformen sowie Papieruntersetzer und kleine Schälchen für die Teebeutel. Serviert wird der Imbiss auf kleinen Tellern mit genügend Servietten.

Das Buffet in der Firma

Bei größeren Veranstaltungen erweist sich ein Buffet oft als sehr gute Gelegenheit für lockere Gespräche, um ungezwungen Netzwerke zu knüpfen und Gespräche mit Kunden/Kundinnen zu führen. Je umfangreicher das Buffet, desto längere Zeit müssen Sie dafür einrechnen, bis alle gegessen haben. Auch hier ist es wichtig, dass es für die Speisen und das benutzte Geschirr zuständiges Personal gibt, steht nämlich ein leerer Teller auf einem Platz, muss dieser sofort samt Besteck abserviert werden. Bei kalten Buffets eignen sich Stehtische, wenn es auch warme Speisen gibt, sollten gedeckte Tische bereitstehen.

Regeln

- Der Gastgeber/die Gastgeberin eröffnet das Buffet.
- Die Mitarbeiter/innen gehen niemals als Erste hin, sondern kümmern sich um die Gäste. Erst wenn diese gut versorgt sind, wählen sie selbst aus.

Gastgeber/in im Restaurant

Einladungen zu Geschäftsessen in ein Restaurant werden immer häufiger ausgesprochen. Sie können sich dabei ungestört unterhalten, werden nach Ihren Wünschen versorgt und müssen nicht die oft schwierigen Klippen eines Gesprächseinstieges umschiffen, da das Ambiente ohnehin genug Gesprächsstoff für den Anfang liefert. Und bedenken Sie, ein Arbeitsessen bietet den Vorteil, dass man unangenehme Fragen mit lang anhaltendem Kauen beantworten kann.

Als Gastgeber/in im Restaurant können Sie sich auf perfekten Service verlassen, haben aber trotzdem eine Menge Entscheidungen zu treffen.

Im Berufsleben ist die Frau heutzutage nicht mehr ausschließlich begleitende Dame, sondern gleichberechtigte Geschäftspartnerin. Oft übernimmt sie die Rolle der Gastgeberin bei einer Essenseinladung und ist somit auch für die Regie des Abends zuständig. Für Herren der alten Schule ist das manchmal schwer zu akzeptieren. Fingerspitzengefühl von beiden Seiten ist dabei gefragt.

Grundsätzlich gilt aber: Lädt eine Frau zum Geschäftsessen, steht sie auf, wenn der Kunde/die Kundin kommt. Sie wählt und bestellt den Wein, außer sie ersucht eine andere Person, dies für sie zu übernehmen, und bezahlt als Einladende die Rechnung. Nähere Details dazu im Kapitel „Diskretes Bezahlen", Seite 145.

Auswahl des Restaurants

Beachten Sie bitte, ob es sich um ein Geschäftsessen handelt, wo wichtige Angelegenheiten besprochen werden, oder um eine Einladung zum besseren gegenseitigen Kennenlernen. Dabei wird nämlich nicht oder kaum über das tatsächliche Geschäft gesprochen und die Atmosphäre kann lockerer sein.

Wählen Sie das Restaurant sorgfältig aus und beachten dabei die Vorlieben Ihrer Kunden/Kundinnen. Mit einem Vegetarier/einer Vegetarierin werden Sie kaum ein Lokal mit deftiger Hausmannskost wählen, sondern eher ein italienisches oder asiatisches Restaurant. Achten Sie auch auf die Preiskategorie, damit bei einer Gegeneinladung die finanziellen Verhältnisse Ihres Gastes nicht überfordert werden. Eine Ausnahme besteht, wenn Sie bewusst ein teures Restaurant wählen, weil die Einladung ein besonderes Dankeschön für Ihre Gäste sein soll und keine Gegeneinladung zu erwarten ist.

Die Platzwahl

Für ernstere Besprechungen wählen Sie einen Tisch in einer ruhigen Ecke, wobei der Gast trotzdem die bessere Aussicht genießen sollte. Als guter Gastgeber/gute Gastgeberin treffen Sie etwa eine Viertelstunde vor dem vereinbarten Termin im Restaurant ein. Das verschafft Ihnen die Möglichkeit, sich ortskundig zu machen, wenn Sie zum ersten Mal dieses Restaurant gewählt haben, den Platz noch einmal zu überprüfen, mit dem Personal bestimmte Wünsche zu klären und sich auf Ihre Gäste vorzubereiten.

Je offizieller eine Veranstaltung ist, desto strenger wird beim Platzieren die protokollarische Rangfolge beachtet. Eine gut durchdachte Platzierung Ihrer Gäste kann die Stimmung bei der Veranstaltung spürbar heben. Fühlt sich jemand durch einen – wie er/sie meint – „falschen" Platz herabgesetzt, kann seine/ihre gute Laune dahin sein.

Regeln

- Sie können Gästen Plätze so zuweisen, dass Sie ihnen die Möglichkeit bieten, weitere wichtige Kontakte zu knüpfen.
- Der Gastgeber/die Gastgeberin stellt sich hinter den Stuhl, auf dem er/sie sitzen möchte, und bietet den Gästen an, sich zu setzen. Erst wenn die Gäste sitzen, setzt sich der Gastgeber/die Gastgeberin.
- Der weibliche Ehrengast sitzt rechts vom Gastgeber.
- Der männliche Ehrengast sitzt links von der Gastgeberin.

Tipps

- Je höher die Stellung eines Gastes ist, umso näher sitzt er/sie beim Gastgeber. Weil dies erhebliche Irritationen bei den Gästen auslösen kann, die sich weit entfernt von den Gastgebern eingestuft sehen, vermeiden Sie wenn möglich lange Tafeln mit erkennbarem Rang-Gefälle. Wählen Sie für eine größere Gesellschaft besser mehrere runde Tische.

- Sehen Sie für jeden Tisch Personen aus dem engsten Kreis der Einladenden als Mitgastgebende vor.

- Mitarbeiter/innen platzieren sich so, dass die Gäste die besten Plätze erhalten. Sollten sie sich um einzelne Gäste kümmern, so sitzen sie selbstverständlich auch an guten Plätzen oder wechseln nach dem Essen, um mit anderen Gespräche zu führen.

- Nummerieren Sie die Tische nicht. Das impliziert ebenfalls eine Rangordnung. Geben Sie den Tischen stattdessen Namen. Am schönsten ist es, wenn diese Tischnamen einen Bezug zum Veranstalter, dem Anlass oder dem Motto der Einladung haben.

- Damen und Herren werden abwechselnd gesetzt. Sind genug Herren dabei, so wird darauf geachtet, dass Damen nicht am Tischende sitzen.

- Begleitende Ehepartner/innen müssen entsprechend dem Rang der Partnerin/des Partners platziert werden. Ihnen werden getrennte oder gegenüberliegende Plätze angewiesen. Wenn Ehepaare aber nebeneinander sitzen möchten, kann man das arrangieren. Vor allem müssen sich die Gäste wohlfühlen.

Wenn alle hinter dem Stuhl stehen, setzen sich zuerst die Damen, die Herren helfen den Damen, dann setzen sich die Herren, der Gastgeber setzt sich zum Schluss. Bei einer Herrenrunde: zuerst der Würdigste, dann der Älteste oder auch der Firmenchef.

Der Gastgeber/die Gastgeberin sitzt in der Mitte des Tisches mit Blick zur Tür, um alle Gäste zu erreichen, oder an den jeweiligen Kopfenden. Setzen Sie sich nicht mit dem Rücken zum Eingang, sonst können Sie das Personal nicht sehen und müssen sich für Anweisungen immer umdrehen.

Tipps für die Preislage

Der Gast muss wissen, dass er/sie eingeladen ist und nicht anschließend mit der Rechnung überrascht wird. Daher geben gute Gastgeber/innen die Preisgrenze vor: „Hier kann ich Ihnen ... empfehlen", oder „Wie sagt Ihnen Menü ... zu?", „Wir essen nur eine Kleinigkeit". Damit weiß Ihr Gast, dass Sie beispielsweise nicht eine fünfgängige Menüfolge, sondern nur ein kleines Gericht mit Dessert geplant haben.

Auch wenn Sie Ihrem Gast bei der Auswahl der Gerichte behilflich sind und sagen: „Ich wähle die Forelle mit einer Spargelcremesuppe zuvor", kann er/sie sich preislich orientieren. Bei kleineren Runden bestellen Sie als Gastgeber/in das Essen, entweder à la carte oder ein vorab fixiertes Menü.

Bei Abendessen werden mehrere Gänge gegessen, sofern das der Gastgeber/die Gastgeberin entscheidet und die Anzahl der Gänge vorgibt. Bei einem Mittagessen sind es meist zwei bis drei Gänge. Es empfiehlt sich, dass jeder die gleiche Anzahl an Gängen isst, niemand lässt sich gerne beim Essen zuschauen, wenn der andere einen Gang auslässt, außer man kennt sich gut.

Wer sucht den Wein aus?

Alkoholfreie Getränke und Bier werden von jedem Gast selbst geordert, aber für den Wein sind Sie als Einladende/r zuständig. Lassen Sie sich entweder vom Kellner/von der Kellnerin einen Wein empfehlen oder suchen Sie selber eine Marke aus. Wenn Sie wissen, dass Ihr Ehrengast Weinliebhaber/in ist, soll es seine/ihre Entscheidung sein. Vorsicht: Manche Gäste sprengen bei Weinen den Preisrahmen!

Regeln

- Der Wein sollte nicht zu stark sein, also ein leichter Tischwein oder ein Kabinettwein.
- Zu hellem Fleisch, Fisch und Geflügel passt Weißwein oder leichter Rotwein.
- Zu Wild und dunklen Fleischgerichten wählen Sie Rotwein.

Die Weinprobe machen entweder Sie, wenn Ihr Gaumen geschult ist, oder Sie überlassen diese Aufgabe dem Sommelier des Hauses. Beim Probierschluck kosten und prüfen Sie, ob Farbe, Geruch, Temperatur und Geschmack in Ordnung sind. Sie beginnen mit dem Blick und heben das Glas mit drei Fingern, um die Farbe zu prüfen. Dann schwenken Sie das Glas, riechen vorsichtig in das Glasinnere und nehmen einen Schluck, den Sie aber noch in der Mundhöhle rollen lassen. Erst dann geben Sie das Zeichen, dass eingeschenkt werden soll. Geben Sie auch die Reihenfolge des Einschenkens vor, beginnend bei der ranghöchsten Person. Ihr Glas wird zum Schluss gefüllt.

Tischreden

Wird eine Rede gehalten, ist die beste Zeit dafür vor dem Beginn des Essens oder vor dem Dessert. Das gilt auch, wenn es sich um eine kurze Erwiderung wie ein kurzes Dankeschön handelt. Es gilt heute als überholt, zwischen Suppe und Hauptgang zu reden.

Essensbeginn

Warten Sie mit dem Essen, bis alle ihr Gericht serviert bekommen haben (das gilt für jeden Gang). Manche Menschen essen zum Einstieg lieber einen Salat, andere wieder bevorzugen heiße Suppe. Als Gastgeber/in ist es Ihre Aufgabe, zu beginnen. Wenn Sie zu einer größeren Tafel eingeladen haben, à la carte gegessen wird und Sie bemerken, dass einige Ihrer Gäste bereits länger auf den Essensbeginn warten, so fordern Sie alle dazu auf, bevor noch die letzten Teller serviert werden.

Als Gastgeber/in erheben Sie als Erste/r das Weinglas, wünschen „Zum Wohl" oder erwähnen den Anlass, zu dem Sie einladen, und trinken einen ersten Schluck. Sagen Sie keinesfalls „Prost", wenn Sie ein edles Weinglas in der Hand halten. Das passt, wenn überhaupt, am ehesten zum Bier. Sie sollten auch grundsätzlich nicht anstoßen, außer bei einem besonderen Anlass, denn es würde die anderen Gäste im Restaurant stören. Alle alkoholfreien Getränke können sofort getrunken werden.

Nach diesem souverän gemeisterten Start können Sie genüsslich essen, mit Ihren Tischnachbarn/-nachbarinnen plaudern, sich erkundigen, ob es schmeckt, und sich eventuell beim Kaffee den geschäftlichen Dingen widmen.

Diskretes Bezahlen

Ihren Gästen haben Sie bereits zu Beginn der Einladung signalisiert, dass Speisen und Getränke auf Ihre Rechnung gehen. Die Bedienung ist darüber informiert, daher genügt es, wenn Sie einen diskreten Wink geben, damit die Rechnung zusammenge-stellt wird. Das Bezahlen, ob bar oder mit Kreditkarte, erledigen Sie allerdings nicht bei Tisch neben den Gästen. Besser Sie entschuldigen sich kurz, gehen an die Theke und erledigen die Rechnung draußen.

Waren Sie mit den Leistungen des Restaurants zufrieden, werden Sie gerne Trinkgeld geben. Angemessenes Trinkgeld wird aus etwa zehn Prozent der bezahlten Summe berechnet, sinkt aber mit der Höhe des Betrages. Bezahlen Sie mit Kreditkarte, so rechnen Sie den Trinkgeldbetrag einfach dazu und füllen den Beleg entsprechend höher aus.

Tipp

Sollten Sie die Rechnung in einer Mappe an den Tisch bekommen, so legen Sie möglichst dezent die Kreditkarte hinein. Sie bekommen die Mappe zum Unterschreiben der Kreditkartenrechnung noch einmal ge-reicht. Es versteht sich von selbst, dass Sie über den Preis der Einladung schweigen.

Gastgeber/in im privaten Rahmen

In gehobenen Kreisen ist es durchaus üblich, Geschäftspartner/innen nach Hause einzuladen. Voraussetzung ist, dass Sie über die entsprechenden Räumlichkeiten verfügen, die Ihrer beruflichen Position angemessen erscheinen. Dazu gehören passendes Geschirr, Besteck und Gläser, sowie ein Partner/eine Partnerin, der/die diese Repräsentationspflichten gerne auf sich nimmt. Es müssen nicht goldene Gabeln, kristallene Lüster und mehrgängige Menüfolgen sein, um eine Geschäftseinladung im privaten Rahmen erfolgreich zu gestalten. Die Botschaft ist allerdings klar: „Wer jemandem sein Heim öffnet, dem öffnet er auch sein Herz."

Stilvoll einladen

Wenn Sie Geschäftspartner/innen nach Hause bitten, sollten Sie auch den Hintergrund der Einladung erklären. Je nach Festlichkeit des Anlasses, ob Geschäftsessen aufgrund einer gelungenen Firmenfusion oder Beförderung, ob Cocktailparty, Geburtstagsfest oder zum Kaffee, laden Sie mündlich oder schriftlich ein. Immerhin wollen sich Ihre Gäste auf das Bevorstehende sowohl in Kleidung als auch mit entsprechendem Gusto vorbereiten. Je förmlicher übrigens der Anlass, umso eher werden Sie eine gediegene Einladung verschicken. Zeit, Ort, Anlass, Adresse und eine Rückrufnummer, gegebenenfalls Dresscode und eine Wegbeschreibung, sind entscheidende Eckdaten Ihrer Einladung.

Tipp

Die meisten schriftlichen Einladungen zu Veranstaltungen oder Firmenevents werden heute in gedruckter Form verschickt. Entweder ist eine Antwortkarte dabei oder mit dem Vermerk „U.A.w.G.", also „Um Antwort wird gebeten", gezeichnet. Für private Einladungen ist es sogar üblich, handschriftliche Karten anzufertigen.

Menüauswahl

Die Menüauswahl richtet sich ebenfalls nach den örtlichen Gegebenheiten, dem Anlass und den Vorlieben Ihrer Gäste. Entscheiden Sie sich besser für Gerichte, die entsprechend der Jahreszeit mit saisonalen Zutaten zubereitet werden, damit Sie bei Gemüse, Fleisch oder Fisch frische Qualität bieten können.

Bei der Zusammenstellung der Gerichte sollen sich Aromen und Geschmäcker ergänzen und wenn möglich nicht wiederholen. Zu einer kalten Vorspeise aus Fisch können Sie beispielsweise keinen Fisch als Hauptgericht servieren. Natürlich sollten Sie die geplanten Gerichte zumindest einmal vorher probeweise zubereitet haben.

Regeln

- Je mehr Gänge, desto kleiner die Portionen.
- Exotische Gerichte, Vegetarisches, Fisch oder Wild kommen nicht bei allen gleich gut an – daher klären Sie das vorher ab.
- Beginnen Sie mit einer leichten Vorspeise und lassen Sie erst die folgenden Gerichte deftiger oder würziger werden.
- Brauchen Sie Wein zum Verfeinern der Speisen, so nehmen Sie dafür den Wein, den Sie auch später zum Gericht kredenzen.
- Nehmen Sie Käse früh genug aus dem Kühlschrank, damit er als abschließender Gang auch die richtige Temperatur hat und sein Aroma entfalten kann.

Tipp

Sollte einer Ihrer Gäste einen Menügang nicht mögen, so können Sie sich mit einer größeren Portion der Vorspeise, Suppe oder dem Zwischengericht aus der Situation retten und trotzdem Ihren Gast gut versorgen.

Getränkeauswahl

Wenn Sie die Menüwahl getroffen haben, entscheiden Sie sich für die passenden Getränke. Sowohl alkoholfreie Getränke als auch Wasser mit und ohne Kohlensäure müssen immer bereit stehen. Üblicherweise reicht man beim Eintreffen der Gäste einen Aperitif und bietet zu jedem Menügang den entsprechenden gekühlten Wein an. Einige gute Kochbücher geben bereits Weinempfehlungen zu diversen Gerichten ab, sollten Sie unsicher sein. Die richtige Getränkewahl macht Ihr Essen zu einem „Feuerwerk der Sinne".

Regeln

- Aperitif wie Sekt oder Schaumweine sollten 6 bis 8 Grad Celsius haben und geöffnet werden, wenn die ersten Gäste kommen.
- Weißwein sollte je nach Stärke auf 8 bis 12 Grad Celsius gekühlt sein.
- Rotweine, wenn sie schwer und gehaltvoll sind, müssen einige Stunden vorher geöffnet werden und sollten „Zimmertemperatur", also 16 bis 18 Grad Celsius nicht übersteigen.
- Weißwein reichen Sie zu Fisch, Geflügel und weißem Fleisch, je stärker die Würzung, desto kräftiger der Wein.
- Rotwein ergänzt sich sehr gut mit Rindfleisch, Wild und dunklem Fleisch. Auch hier gilt: Je aromatischer die Speise, desto schwerer der Wein.
- Bier passt überall dort, wo es Ihrem Gast schmeckt.
- Süßer Wein gehört zum Dessert und zu allen Schimmelkäsesorten.

Der gedeckte Tisch

Am gedeckten Tisch erkennt Ihr Gast, dass Sie sich vorbereitet haben, sich über den Besuch freuen, und fühlt sich willkommen. Sollten Ihre Räumlichkeiten bescheiden sein, so können Sie auch gerne in der Küche das Essen servieren und anschließend für den Kaffee ins Wohnzimmer wechseln.

Tipps

- Bei gemustertem Geschirr wählen Sie besser einfärbige Servietten.

- Keine zu großen Blumenarrangements auf den Esstisch stellen.

- Hohe Kerzen am Tisch können die Sicht zu den Gesprächspartnern/
  -partnerinnen verdecken oder sogar blenden.

- Ein schlichtes Weiß passt farblich zu allen Gerichten und wirkt immer
  stilvoll.

- Dem Anlass entsprechend können Sie ungewöhnliche Accessoires in
  die Dekoration einbauen.

- Weniger ist oft mehr.

Regel

- Platzteller und sämtliches benötigte Besteck wie auch Gläser müssen am Tisch
  bereitstehen, noch bevor die Gäste eintreffen. Das gehört zu einer stilvollen
  Einladung unbedingt dazu.

Eintreffen der Gäste und Essensbeginn

Sie sind auf Ihre Gäste vorbereitet, die leichte Nervosität aus der Küche überträgt
sich auf die für die Getränke Zuständigen, aber diese Anspannung prickelt. Etwa eine
Viertelstunde vor dem Eintreffen der Gäste lüften Sie noch einmal die Räumlichkeiten
durch, kontrollieren den gedeckten Tisch und bereiten die Aperitifgläser vor.

Was die Rollenverteilung zwischen Mann und Frau bei Einladungen ins eigene Heim
betrifft, haben sich die Regeln gelockert. Wenn der Gastgeber ein begeisterter Koch
ist, so soll er das doch gerne zeigen können. Eine Person kocht, die andere ist für

Getränke und die Betreuung der Gäste zuständig, so verspricht es ein harmonischer Abend zu werden.

Folgen wir den üblichen Rollenzuweisungen, so öffnet traditionell der Gastgeber die Türe und hilft aus der Überbekleidung. Gäste sollen keinen Kleiderbügel in die Hand nehmen. Die Gastgeberin kümmert sich weiter um die Gäste. Es gilt: Wer am besten Zeit dafür hat, öffnet die Türe. Der Aperitif wird gereicht, die Gäste einander vorgestellt und bekannt gemacht. Small Talk ist angesagt!

Sollten Sie Hauspersonal oder für den Abend extra Personal engagiert haben, so können diese das Öffnen der Türe, das Führen in den Raum und das Servieren des Aperitifs übernehmen.

Wenn Sie vom Gast ein Geschenk erhalten, sollten Sie dieses bei Erhalt in seiner Gegenwart auspacken und sich bedanken. Seien Sie aber darauf gefasst, dass Ihnen ein Geschenk nicht gefällt und lassen Sie sich das nicht anmerken.

Bei einem größeren Fest ist es besser, die Geschenke an einem Platz zu sammeln und den Namen des Schenkenden zu notieren, wenn keine Karte am Päckchen ist. Man möchte sich ja später bei der richtigen Person bedanken können.

Regeln

- Sie begrüßen nach den üblichen Regeln der Etikette.
- Erst wenn der letzte Gast pünktlich eingetroffen ist, bitten Sie zu Tisch.
- Getränke werden eingeschenkt.
- Essen servieren Sie entsprechend der Rangfolge beginnend beim Ehrengast, Gastgeber/-geberinnen zum Schluss.
- Die/der für das Essen Zuständige beginnt als Signal für alle zu essen.
- Getrunken wird erst, wenn die/der für die Getränke Zuständige das Weinglas erhebt.
- Beachten Sie das Esstempo Ihrer Gäste und lassen Sie sich Zeit.

Trinksprüche und Toasts

Bei besonderen Anlässen ist es üblich, Trinksprüche oder Toasts in aller Kürze zu formulieren. Der richtige Zeitpunkt dafür ist entweder vor dem Essen oder vor dem Dessert. Nur wer tatsächlich reden möchte, erhebt sich und wartet, bis alle aufmerksam geworden sind. Wird auf den Ehrengast oder den Jubilar/die Jubilarin angestoßen, so erheben sich alle von ihren Plätzen und prosten ihr oder ihm zu. Wird der Person gedankt, die für das ausgezeichnete Essen zuständig war, so wird im Sitzen das Glas erhoben.

Essen beenden

Entsprechend der alten Etikette beendet die Hausfrau das Essen, indem sie ihre Serviette beiseitelegt oder aufsteht. Für den Digestif und den Kaffee ist es üblich, in einen anderen Raum oder einen gemütlicheren Teil des Zimmers zu wechseln. Die Gastgeber/innen begleiten wieder ihre Ehrengäste.

Aufmerksame Gastgeber/innen, die kein Problem mit Rauchen in den eigenen vier Wänden haben, können nun ihren Gäste Zigarren zum Kaffee oder Cognac anbieten.

Rauchen

Heute zündet man sich in Privaträumen keine Zigarette oder gar Zigarre an. Alle Raucher/innen gehen dafür vor die Türe oder auf die Terrasse. Wie Sie mit diesem Thema als Gastgeber/in umgehen, ist allerdings Ihre alleinige Entscheidung. Rauchen Sie selber gerne, wird es auch den Gästen bei Tisch gestattet sein. Achten Sie darauf, dass die Aschenbecher immer wieder ausgeleert und frisch gewaschen auf den Tisch zurückkommen.

Tipp

Die Fronten zwischen Rauchern/Raucherinnen und Nichtrauchern/Nicht-
raucherinnen haben sich in den letzten Jahren dramatisch verhärtet.
Wenn Sie nicht möchten, dass in Ihren Räumen geraucht wird, stellen Sie
keinesfalls Aschenbecher auf. Sollte doch jemand danach fragen, weisen
Sie darauf hin, wo Sie die Raucherecke vorgesehen haben, das kann auch
auf der Terrasse oder dem Balkon sein.

Gästehandtücher

Für Ihre Gäste sollten Sie im Badezimmer genügend kleine Gästehandtücher bereit-
legen, für jeden Gast mindestens eines. Ein Korb neben dem Waschbecken eignet
sich dafür, die benützten Handtücher beiseite zu legen. Ebenso ist es notwendig,
dass ein neues Stück Seife oder Flüssigseife bereitsteht.

Schuhe ausziehen?

Bitte verlangen Sie niemals von Ihren Gästen, dass sie ihre Schuhe ausziehen. Ihre
Gäste bemühen sich bestimmt, mit sauberen Schuhen bei Ihnen einzutreffen.

Die handelsüblichen Gästepantoffel sehen zu eleganter Kleidung seltsam aus, rutschen und sind obendrein unhygienisch. Stilvoll ist es, wenn Sie als Gastgeber/in
selbst elegante, leichte Schuhe in Ihren Räumen tragen. Hausschuhe, Pantoffel oder
gar nur Socken sind peinlich und bei Besuch völlig unpassend.

Gast sein

In den meisten Geschäftssituationen ist es besser, wenn Sie die Etikette kennen, wissen, wie sich kleiden, sich als Gast verhalten, sich vorstellen und diverse Delikatessen verzehren.

Viele Entscheidungen im Geschäftsleben werden nämlich nicht am Konferenztisch, sondern am Esstisch getroffen. Oft sind es Kleinigkeiten, die einen schlechten Nachgeschmack hinterlassen. Umso wichtiger ist es, die Umgangsformen zu kennen und mit leichter Hand im lockeren Gespräch umzusetzen. Am Beginn steht aber Ihre Pünktlichkeit.

Einladungen

Jeder Gastgeber/jede Gastgeberin möchte die Einladung möglichst perfekt vorbereiten. Da versteht es sich von selbst, dass Sie ihm/ihr Rückmeldung geben. Der Vermerk U.A.w.g (= Um Antwort wird gebeten) fordert, dass Sie sich unbedingt anmelden oder absagen. Aber auch ohne diesen Vermerk ist dies notwendig. Alles andere ist eine Kränkung der Einladenden. Eine Zusage können Sie etwa so formulieren: „Wir danken für die Einladung und freuen uns schon auf diesen Abend. Mein Mann und ich, wir kommen gerne zu Ihnen."

Bei großen Veranstaltungen ist zwar eine Zusage zwingend notwendig, nicht jedoch eine Absage, außer man steht in sehr guten Geschäftsbeziehungen. Wenn Sie absagen müssen, bedanken Sie sich noch einmal für die Einladung, geben kurz einen Grund an und wünschen einen guten Verlauf der Veranstaltung.

Entsprechende Kleidervermerke geben Ihnen wichtige Hinweise, damit Sie nicht under- oder overdressed gekleidet erscheinen. Weiteres zum Dresscode finden Sie auf Seite 228.

Small Talk zum Einstieg

Bei einer Einladung sollten Sie vor allem bei der Begrüßung darauf achten, dass Sie die Gastgeber/innen nicht zu lange in Gespräche verwickeln, weil Sie sich auch den anderen Gästen widmen müssen. Ein guter Gastgeber/eine gute Gastgeberin stellt Sie anderen Gästen vor und fügt hinzu, von woher man sich kennt und auch wo Sie arbeiten. Passiert das nicht, stellen Sie sich selber vor und sprechen kurz über den Abend, die Einladung, den Ort und schon sind Sie mitten im Gespräch.

Gastredner/in

Diese Aufgabe erhebt Sie meist zum Ehrengast einer Einladung. Erkundigen Sie sich genau nach dem Anlass, den zu erwartenden Gästen, wie viel Redezeit Sie haben und ob es technische Unterstützung gibt. Als Gastredner/in sollten Sie zumindest eine halbe Stunde vor Veranstaltungsbeginn bei Ihren Gastgebern/Gastgeberinnen sein. Klären Sie dort noch einmal alle Details, wie auch Ihre persönlichen biografischen Daten, um richtig vorgestellt zu werden.

Als Gastredner/in machen Sie sich bei Ihren Zuhörern/Zuhörerinnen am meisten beliebt, wenn Sie sich kurz halten, prägnant in der Aussage sind und zeigen, dass Sie ein humorvoller Mensch sind. Selbstverständlich bedanken Sie sich öffentlich bei Ihren Gastgebern/Gastgeberinnen für die Einladung als Gastredner/in.

Gast in einer Firma

Viele Firmen laden aus Repräsentationsgründen, aber auch, um ein neues Produkt vorzustellen, in die eigenen Räumlichkeiten ein.

Üblicherweise werden die Gäste gleich beim Eingang von Mitarbeitern/Mitarbeiterinnen begrüßt und zum Veranstaltungsort geleitet, manchmal erfolgt die Begrüßung sogar durch die Chefs/Chefinnen. Begegnen Sie ihnen folgend gerüstet: Handy aus, Zigarette weg, Visitenkarten greifbar in einer Tasche – mit einem Lächeln.

Imbiss in den Firmenräumen

Bei einem Imbiss werden Ihnen Snacks, Brötchen und kleine Fingergerichte sowie Getränke gereicht. Es ist oft ziemlich schwierig Essen, Serviette und Glas im Stehen zu organisieren. Bei Frauen kommt noch die Handtasche dazu. Suchen Sie sich besser eine Abstellmöglichkeit und nehmen Sie immer nur ein Stück in die Hand, um sich besser bewegen zu können. Es werden ohnehin ständig Tabletts herumgereicht und Sie können sich laufend bedienen.

Wenn Sie jemanden treffen und begrüßen möchten, so stellen Sie wenn möglich alles ab, um die Person mit Händedruck entsprechend empfangen zu können. Vorher noch rasch die klebrigen Finger abzulecken, sollten Sie gar nicht in Erwägung ziehen, besser Sie entschuldigen sich und lassen den Handschlag ausfallen.

Am Buffet in der Firma

Buffets haben den Vorteil, dass meist für jeden Geschmack etwas dabei ist und sich jede/r so viel nehmen kann, wie er/sie möchte. Trotzdem sollten Sie sich mit immer nur einem Teller in aller Ruhe anstellen, eher kleine Portionen auflegen und zum Beispiel kalte Vorspeisen und warme Speisen keinesfalls mischen. Dafür können Sie ruhig öfter gehen und die einzelnen Gerichte entsprechend genießen. Bei Buffets ist es auch üblich, dass leer gegessene Platten umgehend durch solche mit frischen Gerichten ersetzt werden. Also keine Sorge, an einem Buffet ist noch niemand verhungert.

Tipp

Leer gegessene Teller lassen Sie samt Besteck auf Ihrem Platz stehen, damit sie abserviert werden können. Wenn Sie sich eine neue Portion holen, nehmen Sie daher immer einen frischen Teller und frisches Besteck direkt vom Buffettisch. Die Gläser bleiben stehen und werden nur neu befüllt, außer Sie wechseln das Getränk.

Weihnachts- und Firmenfeiern

Das ungezwungene Firmenfest kann viele Fettnäpfchen und Fallstricke bereithalten. Im schlimmsten Fall kann es auch den Arbeitsplatz kosten. Vor allzu ausgelassenem Treiben wird gewarnt, denn es ist und bleibt eine betriebliche Veranstaltung, auf der die Etikette gilt. Wer sich danebenbenimmt, fällt schnell in Ungnade. Wenn der Alkohol zu reichlich fließt und man sich zu unbedachten Äußerungen hinreißen lässt, riskiert man viel. Lieber ein Glas weniger als eines zu viel! Auch wenn nicht alles perfekt ist oder dieses Jahr gespart wurde, so gibt es viele Gründe, das Fest trotzdem zu genießen und nicht zu nörgeln. Diese Feiern laden zum Kontakteknüpfen geradezu ein. Sich zu Mitarbeitern aus anderen Abteilungen zu setzen, fördert das Betriebsklima und das interne Vernetzen.

Verschwiegenheit und Diskretion sind Tugenden und werden hoch angerechnet. Sollte sich jemand blamiert haben oder dem Alkohol zu sehr zugetan gewesen sein, so wird dies am nächsten Tag weder kommentiert noch werden Scherze damit getrieben.

An Weihnachts- und Firmenfeiern sollten Sie unbedingt teilnehmen. Ein Fernbleiben wird als Desinteresse wahrgenommen und kommt nicht gut an, außer Sie haben einen triftigen Grund und nennen diesen als Entschuldigung.

DER DRESSCODE

Über Dresscodes wird selten gesprochen, daher fragen Sie besser nach. Normalerweise ist eine Weihnachtsfeier festlich und förmlich. Ist es ein gemütliches Beisammensein kurz vor Weihnachten mit kleinem Buffet im Büro, ist das Bürooutfit üblich.

In kleinen Handwerksbetrieben sind schöne Hose und Hemd oder Rock mit Bluse und Pulli passend. Anzug und Krawatte wären overdressed, außer man feiert in einem festlichen Rahmen.

Ein rustikaler Rahmen verlangt nach rustikalem Outfit.

Ein ungewöhnlicher Veranstaltungsort wie eine Schneeschuhwanderung mit anschließendem Essen auf einer Hütte verlangt nach einem legeren Outfit, der Umgebung und dem Wetter entsprechend. Näheres zum Dresscode finden Sie auf Seite 228.

SMALL TALK

Nicht jedes Thema ist für die Feier geeignet. Gehaltserhöhungen, Schlechtmachen von Kollegen/Kolleginnen und Verbesserungsvorschläge haben hier keinen Platz. Einen guten Gesprächseinstieg bieten Themen wie das persönliche Feiertagsprogramm oder Urlaubspläne. Allzu Privates ist zu vermeiden.

DAS BUFFET

Sie bedienen sich erst, wenn der Chef/die Chefin das Buffet freigegeben hat. Es sollte selbstverständlich sein, sich nicht vorzudrängen und den Teller nicht bis obenhin vollzupacken. Gehen Sie lieber mehrmals zum Buffet.

DIE DISTANZ WAHREN

Unpassende Duz-Angebote, zu derbe Vertraulichkeiten und Annäherungsversuche lassen Sie nicht im besten Licht erscheinen. Sich höflich und rücksichtsvoll zu benehmen macht Sie zu einem guten Gesprächspartner/einer guten Gesprächspartnerin und ist Basis für eine gute weitere Zusammenarbeit unter Kollegen.

Duz-Angebote sind bei solchen Feiern generell mit Vorsicht zu genießen. Der/die Ranghöhere bietet es dem/der Rangniederen an und nicht umgekehrt. Kommt es zu einem Duz-Angebot am frühen Abend, ohne dass viel Alkohol im Spiel ist, kann man davon ausgehen, dass das Angebot ernst gemeint ist. Je später der Abend, umso mehr muss man sich in Acht nehmen. Es gibt drei Möglichkeiten am nächsten Arbeitstag, wenn Alkohol geflossen ist:

- Die Person, die es Ihnen angeboten hat, weiß es sehr wohl.
- Sie weiß es nicht mehr.
- Sie will es nicht mehr wissen.

Auf jeden Fall empfiehlt es sich, beim nächsten Treffen abzuwarten, wie man Ihnen begegnet. Verlieren Sie kein Wort darüber, wenn man Sie wieder siezt. Näheres dazu im Kapitel „Vom Sie zum Du" auf Seite 61.

Gast im Restaurant

Zur Hochkultur der guten Umgangsformen zählt das Benehmen bei Tisch. Das Beherrschen dieser Manieren gibt Ihnen Sicherheit und ermöglicht Ihnen eine positive Selbstpräsentation. Beim Businessessen sind die Tischmanieren noch wichtiger, da Sie mit Ihrem Benehmen auch Ihre Firma repräsentieren. Lesen Sie Näheres zum Thema „Tischetikette" ab Seite 168.

Immer häufiger gehen Bewerbungsgespräche – vor allem wenn es sich um kommunikationsstarke Positionen handelt – nach ausführlichen Persönlichkeitstests und Assessment Parcours im Restaurant in die Endrunde. Hier heißt es, die letzte Klippe bravourös beim Benimm-Test zu meistern. Die Unternehmensberaterin Christine Demmer ist überzeugt: „Erst dann ist der zukünftige Wunsch-Arbeitgeber überzeugt, einen Bewerber vor sich zu haben, der das geforderte Maß an Integrations- und Kommunikationsfähigkeit mit überzeugendem und situationsadäquatem Auftreten verbindet." Selbstverständlich erscheinen Sie pünktlich zu Ihrer Einladung.

Platzwahl

Beim Eintreffen im Restaurant werden Sie üblicherweise an den Tisch der einladenden Person geführt und können vorher noch Ihre Garderobe ablegen, um die Hände frei zu haben. Meist wird zur Begrüßung ein Aperitif gereicht.

Ob es Tischkarten oder frei zu wählende Plätze gibt, entscheidet der Gastgeber/die Gastgeberin, denn er/sie hat sich strategisch überlegt, wer wo sitzen soll. Halten Sie sich bitte an diese Wünsche, auch, wenn Sie Ihre Sitznachbarn/-nachbarinnen eventuell nicht kennen und Sie lieber bei Ihrem Kollegen/Ihrer Kollegin sitzen würden.

Bei freier Platzwahl klären Sie, wo der Gastgeber/die Gastgeberin sitzt, denn die Plätze direkt daneben sind Ehrenplätze oder ganz besonderen Gästen vorbehalten.

Sie werden den Abend sicherlich genießen, wenn Sie sich zu Personen setzen, mit denen Sie ins Gespräch kommen wollen, was Sie bei freier Platzwahl selbst bestimmen können.

Sind Sie als Mitarbeiter/in zur Kundenbetreuung eingeladen, so richten Sie sich bitte nach den Wünschen Ihrer Kunden/Kundinnen und fragen höflich, ob Sie an deren Tisch Platz nehmen dürfen. In weiterer Folge ist es Ihre Aufgabe, sich um das Wohlergehen Ihrer Gäste im Auftrag Ihres/Ihrer Vorgesetzten zu kümmern. Das Tischgespräch sollte aber keinesfalls ausschließlich von geschäftlichen Dingen handeln, sondern angenehm, abwechslungsreich und verbindlich sein.

Vorstellen in einer Tischrunde

Jede/r, der/die auf einer gesellschaftlichen Veranstaltung wie einem Ball oder einem festlichen Dinner an einen Tisch kommt, stellt sich den anderen Gästen am Tisch vor. In einer kleineren Tischrunde bis ca. 12 Personen machen Sie das reihum. Bei einer großen Tafel reicht es, sich im engsten Umfeld der Sitzenden vorzustellen.

Tipps für die Preislage

„Was wähle ich?" und „Was darf es kosten?" sind wahrscheinlich die brennenden Fragen bei jeder Einladung. Gute Gastgeber/innen werden Ihnen entsprechende Entscheidungshilfen bieten. Das ist entweder ein vorgegebenes Menü, dessen Gerichte bereits ausgewählt wurden, oder es kann à la carte gegessen werden. Sie bestellen, worauf Sie Gusto haben. Wenn es heißt: „Wir essen nur etwas Kleines", halten Sie sich bitte daran. Wenn Ihr Gastgeber/Ihre Gastgeberin eine Speise empfiehlt, müssen Sie nicht dieses Gericht wählen, sondern nur den Hinweis auf den Preis beachten. Wenn Sie keinerlei derartige Tipps bekommen, so fragen Sie sehr höflich: „Wofür haben Sie sich entschieden?" oder „Können Sie mir etwas empfehlen?" Das Gleiche gilt natürlich auch für Getränke.

Getränkewahl

Zu viel Alkohol kann Ihre Karriere beeinträchtigen, aber zumindest ein Glas Wein oder Bier „zu Feier des Tages" können Sie sich bestellen. Sollten Sie gar keinen Alkohol trinken, so bedanken Sie sich für das angebotene Getränk, lehnen es höflich ab und stehen selbstbewusst dazu.

Den Wein wählt bei einem Menü der Gastgeber/die Gastgeberin aus und er/sie macht auch die Weinprobe, außer es wurde jemand damit beauftragt.

Der Gastgeber/die Gastgeberin erhebt als Erste/r das gefüllte Glas und trinkt auf das Wohl seiner/ihrer Gäste. Dabei wird aber nicht angestoßen, denn das würde die anderen Gäste im Restaurant stören. Nur, wenn es einen entsprechenden Anlass gibt, können Sie die Regel brechen. Sie sollten maximal einmal anstoßen.

Essensbeginn

Das Essen wird entsprechend der Rangfolge serviert: Ehrengast, andere Gäste, Gastgeber/in. Warten Sie bitte, bis alle ihre gefüllten Teller vor sich stehen haben und warten Sie auf das Zeichen Ihres Gastgebers/Ihrer Gastgeberin.

Gast im privaten Rahmen

Wenn Sie als Gast im privaten Rahmen eingeladen sind, gibt es viele Punkte zu beachten, die im Folgenden angesprochen werden.

Gastgeschenke

Wenn Sie eine geschäftliche Einladung im privaten Rahmen erhalten, ist es wichtig, ein entsprechendes Gastgeschenk mitzubringen. Blumen eignen sich meist gut, wiewohl sie nicht immer für männliche Gastgeber passen. Verschenken Sie besser frische Blumen, denn Topfpflanzen nehmen viel Raum weg und müssen gepflegt werden. Die Sprache der Blumen ist international, halten Sie sich bitte daran, um nicht mit Ihrem Gastgeschenk im Fettnäpfchen zu landen. Nähere Details zur Blumensprache finden Sie im Anhang, Seite 296.

Regeln

- Rote Rosen sind bei Geschäftseinladungen völlig unpassend.
- Chrysanthemen werden mit Beerdigung in Verbindung gebracht.
- Bei weißen Blumen sollten Sie generell vorsichtig sein.
- Wählen Sie einen geschmackvollen Strauß, von einem Floristen/einer Floristin zusammengestellt, so kommen Sie sicher gut an.
- Die Größe des Blumenstraußes richtet sich nach dem Aufwand der bevorstehenden Einladung.

Möchten Sie nicht Blumen, sondern ein anderes Gastgeschenk mitbringen, so sollten Sie Vorlieben, Hobbys, Interessengebiete oder z. B. Geburtstagswünsche des Gastgebers/der Gastgeberin kennen. Wenn Sie so gar nicht wissen, was Sie mitbringen könnten, hilft Ihnen die Sekretärin Ihres Gastgebers/Ihrer Gastgeberin bei einer kurzen telefonischen Nachfrage gerne weiter.

Sie können aber auch edlen Kaffee, Tee, für Raucher/innen Zigarren, hochwertiges Konfekt oder einen ausgesucht guten Wein wählen und entsprechend verpacken. Wenn Sie ein Buch schenken, so sollten Sie es zumindest gelesen haben und auch mit erklärenden Worten übergeben. Seien Sie aber vorsichtig mit allzu eindeutigen Buchtiteln.

Ein Geschenk sollte nie

- zu üppig sein, das könnte als Anbiederung verstanden werden.
- zu persönlich sein, dies könnte peinlich wirken.
- zu verpflichtend sein, man würde sich fragen, was es dem/der Beschenkten „kosten" wird.
- ein Werbegeschenk sein, womöglich noch mit Firmenaufdruck.

Ein mit Bedacht ausgewähltes Geschenk wirkt in der Regel viel positiver als ein zu aufwendiges.

Tipps

- Die Zahl 13 bei Blumen meiden.
- Mit Topfpflanzen, Trockengestecken, Bonsai-Bäumchen – Vorsicht: nur vertrauten Menschen schenken, wenn man deren Vorlieben genau kennt.
- Bei großen Veranstaltungen Blumen vorher schicken – Karte beilegen.
- Nachher Versand – wenn Sie kurzfristig eingeladen wurden – Karte beilegen.
- Eine Visiten- bzw. Businesskarte ist nicht immer ausreichend, lieber eine handgeschriebene Karte dazulegen.
- Blumen ohne Papier überreichen, ausgenommen ist eine Papiermanschette, die drauf bleibt.
- Ein besonderes Buch ist immer gut, ausgenommen sind Ratgeber.
- Schenken Sie einem Zigarrenraucher eine besondere Zigarre.

Wenn Sie bei ausländischen Gastgebern/Gastgeberinnen eingeladen sind, sollten Sie ein bekanntes Produkt Ihrer Heimat mitbringen und nicht etwas wählen, was im Land der Gastgeber üblich ist, z. B. italienischen Wein für Gastgeber/innen, die aus Italien stammen. Wenn Sie ein Produkt Ihrer Herkunft mitbringen, wissen Sie darüber sicherlich etwas zu berichten und haben einen guten Anknüpfungspunkt für die ersten Gespräche.

Ankommen und Essensbeginn

Zu einer Privateinladung kommen Sie selbstverständlich pünktlich, aber keinesfalls zu früh, um die Gastgeber/innen nicht in Verlegenheit zu bringen. Sollten Sie doch früher als erwartet ankommen, so gehen Sie noch ein Weilchen spazieren oder warten im Auto.

Beim Ankommen öffnet Ihnen die Hausfrau oder der Hausherr die Türe und nimmt Ihnen den Mantel ab. Sie sollten keinesfalls mit Ihrem Übergewand in der Hand herumlaufen und eine passende Gelegenheit suchen, um es abzulegen. Gegrüßt wird per Handschlag. Sollte Hauspersonal die Türe öffnen, grüßen Sie höflich, aber nicht mit einem Händeschütteln. Nach der Begrüßung übergeben Sie Ihr Gastgeschenk mit ein paar netten Worten.

Der anschließende Aperitif macht einerseits Appetit aufs Essen, dient aber vor allem dem Bekanntmachen der Gäste. Geben Sie sich entspannt, nennen Sie Ihren Namen oder lassen sich vorstellen und stürzen Sie sich in die erste Small-Talk-Runde.

Wenn Sie zu Tisch gebeten werden, folgen Sie der Aufforderung rasch und orientieren sich, wenn es Tischkärtchen gibt. Andernfalls suchen Sie sich interessante Menschen, mit denen Sie zusammen sein möchten. Den tatsächlichen Essensbeginn zeigt Ihnen der Gastgeber/die Gastgeberin an, indem er/sie zu essen beginnt. Er/sie wünscht auch als Erste/r einen guten Appetit, wenn dies üblich ist.

Nach der Suppe werden Wein und Bier, je nach Menüfolge, eingeschenkt. Es versteht sich von selbst, dass Sie das Essen loben, etwas Besonderes daran finden, z. B. die raffinierte Zusammenstellung oder Würzung hervorheben, übertreiben Sie aber nicht. Kosten Sie, bevor Sie mit Salz und Pfeffer nachwürzen und vermeiden Sie es, wenn es nicht unbedingt notwendig ist.

Anstoßen

Wird auf einen Ehrengast oder einen Jubilar/eine Jubilarin angestoßen, so erheben sich alle von ihren Plätzen und prosten dieser Person zu. Wird den Gastgebern gedankt, so tun das alle mit einem erhobenen Glas und bleiben sitzen.

Wann ist die Einladung beendet?

Entsprechend der alten Etikette beendet die Hausfrau das Essen, indem sie ihre Serviette beiseitelegt oder aufsteht. Für den Digestif und den Kaffee ist es üblich, in einen anderen Raum oder einen gemütlicheren Teil des Zimmers zu wechseln, um Kaffee, Cognac oder Zigarren zu genießen.

Eine Essenseinladung klingt langsam aus. Es gehört sich nicht, gleich nach dem Essen aufzuspringen und sich zu verabschieden. Circa eine halbe Stunde nach dem Digestif oder einem anderen abschließenden Getränk ist passend.

Sollten Sie nur zum Kaffee geladen sein, so beachten Sie, dass diese Einladung nach zwei bis höchstens drei Stunden beendet ist. Sie könnten die Gastgeber/innen nämlich in arge Bedrängnis bringen, wenn es später wird und kein Abendessen geplant ist, es aber die Zeit verlangen würde.

Wenn Sie sich verabschieden möchten, schließen Sie sich einigen anderen Gästen an, damit die Gastgeber/innen nicht alle paar Minuten die Gespräche verlassen müssen. Sie bedanken sich herzlich, reichen allen Anwesenden die Hand und verabschieden sich. Sie beweisen Stil, wenn Sie sich am darauffolgenden Tag noch einmal telefonisch oder eventuell mit einem Blumengruß für die Einladung bedanken.

Rauchen

Wenn Ihre Gastgeber nicht rauchen, sollten Sie es auch unterlassen. Das unausgesprochene Rauchverbot merken Sie an den nicht vorhandenen Aschenbechern in den Wohnräumen. Vor allem ist es unhöflich, zwischen den einzelnen Gerichten zu rauchen, das verdirbt Ihnen womöglich den Geschmack und den anderen den Appetit.

Sollten Sie es dennoch nicht lassen können

- Fragen Sie, wo Sie eine Zigarette rauchen können.
- Halten Sie sich mit Ihren Rauchgewohnheiten höflich zurück.

Tischetikette

Der Tisch ist wie einst die Feuerstelle ein Begegnungs- und Kommunikationsort. „Dort werden wichtige soziale Strukturen geknüpft und gepflegt, der Technologisierung, Industrie- und Massenkultur entgegengewirkt. Es werden Inhalte aus vorangegangenen Zeiten wieder belebt. Riten und Zeichen beeinflussen die Gestaltung unserer häuslichen Umgebung. Der Umgang mit dem Essen vermittelt sinnliche Wahrnehmung", erklärt der Münchner Designer Bibs Hosak-Robb.

Früher oder später kommt wohl jeder in die Situation, an einem Geschäftsessen teilnehmen zu müssen oder selbst Gastgeber/in zu sein. Haben Sie wenig Erfahrung, brauchen Sie keine Angst zu haben – einige Grundregeln sind zu beherrschen, der Rest ergibt sich von selbst.

Das Betreten des Restaurants

Ein schönes, erfolgreiches Geschäftsessen beginnt mit einem stilvollen Auftritt im Restaurant. Das Gastronomiepersonal ist so geschult, dass es bereits daran erkennt, ob Sie Tischmanieren haben.

Regeln

- Der Herr hält der Dame die Türe auf.
- Die Dame tritt ein und wartet, bis der Herr die Türe geschlossen hat.
- Der Herr nimmt der Dame den Mantel ab und übergibt ihn dem Kellner/der Kellnerin.
- Der Herr geht im Lokal vor und wartet auf den Kellner/die Kellnerin. Diese/r geht vor, dann die Dame, der Herr geht zum Schluss zum Tisch.
- Die Frau geht beim Verlassen voran, der Mann geht zum Schluss.
- Die Frau wartet, dass ihr der Mann in den Mantel hilft.
- Der Mann öffnet die Tür, lässt die Frau als Erste hinaustreten.
- Der Mann schließt die Tür.

In guten Restaurants ist es üblich, dass Sie zu Tisch begleitet werden. Treppauf geht die Dame immer vor, treppab der Mann. Warten Sie erst mal ab, wenn es üblich ist, dass Plätze zugewiesen werden, wird jemand auf Sie zukommen.

Sollten mehrere Gäste gleichzeitig an ihren Platz geführt werden, ist die Reihenfolge diese: der Kellner/die Kellnerin geht vor, Frau, Mann, Frau, Mann reihen sich aneinander. Sollte ein Herr mit zwei Frauen das Lokal betreten, geht der Kellner vor, dann die zwei Frauen und der Herr schließt ab. Sollten Sie nicht vom Kellner/der Kellnerin zum Tisch geführt werden, so gehen Sie als Mann voraus, dann kommt die Frau.

Auch mit zwei Frauen verhält es sich so, dass Sie vorangehen. Bei zwei Ehepaaren geht ein Mann voraus, die beiden Frauen gehen in der Mitte und der zweite Mann geht zum Schluss.

Versuchen Sie, so natürlich wie möglich zu agieren, denn sich in Reihe zu bringen kann seine Tücken haben und peinlich wirken, manchmal ist es besser, einfach nur zu gehen. Wichtig ist, dass hinter dem Kellner/der Kellnerin die Frau geht und nicht der Mann.

Sitzen bereits Gäste bei Tisch, so versuchen Sie, so wenig wie möglich zu stören. Wenn Sie bereits beim Herankommen sagen: „Bitte lassen Sie sich nicht stören und bleiben Sie sitzen!", so ist das sehr höflich und zuvorkommend.

Sollten Sie im Restaurant Freunde/Freundinnen oder Kunden/Kundinnen sehen, grüßen Sie nur von der Ferne, um sie nicht beim Essen zu stören. Wenn Sie jedoch das Gefühl haben, Sie sollten besser an den Tisch kommen, dann müssen Sie begrüßen und gegebenenfalls Ihre Begleitung vorstellen. Wägen Sie ab, was die Situation erfordert. Nicht hinzugehen kann ein ungutes Gefühl hinterlassen. Wenn Sie hingehen, halten Sie sich kurz und sagen Sie, dass Sie nicht stören wollen und kurz Hallo sagen möchten. Dann wünscht man einander noch einen schönen Abend.

Das Platznehmen

Sehr selten funktioniert das Platznehmen reibungslos, besonders wenn mehrere Gäste gleichzeitig kommen. Seien Sie aber beruhigt, die Essenauswahl beginnt erst, wenn alle sitzen. Hat der Gastgeber/die Gastgeberin Tischkarten aufgestellt, halten Sie sich bitte an diese Sitzordnung. Bei freier Platzwahl können Sie nach Ihren Vorlieben selbst entscheiden, wo Sie sitzen möchten. Die folgenden Regeln gelten natürlich auch im privaten Rahmen.

Regeln

- Die Dame sucht sich den Platz aus.
- Der Herr rückt der Dame den Stuhl zurecht und wartet, bis sie sitzt, erst dann setzt er sich nieder. Sakkos dürfen nie ausgezogen werden, außer der Gastgeber/die Gastgeberin schlägt dies vor. Darum zu bitten, empfiehlt sich nur in äußersten Notfällen. Als Selbstzahler fragen Sie die Damen, ob Sie das Sakko ausziehen dürfen.
- Kindern wird der Platz zugewiesen, eventuell ist ein Kindertisch arrangiert.

Wenn Sie Platz genommen haben und bemerken, dass Sie sich durch die Tischdekoration gestört fühlen, so lassen Sie diese bitte stehen und ersuchen die Bedienung, allzu Störendes zu verschieben oder abzuräumen. Kerzen zündet ebenfalls die Bedienung an, das brauchen Sie nicht zu tun.

Nach internationaler Sitte sind die Plätze rechts neben dem Gastgeber und links neben der Gastgeberin die Ehrenplätze. Die Plätze mit Blick in den Raum gelten als die besten Plätze.

Wohin mit Handy und Handtasche?

Auf keinen Fall legen Sie Handy oder Handtasche auf den Tisch, das würde die schöne Tafel stören. Das Handy kommt in die Tasche oder in das Sakko. Große Handtaschen gehören auf den Boden, kleinere können auf den leeren Nachbarstuhl in den Stuhlrücken gestellt oder über die eigene Armlehne gehängt werden. In sehr guten Häusern stellt man Ihnen einen kleinen Schemel an die Seite, darauf können Sie Ihre Handtasche ablegen. Spezielle Handtaschenhalter sind auch eine gute Lösung und werden an der Tischkante befestigt.

Grundsätzlich hat das Handy im Restaurant Pause. Schalten Sie es aus oder stellen Sie es auf „lautlos". Sollten Sie einen dringenden Anruf erwarten, kündigen Sie diesen vorher an. Wenn das Gespräch kommt, erkennen Sie es an der Vibration des Handys, das Sie eingesteckt haben sollten. Entschuldigen Sie sich kurz und verlassen Sie für das Gespräch den Tisch.

Näheres über den richtigen Umgang mit dem Handy und Telefonaten im Kapitel „Telefon, Videokonferenz und soziale Netzwerke", Seite 97.

Korrekte Haltung bei Tisch

Mit dem Niedersetzen beginnt die korrekte Haltung bei Tisch. Im privaten Rahmen sollten Sie darauf achten, dass Sessel und Tisch in der richtigen Proportion zueinander sind, um ein gutes Sitzen vor allem beim Essen zu ermöglichen. Weder zu tiefe Couchen, noch Barhocker, die kunstvoll in Balance gehalten werden müssen, eignen sich für längeres Sitzen.

Tipp

Am bequemsten sitzen Sie, wenn Sie die ganze Sitzfläche des Stuhls ausfüllen und Ihre Beine parallel mit den ganzen Fußsohlen am Boden abstellen. Sie sitzen aufrecht, aber nicht kreuzhohl oder steif, mit einer Handbreite vom Tisch entfernt. So fühlen Sie sich stabil, bequem und können längere Zeit gut sitzen.

Diese Haltung ermöglicht Ihnen ein angenehmes Hantieren mit dem Besteck und gleichzeitig ein Gespräch mit Ihren Sitznachbarn/-nachbarinnen zu führen, ohne am Stuhl herumwetzen zu müssen. Legen Sie die Hände bis zur gedachten Ärmelmanschette am Tisch ab. Auch die Unterarme dürfen inzwischen auf dem Tisch abgelegt werden, aber auf keinen Fall dürfen Sie die Ellbogen auf dem Tisch abstützen, sonst machen Sie sich als Lümmel einen Ruf. Je näher Sie beim Tisch sitzen, umso weniger müssen Sie den Kopf zum Teller bewegen.

Beim Essen selbst bewegen Sie Ihre Arme nur leicht nach vor und zurück, der Kopf kommt nur minimal den Bissen entgegen. Den Mund bitte nicht aufreißen, sondern die Bissen so klein schneiden, dass Sie sich nicht den Kiefer ausrenken müssen, um alles ohne Kleckern hinein zu bekommen. Zum Umgang mit der Stoffserviette beachten Sie Seite 181.

Tipp

Zwischen den einzelnen Gängen können Sie sich ruhig wieder etwas freier bewegen. Wenn die Sitznachbarn/-nachbarinnen rechts und links von Ihnen ins Gespräch kommen, Sie aber ungestört sein wollen, so lassen Sie die beiden „hinter Ihrem Rücken" sprechen. Beteiligen Sie sich allerdings daran, werden die Gesprächspartner/innen vor Ihrem Oberkörper gemeinsam mit Ihnen reden.

Ansprechen der Servicemitarbeiter/innen

Bitte vergessen Sie Anreden wie „Herr Ober" oder „Fräulein", diese Begriffe sind überholt und nicht mehr aktuell.

Halten Sie mit den Mitarbeitern/Mitarbeiterinnen Blickkontakt und machen Sie sich durch dezente Handzeichen bemerkbar. Fragen Sie nach dem Namen der Bedienung, die Sie durch den Abend führt. Haben diese ein Namensschild, so werden sie auch mit dem Namen angesprochen. Als Gastgeber/in sitzen Sie so, dass Sie jederzeit Blickkontakt mit dem Personal aufnehmen können.

Regel

Seien Sie im Restaurant immer höflich zum Personal, auch wenn Hochbetrieb herrscht und Sie vielleicht nicht gleich nach Ihren Wünschen gefragt werden. Rufen Sie nicht lautstark nach der Bedienung, denn die ist Ihnen ohnehin zugewiesen und sieht es als ihre Pflicht, sich um die Gäste zu kümmern.

Das Aufstehen

Der höfliche Herr oder die Gastgeberin steht immer auf, wenn eine Person an den Tisch tritt, davon ausgenommen ist natürlich das Bedienungspersonal. Der Herr links von der Dame steht immer auf und hilft ihr aus dem Stuhl, wenn sie sich vorher kurz entschuldigt. Ebenso erhebt er sich und hilft ihr wieder, wenn sie zurückkehrt, so fordert es die klassische Etikette und daran hat sich bis heute nichts geändert.

Galanterie und Gleichstellung

Trotz Emanzipation, modernen Umgangsformen und beruflicher Gleichstellung der Frau sollte der Herr höfliche Aufmerksamkeit zeigen – vielleicht gerade deswegen.

In der Zwischenzeit hat sich die Wirtschaft so entwickelt, dass in Österreich und Deutschland jeder dritte Chef eine Frau ist. Viele haben sich den Weg dorthin hart erkämpft und ihre Kompetenz unter Beweis gestellt. Sie sollen daher auch die männliche Höflichkeit als angenehm und nicht aufgesetzt oder aufgenötigt erleben. Als Mann brauchen Sie viel Fingerspitzengefühl, um zu erkennen, wie viel Galanterie bei der neben Ihnen oder der Ihnen gegenübersitzenden Frau erwünscht ist. Denken Sie an die Worte der deutschen Sängerin und Kabarettistin Lisa Fitz: „Starke Frauen brauchen starke Männer", und Sie werden die richtige Entscheidung treffen.

Menüauswahl

Wenn Sie die Menükarten gereicht bekommen, werden Sie gleich nach Aperitif und Getränken gefragt. Es gibt in sehr exklusiven Häusern sogar Wasser-Sommeliers, die bei der Auswahl des passenden Wassers zum Essen ihre Hilfe anbieten. In gehobenen Restaurants wird keine Zitrone zum Wasser serviert, weil der Geschmack der Zitrone den Geschmack der Weine verfälschen würde.

In vielen Restaurants werden leichte alkoholische, oft sehr kreative Spezialitäten angeboten, die elegant serviert als Aperitif den Appetit anregen. Statt des Aperitifs können Sie ein kleines Bier bestellen.

Vegetarier, Veganer und Diätpatienten sind meist klug genug, beim Annehmen einer Einladung auf Ihren Ernährungsstil hinzuweisen. Wollen Sie als Gastgeber/in auf Nummer sicher gehen, so können Sie nach den Wünschen fragen. Ansonsten kann in jedem guten Restaurant schnell etwas zubereitet werden, das dem Gast entspricht.

Die Preiskategorie

Machen Sie als Einladende/r Vorschläge, um die Preiskategorie festzulegen. Das schätzen Gäste sehr und es gibt ihnen Orientierung. Das Geschäftsessen ist nicht nur ein Ort ungezwungener Businesskonversation, sondern offenbart über die Tischmanieren auch die gesellschaftliche Qualifikation des Geschäftspartners.

Schließlich können Umgangsformen auch geschäftliche Entscheidungen beeinflussen. Der Gastgeber/die Gastgeberin bzw. der/die Einladende bestimmt durch „diplomatisches Nennen" die Preiskategorie und übernimmt selbstverständlich die Rechnung.

Die Preiskategorie gibt der/die Einladende vor, indem er/sie eine konkrete Menü-Empfehlung ausspricht. Achten Sie darauf, dass Ihr gewähltes Gericht nicht über dem Preis des vorgeschlagenen Gerichts liegt. Sie dürfen die Preiskategorie gern ausschöpfen, aber höflicherweise nicht überschreiten. Hat er/sie durch Empfehlungen oder durch seine/ihre Wahl den Preisrahmen abgesteckt, dürfen Sie als Gast zuerst bestellen. Früher war es üblich, dass der Gastgeber für die Gäste bestellt hat. Hält sich Ihr Gastgeber in der Preiskategorie bedeckt, orientieren Sie sich sicherheitshalber im mittleren preislichen Feld.

In gehobenen Gourmetrestaurants könnten Sie als Frau eine sogenannte Damenkarte ohne Preisangaben erhalten. Dies bedeutet nichts anderes, als dass Sie als Gast frei nach Ihrem Geschmack wählen dürfen.

Jeder soll die gleiche Anzahl der Gänge gewählt haben, das ist harmonischer.

Zuerst dürfen die Damen bestellen, dann die Herren, zum Schluss der Gastgeber/ die Gastgeberin. Bei einer größeren Gruppe ist es von Vorteil, ein Menü anzubieten.

Die Getränkewahl

Jede Essenseinladung wird heute mit einem Aperitif eröffnet. Dieses meist leicht alkoholische Getränk wird in einem speziellen Glas gereicht, soll den Appetit anregen und auf die bevorstehende Mahlzeit einstimmen. Außerdem können Sie beim Aperitif erste Kontakte schließen, einander bekannt machen und die Wartezeit auf das Essen wird auf diese Weise angenehm überbrückt.

Als klassische Aperitifs gelten Champagner, Sekt, hochwertige Schaumweine wie Cavo oder Spumante. Kir Royal, Aperol, Campari oder Noilly Prat, wenn Sie es herber mögen. Aperitif Cocktails werden auch gerne getrunken.

Erhalten Sie den Aperitif in einem anderen Raum als dort, wo gegessen wird, trinken Sie ihn auch dort aus und lassen das Glas zurück. Wird Ihr Aperitif so spät serviert, dass bereits zu Tisch gebeten wird, bringt Ihnen die Bedienung gerne das Glas nach, wenn es eine sehr kleine Runde ist. Bevor der bestellte Wein kommt, trinken Sie Ihr Glas aus oder lassen den restlichen Aperitif abservieren.

Zu vielen Speisen passt Wein besser als Bier, dieses können Sie aber zu jedem Gang wählen, auch wenn andere Wein trinken. Als Gast haben Sie die Wahl. Bei einem Bankettessen – das ist eine edle Tafel – verkneifen Sie sich den Wunsch nach Bier. Es gilt: Je offizieller und förmlicher der Anlass, umso weniger eignet sich Bier als Getränk.

Alkoholfreie Getränke können sofort nach Erhalt getrunken werden, Sie brauchen nicht zu warten, bis der Gastgeber oder sonst jemand zu trinken beginnt. Anders verhält es sich beim Aperitif und beim Wein.

Gläser korrekt verwenden

In den letzten Jahrzehnten hat sich in der Glaskultur viel verändert. Die weltweit renommierte Glasfabrik der Familie Riedel hat die Wirkung des Glases auf seinen Inhalt sogar wissenschaftlich untersuchen lassen und ihre Produkte mit höchster Eleganz dahingehend entwickelt. Die mundgeblasenen, hauchdünnen Gläser sind so beliebt und unterstützen die Aromaentfaltung der Getränke dermaßen, dass Riedel sogar eine eigene Gastronomieserie entwickeln musste. Der Firmenchef persönlich rät übrigens: „Wer mit so hauchzarten Gläsern tatsächlich anstoßen möchte, sollte dies nur mit leicht zur Seite geneigten Gläsern, Bauch an Bauch tun. Würden Sie mit dem Gläserrand anstoßen, springt das Glas."

Bei einem festlichen Essen können mit jedem Gang neuer Wein und andere Getränke serviert werden. Daher stehen einige Gläser in unterschiedlicher Form und Reihenfolge für Sie bereit.

Mit alkoholfreien Getränken brauchen Sie bei Tisch nicht anzustoßen, können es mit einem Stielglas aber tun. Solche Getränke dürfen Sie jederzeit trinken und brauchen nicht erst auf ein Zeichen der Gastgeber/innen zu warten.

Regeln

- Schlanke Stielgläser sind für Weißwein.
- Bauchige Gläser für den Rotwein, damit er sein Bukett entfalten kann.
- Langstielige Gläser mit drei Fingerspitzen und dem Daumen immer am Stiel nehmen.
- Ein abgespreizter kleiner Finger ist nicht vornehm, wie irrtümlich oft gemeint wird.

Tipp

Selbstverständlich kann man Alkoholisches ablehnen und braucht keinen Grund anzugeben. Ein schlichtes „Nein, danke" reicht und muss vom Gastgeber/von der Gastgeberin ohne Fragen akzeptiert werden.
Kein Gastgeber/keine Gastgeberin muss Alkohol trinken, wenn es die Gäste tun.

Weinprobe

Die Weinprobe ist ein heikles Kapitel, dem wir schon einige Informationen zum Thema „Guter Gastgeber/gute Gastgeberin" auf Seite 143 vorweg geschickt haben. Heikel ist es deswegen, weil es viele selbst ernannte Weinkenner/innen gibt und diese versuchen Ihnen ihren Geschmack aufzudrücken. Natürlich entscheiden die Gastgeber/innen.

Bisher war es üblich, dass der Herr die Weinprobe mit einem passenden Degustationsglas vornahm, aber immer mehr Frauen beweisen sich als Weinkennerinnen. „Frauen können aus dem Bauch heraus Wein oft viel besser beurteilen als Männer", sagt die Kölnerin Christina Fischer, Weinpäpstin, Genuss-Managerin und Sommelière des Jahres 2001. Geschätzte vierzig Prozent aller Weinfachleute in Deutschland, in Österreich sind es noch bedeutend weniger, sind Frauen. Eine profigerechte Weinprobe macht übrigens nur mit dem richtigen Glas Sinn.

In Restaurants schenkt das Personal die Getränke nach, bei Einladungen in privaten Räumlichkeiten machen das die Gastgeber/innen. Legen Sie dabei niemals den Flaschenhals auf den Glasrand, sondern verwenden Sie eine Abtropfscheibe und halten die Flasche etwa fünfzehn Zentimeter über dem Glas.

Das Glas erheben oder anstoßen?

Wie man sich gegenseitig zuprostet, richtet sich vor allem danach, in welchem Rahmen dies geschieht und welches Getränk man zu sich nimmt. Grundsätzlich wird nicht angestoßen, bei besonderen Anlässen kann man dies aber tun, entweder wenn der Gastgeber/die Gastgeberin dies wünscht oder man als Selbstzahler/in in der Runde anstoßen möchte. Üblicherweise wird mit alkoholischen Getränken angestoßen, bei Bier ist es allerdings besser, davon Abstand zu nehmen. Man kann heute auch mit Wasser anstoßen, sollte dies aber nur mit einem Stielglas tun.

In feinen Restaurants und in einer größeren Runde ist es nicht angebracht anzustoßen. Hier ist es stilvoller, nur das Glas zu erheben. Es beginnt immer der Gastgeber/ die Gastgeberin, darauf folgen die Gäste, man blickt jede/n in der Runde an, nickt ihm/ihr zu, sagt „Zum Wohl" oder „Auf Ihr Wohl", trinkt, schaut sich wieder in der Runde um und stellt schließlich das Glas wieder ab. In einem kleineren Kreis kann auch gerne vorsichtig angestoßen werden, allerdings nicht jedes Mal, wenn das Glas erhoben wird.

Welches Getränk passt wozu?

Üblicherweise werden zu einem feinen Essen folgende Getränke gereicht:
- Zu Vorspeise und Suppe wird nichts Spezielles angeboten.
- Fisch ist sehr gut mit einem leichtem Weißwein.
- Zu hellem Fleisch passt Weißwein sehr gut, wobei dieser ruhig etwas voller sein darf. Auch leichter Rotwein ist erlaubt.
- Dunkles Fleisch und Wild entfalten ihren Geschmack am besten bei einem Glas Rotwein.
- Zu deftigen Speisen und Braten wählt man gerne ein kühles Bier.
- Den Abschluss bildet meist ein Espresso, Grappa, Likör oder Cognac. Zu speziellen Nachspeisen oder dem Käseteller wird auch gerne ein Dessertwein gereicht.

Tipp

In gehobenen Restaurants schenkt der Kellner nach. Im gutbürgerlichen Restaurant gilt: Was auf dem Tisch steht, ist den Gästen zur freien Verfügung. Schenken Sie der Person zu Ihrer Rechten Wasser oder Wein nach. Bitten Sie die Dame, ihr Glas in Ihre Reichweite auf den Tisch zu stellen.

Tischreden

Wird eine Rede gehalten, ist die beste Zeit dafür vor dem Beginn des Essens oder vor dem Dessert. Das gilt auch, wenn es sich um eine kurze Erwiderung wie ein kurzes Dankeschön handelt.

Sind mehrere Reden vorgesehen, werden sie zwischen den Gängen eingeplant. Der Zeitpunkt wird mit der Küche abgesprochen, damit dort die Pausen eingehalten werden können. Es gilt heute als überholt, zwischen Suppe und Hauptgang zu reden.

Die Serviette

Zu einem schön gedeckten Tisch im privaten Rahmen gehören Stoffservietten, im guten Restaurant sind sie obligat. Bereits im antiken Griechenland waren sie unentbehrlicher Teil der Tischkultur.

Sobald Sie bei Tisch Platz genommen haben, können Sie, soferne Sie selbst bezahlen, die Serviette auseinander nehmen und auf Ihrem Schoß oder in der Mitte zwischen den Bestecken ablegen, auch wenn sie noch so kunstvoll gefaltet ist. Sind Sie eingeladen, warten Sie damit, bis der Gastgeber/die Gastgeberin dies tut. Sobald das Essen serviert wird, nehmen Sie die Serviette und legen sie mit der Öffnung zu Ihnen auf den Schoß. Sollte Ihnen die Serviette auf den Boden fallen, so brauchen Sie nicht unter den Tisch zu kriechen, um sie wieder aufzuheben, sondern ersuchen Sie um eine neue Serviette.

Tipp

Manchen Männern ist es unangenehm oder gar nicht möglich, die Serviette über beide Beine zu legen, da sie gerne breitbeinig sitzen. Es genügt, dass Sie die Serviette auf einen Schenkel legen, um stilvoll zu sein.

Regeln

- Bevor Sie trinken, tupfen Sie beim Essen den Mund mit der Serviette ab.
- Wenn Sie fertig gegessen haben, machen Sie dies auch.
- Nach dem Essen oder wenn Sie Hände waschen gehen, legen Sie die Serviette links von ihrem Teller ab.
- Knüllen Sie die Serviette nicht zusammen.
- Legen Sie keine Serviette auf den leer gegessenen Teller.

Das Besteck

Mit der Kochkunst hat sich auch das Tafelbesteck weiterentwickelt und galt bis zu Beginn des 20. Jahrhunderts als Luxusgerätschaft für ausschließlich feine Herrschaften.

Grundsätzlich gilt: Egal wie groß oder klein die Besteckteile sind, sie werden von außen nach innen verwendet. Die Bedienung deckt entsprechend um, sollte es für Ihre Speisenfolge notwendig sein, z. B. wenn Sie ein Fischgericht bestellen. Erinnern Sie sich an den Film „Pretty Women", wo die Hilfe suchende Julia Roberts über Augenkontakt mit dem Kellner zum richtigen Besteck geleitet wurde? Den Rest hat sie sich von ihrem Begleiter abgeschaut.

Regeln

- Löffel oder Messer halten Sie rechts, die Gabel links.
- Brauchen Sie nur ein Besteckteil, also nur die Gabel oder den Löffel, nehmen Sie dieses in die rechte Hand.
- Fassen Sie Gabel und Messer zwischen Daumen und Zeigefinger, wobei der Zeigefinger am Besteckrücken liegt und die Gabelzinken nach unten zeigen. Die übrigen Finger liegen locker auf dem Besteck.
- Löffel und Gabel mit der Spitze zum Mund führen und nicht den Mund zum Besteck.
- Suppe wird durch langsames Rühren im Teller oder Warten abgekühlt und nicht durch Pusten.
- Was für den Kaffeelöffel gilt, gilt auch für den Suppenlöffel in der Tasse. Nach Gebrauch legen Sie ihn bitte zurück auf den Unterteller.
- Das benutzte Besteck darf das Tischtuch nicht mehr berühren, dort hinterlässt es nur Flecken. Ganz selten werden Besteck- oder Messerbänkchen aufgestellt. Das sind kleine Stege aus Porzellan oder Metall zur Ablage des Bestecks neben dem Teller.
- Besteck, das nicht benutzt wird, bleibt auf dem Tisch liegen und wird nicht auf den beschmutzten Teller gelegt. Das Personal wird es abräumen.

Festgedeck

Immer öfter haben Restaurants kreative Geschirrkreationen, die Gäste überfordern können, z. B. kommen viele beim Ablegen des Bestecks während des Essens in Bedrängnis. Die klassische Art ist es, Messer und Gabel während des Essens mit den Spitzen zur Tellermitte und zum Schluss parallel und rechts schräg unten auf 16:30 Uhr zu legen. Leider rutscht das Besteck vielfach ab und landet im Teller.

Passiert das zum Ende des Essens, lassen Sie es einfach so liegen, das Personal kümmert sich beim Abservieren darum. Wenn Ihnen das aber während des Essens passiert, ist das Besteck voller Soße. Das ist unangenehm und beeinträchtigt den Essgenuss. Suchen Sie eine Position, wo das Besteck nicht hineinrutscht. Es ist auch möglich, Speisen auf dem Teller als Blockade zu benutzen, indem Sie das Messer oder die Gabelzinken davor ablegen.

Sollte das Besteck trotzdem in den Teller gerutscht sein, bitten Sie die Bedienung um ein neues Besteck.

Tabus im Umgang mit dem Besteck

Der richtige Umgang mit Messer und Gabel ist ein Meilenstein des guten Benehmens, wiewohl nicht immer einfach. Es ist weit weniger schlimm, zur falschen Gabel zu greifen, als mit dem Besteck herumzufuchteln, mit dem Messer auf andere Personen zu zeigen und auf dem Teller herumzukratzen. Leider merkt man vielen Menschen an, dass ihre Essmanieren im häuslichen, ganz privaten Rahmen mehr als salopp sind. Sie müssen sich bei offiziellen Gelegenheiten besonders abmühen, weil ihnen die Routine im Umgang mit Messer und Gabel fehlt.

Regeln

- Halten Sie Ihr Besteck nicht mit den Fäusten oder wie einen Bleistift.
- Streifen Sie nicht die Messerklinge an den Gabelzinken ab.

- In allen Ländern der Welt ist es absolut tabu, das Messer in den Mund zu stecken oder abzulecken. Auch der Kaffeelöffel wird nicht abgeleckt.

Die Bestecksprache

In Essenpausen oder am Ende des Mahls hat die Stellung von Messer und Gabel aber auch Essstäbchen jeweils eine Bedeutung. Es sind nonverbale Signale, die international bekannt sind und den Gastgebern oder dem Personal zeigen, wie weit Sie mit Ihrem Essen sind.

Regeln

- Offenes Besteck – Messer und Gabel kreuzen sich mit den Spitzen – bedeutet: „Ich esse noch".
- Geschlossenes Besteck – Messer und Gabel liegen parallel auf 16:30 Uhr – bedeutet: „Ich bin fertig".
- Der Gastgeber/die Gastgeberin ist der/die Letzte, der/die das Besteck in die Position 16:30 Uhr bringt.

Tipp

Wenn ungeschultes Personal Ihren Teller wegtragen möchte, obwohl Sie das mit Ihrem Besteck anders anzeigen, so sagen Sie sehr höflich, aber bestimmt: „Ich bin noch nicht fertig, würden Sie das Essen bitte stehen lassen."

Immer wieder liest und hört man, dass durch die Besteckablage signalisiert werden kann, wenn das Essen nicht geschmeckt hat. So eine Bestecksprache wäre unhöflich, deshalb gibt es sie offiziell nicht!

Jörg Kracht, Vizepräsident des Verbandes der Serviermeister-, Restaurant- und Hotelfachkräfte, bestätigt: „Der Gast sollte heutzutage so emanzipiert sein und – möglichst, bevor er den Teller leer gegessen hat – Bescheid geben, was mit dem Essen nicht in Ordnung ist." So können Sie eine höfliche, aber konkrete Reklamation anbringen.

Linkshänder/innen

Als Linkshänder/in können Sie heute alle Besteckteile so benutzen, wie es Ihnen angenehm ist. Nachdem Sie das Besteck vom Tisch genommen haben, wechseln Sie es einfach von einer in die andere Hand. Auch bei Schwierigkeiten, mit rechts zu schneiden, können Sie das Besteck wechseln, denn in der Regel wird nach wie vor für Rechtshänder eingedeckt. Sie wechseln nicht das ganze Gedeck, sondern immer nur das, was Sie gerade benötigen, ebenso bleiben die Gläser rechts stehen.

Die Ausnahme: Sollte jemand das Gedeck für Linkshänder eingedeckt haben, stehen die Gläser ebenfalls auf der linken Seite.

Linkshänder/innen dürfen beim Fisch das Fleischmesser oder eine zweite Gabel verwenden.

Das Brot

Das „Körberl" hat seine Werbewirkung nicht verfehlt. Damit ist ein gut gefülltes Körbchen mit frischem Gebäck und ein paar Brotschnitten gemeint. Es ist kaum noch wegzudenken und kommt auf den Tisch, wenn die Gäste Platz genommen haben.

Sollten Sie das Brotkörbchen nicht erreichen können, bitten Sie Ihre Tischnachbarn, es Ihnen weiterzureichen. Es darf aber nur von einem zum anderen weitergereicht und niemand darf übergangen werden.

Links von Ihrem Gedeck steht ein Brotteller mit einem kleinen runden Buttermesser, das ausschließlich dafür gedeckt ist. Lassen Sie bitte den Teller dort stehen und ziehen Sie ihn nicht zur Mitte. Von Brot und Gebäck beißt man bei Tisch nicht ab, sondern bricht sich ein kleines Stück herunter, streicht mit dem Buttermesser die bereitgestellte Butter oder den Aufstrich darauf und steckt es in den Mund. Nur beim Frühstück dürfen Sie das Gebäck auseinanderschneiden und ganz bestreichen.

Beim Essen von frischem Gebäck lassen sich Brösel nicht verhindern. Streifen Sie aber bitte nicht selbst die Brösel vom Tisch, denn das ist Aufgabe der Bedienung. In guten Restaurants verwendet das Personal dafür ein Tischset mit kleinem Besen und Schaufel. Sollte sich niemand für die lästigen Brösel zuständig fühlen, ersuchen Sie die Bedienung höflich darum.

Klassischerweise bleibt der Brotteller bis zum Hauptgang an seinem Platz, dann wird er abserviert und eventuell zum Käse wieder frisch bereitgestellt. Auch den Käse essen sie nur in Happen und nicht aufs Brot gelegt oder aufgestrichen.

DARF MIT BROT GETUNKT WERDEN?

Manchmal ist es sehr verführerisch, wenn eine delikate Sauce auf dem Teller bleibt, weil die Beilagen bereits aufgegessen sind, mit Brot aufzutunken. In Frankreich ist das durchaus üblich, in Österreich und Deutschland wird dafür ein Saucenlöffel eingedeckt. Dieser Gourmetlöffel ist schaufelartig und ganz flach, wird in die rechte Hand genommen, um damit die eingedickte Sauce aufzulöffeln. Zuvor legen Sie bitte Messer und Gabel am Tellerrand ab.

In Italien und in italienischen Restaurants bei uns finden Sie manchmal eine Schale mit Olivenöl und Balsamessig (Aceto Balsamico) auf dem Tisch. Das dazu gereichte Brot dürfen Sie stückchenweise in das Öl-Essig-Gemisch tauchen und so essen. Diese Speise hat sich aus früheren Zeiten erhalten, als man hartes Brot durch Tunken in Öl wieder genießbar machte. Keine Bange, das schmeckt sehr gut.

Das Amuse-Gueule – der „Gruß des Hauses"

Das Amuse-Gueule (sprich: amüs göl) bedeutet „Gaumenfreude". Im deutschsprachigen Raum nennen wir es „Gruß des Hauses" oder „Gruß der Küche". Es ist ein kostenloser Appetithappen, für den nicht extra eingedeckt wird. Es könnte allerdings sein, dass zusätzliches Besteck dazugegeben wird.

Für manche Spitzenköche ist das Amuse-Gueule ein entscheidender Einstieg in ein gediegenes Mahl. In sehr schicken Lokalen lässt es schon erahnen, wie fantasievoll gekocht und angerichtet wird: z. B. eine sehr delikate Suppe in einer schlichten Moccatasse oder ein raffinierter Appetithappen direkt auf einem kunstvoll gedrehten Kaffeelöffel, den Sie nur noch in den Mund zu stecken brauchen.

Unkundige freuen sich zwar über das Amuse-Gueule, sind aber ganz entsetzt und sagen dann: „Das habe ich nicht bestellt." Das sollte Ihnen nicht passieren, denn es handelt sich um eine Aufmerksamkeit zu Ihrer Begrüßung.

Das Essen wird serviert

Die klassische Speisenfolge bei mehrgängigen Essen ist international folgendermaßen festgelegt:

Regeln

- Brot mit Butter oder Aufstrich
- Amuse-Gueule (als Gruß aus der Küche gedacht, übersetzt „Gaumenfreude")
- Kalte Vorspeise oder Salat
- Suppe
- Warme Vorspeise
- Fischgericht
- Sorbet zur Kühlung des Gaumens
- Fleischgericht
- Käse
- Süßspeisen und Desserts

Sämtliche Speisen werden von rechts serviert und abserviert. Von links kommen nur Beilagensalat, Brot und alles, was von einer Platte nachgelegt wird. So einfach ist das. Sie brauchen nur aufmerksam zu sein, wenn Ihr Gericht kommt. Essensbeginn ist erst, wenn alle ihren Teller vor sich haben und der Gastgeber/die Gastgeberin dazu das Zeichen gibt. Sollte es mit dem Essensbeginn länger dauern, bittet der Gastgeber/die Gastgeberin die Gäste schon anzufangen, damit das Essen nicht kalt wird. Macht er/sie das nicht, warten alle. Zahlen Sie selber, dürfen Sie fragen, ob Sie schon beginnen dürfen, wenn Sie sehen, dass es bei den anderen noch dauert, oder die anderen Gäste bitten Sie darum.

Tipps

In Restaurants dürfen Sie nachwürzen, das gilt heute nicht mehr als unhöflich. Salz und Pfeffer stehen in guten Restaurants aber nicht auf dem Tisch. Verlangen Sie danach, wenn Sie möchten.

Sollte Ihr Essen versalzen oder zu kalt sein, reklamieren Sie es bitte gleich und schicken Sie es zurück. Die Bedienung wird sich entschuldigen und Ihnen anstandslos ein frisches Gericht bringen. Wenn Sie allerdings fertig essen und sich dann beschweren, ist es zu spät. Auch wenn Sie die falsche Wahl getroffen haben und das Gericht nicht Ihrem Geschmack entspricht, können Sie es nicht beanstanden.

Am Buffet

Das Buffet wird vom Gastgeber/von der Gastgeberin eröffnet, indem er/sie es ankündigt, dazu einlädt oder als Erste/r hingeht. Erst dann schließen sich die Gäste an.

Regeln

- Der Ehrengast bedient sich zuerst.
- Dürfen Mitarbeiter/innen sich bedienen oder sich nur um die Gäste kümmern? Dies bitte vorher abklären.
- Beginnen Sie auf der richtigen Seite des Buffets, also dort, wo das Besteck ist, und nehmen Sie die Speisen nach der klassischen Menüfolge auf.
- Nehmen Sie nur übersichtliche Mengen.
- Bei Selbstbedienung darauf achten, dass das schöne Arrangement nicht zerstört wird.
- Den Zangengriff mit Vorlegegabel und Vorlegelöffel müssen Sie nicht beherrschen.
- Ihre Finger kommen beim Buffet nicht zum Einsatz.
- Gehen Tischherr und Tischdame gemeinsam zum Buffet, so lässt er ihr den Vortritt und ist beim Bedienen behilflich.
- Das Brot nur mit Zange oder Serviette entnehmen.
- Brot immer mit Serviette abschneiden.
- Bei warmen Speisen sind meist Köche anwesend – lassen Sie sich bedienen.

- Sie können gleich mit dem Essen beginnen, eventuell noch auf den Tischpartner/ die Tischpartnerin warten.
- Nie einen gebrauchten Teller zum Buffet mitnehmen.

„Mahlzeit" oder „Guten Appetit"?

Die Eröffnung des Essens mit „Guten Appetit" muss situationsbedingt betrachtet werden. Es ist nicht üblich, bei einem offiziellen Essen wie einem Dinner oder Bankett „Guten Appetit" zu wünschen. Dort wird von der Gastgeberin das Signal zum Essensbeginn gegeben, indem sie zum Besteck greift. Dies gilt bei Einladungen seitens eines Paares sowie einer einzelnen Dame. Gibt es einen Single-Gastgeber, übernimmt er nach modernen Umgangsformenregeln selbstverständlich diesen Part.

Im Freundes- und Familienkreis gilt es hingegen nicht als stillos, wenn Einladende Ihren Gästen „Guten Appetit" wünschen. Ebenso können sich beispielsweise Teammitglieder in einer Kantine gegenseitig gern diesen Wunsch übermitteln. Als Gast sagen Sie aber bitte nie von sich aus „Guten Appetit".

In Österreich und Süddeutschland bis Mitteldeutschland gehört das Appetitwünschen zum guten Ton.

Zuerst das Dessert oder der Käse?

Darüber sind sich selbst Experten nicht einig. In Frankreich ist es üblich, dass der Käse nach dem Hauptgang kommt und das Dessert den Abschluss bildet. In Deutschland und Österreich ist es umgekehrt: Der Käse wird zum Abschluss gegessen. Man sagt: „Käse schließt den Magen." Ja, das ist richtig. Die Fettsäuren des Käses produzieren einen hormonähnlichen Stoff, der Sättigung signalisiert, die Magenentleerung wird gebremst und wir fühlen uns satt. Daran halten sich die Franzosen und essen anstatt des süßen Desserts ein Stückchen Käse.

Tipp

Wenn Sie Käse ordern, suchen Sie maximal fünf bis sechs Sorten aus. Die Käsesorten werden im Uhrzeigersinn angerichtet. Um 1 Uhr liegt der leichteste und frischeste Käse, mit dem Sie starten. Der geschmackintensivste Käse liegt auf 10 Uhr, mit diesem schließen Sie ab.

Der Digestif

Ein Digestif soll der Verdauung dienen und rundet das Menü ab. Er wird nach dem Essen gereicht. Dafür eignen sich Cognac, Calvados, Obstler, Grappa, Scotch, Dessertwein, diverse Whisky-Sorten oder auch Premium-Weinbrand.

Rauchen

Rauchen war schon mehrfach Thema in diesem Buch. Im Restaurant oder Speiselokal der gehobenen Klasse, in dem Rauchen erlaubt ist, sollten Sie es erst nach dem Dessert tun. Zwischen den Gängen ist es nur im privaten Rahmen erlaubt.

Fragen Sie in jedem Fall vorher Ihre Tischnachbarn/-nachbarinnen, ob sie sich dadurch gestört fühlen. Zünden Sie Ihre Zigarette bitte nicht an der Tischkerze oder einer anderen Zigarette an, das wäre sehr stillos. Nehmen Sie die Zigarette auch immer aus dem Mund, wenn Sie mit anderen sprechen. Die Lässigkeit eines Humphrey Bogart mit der Zigarette im Mundwinkel ist nicht mehr zeitgemäß.

Grundsätzlich machen Sie bei Ihren Vorgesetzten und Kollegen/Kolleginnen meist keinen guten Eindruck, wenn Sie sich als Kettenraucher/in präsentieren. Im Geschäftsleben ist Leistung gefragt und viele verbinden Rauchen mit Pause machen und Schwäche. Überlegen Sie sich also, in welchem Rahmen Sie rauchen wollen.

Durch das Rauchverbot in den Restaurants bleiben oft Nichtraucher alleine am Tisch sitzen, weil die anderen nach draußen gehen um zu rauchen. Das ist nicht sehr höflich. Achten Sie immer darauf, dass nicht alle den Tisch gleichzeitig verlassen und bleiben Sie nicht länger als eine „Zigarettenlänge" aus.

Bezahlen

Heute ist es kein Muss mehr, zum Bezahlen hinauszugehen, Sie können die Kreditkarte diskret zur Rechnung legen. Wenn Sie bar bezahlen, sollten Sie auf jeden Fall die Gäste verlassen und die Rechnung draußen an der Theke begleichen. Vergessen Sie nicht auf das Trinkgeld.

Es ist heute durchaus üblich, dass auch die Frau bezahlt, entweder, weil sie die Einladung ausgesprochen hat oder ihre Essensrechnung selbst begleichen möchte. Sagen Sie bereits bei der Bestellung, wenn Sie getrennt zahlen möchten. So kann der Kellner/die Kellnerin die Bestellungen unterschiedlich buchen, was beim Bezahlen eine Menge Zeit erspart.

Sollten Sie doch bei Tisch bezahlen wollen und haben vergessen, Bescheid zu geben, dann sagen Sie: „Ich möchte bezahlen", so weiß das Personal, dass Sie alles zusammengerechnet haben möchten und Ihre Gäste einladen. Wenn Sie sagen: „Wir möchten bezahlen" bedeutet das, dass jeder Gast eine gesonderte Rechnung haben möchte. Leider kommt es manchmal trotzdem vor, dass der Kellner/die Kellnerin fragt, ob sie getrennt oder zusammen zahlen möchten, dann wiederholen Sie es bitte klar. Üblich ist: Wer die Rechnung verlangt, bezahlt.

Trinkgeld

Wer Trinkgeld gibt, hat gute Leistung bekommen und versteht es als Anerkennung für einen guten Service. Der Begriff des Trinkgeldes ist schon sehr alt. Gut situierte Herrschaften haben ihren Dienern Münzen zugeworfen, damit die sich nach Dienstschluss betrinken konnten.

In Japan oder China gilt es fernab der großen Touristenzentren als Beleidigung, wenn man Trinkgeld gibt. In Ausnahmefällen kann hier ein kleines Geschenk gemacht werden, allerdings kein Bargeld. In Thailand und Malaysia hat man sich schon an das Trinkgeld gewöhnt.

In arabischen Ländern ist Trinkgeld nur in Hotels mit westlichem Standard üblich.

Regeln

Man kann davon ausgehen, dass es fast weltweit üblich ist, ca. 10 Prozent Trinkgeld zu geben. Die Ausnahme machen die USA, hier sind 15 bis 20 Prozent Trinkgeld („tip" oder „gratuity") üblich, weil es dort Teil des Lohns ist. In Großbritannien, Irland und Belgien hingegen wird das Trinkgeld bereits mitkassiert, mit dem Vermerk „service charge" auf der Rechnung, ansonsten gelten auch die üblichen 10 Prozent.

Die folgenden Punkte sind Durchschnittswerte und können leicht variieren:

Taxifahrer	10 Prozent
Gepäckträger	ca. 1 Euro (pro schweres Gepäckstück)
Zimmermädchen	1 bis 2 Euro pro Übernachtung
Housekeeping	1 bis 2 Euro für das Besorgen von Decken und Kissen
Zimmerservice	2 bis 5 Euro
Toilettenpersonal	25 Cent bis 1 Euro
Bar/Theke	1 Euro pro Drink (nicht bei Massenabfertigung)

Kellner/Pizzaservice	10 Prozent
Friseur/Kosmetiker	10 Prozent
Wellnessdienstleistung	10 Prozent
Empfangsportier	1 Euro für Koffertragen/Rufen eines Taxis
Autoparken	1 bis 3 Euro
USA Parkgehilfen	1 bis 2 Dollar
Besorgungsdienste	1 bis 3 Euro
Garderobe	1 bis 2 Euro
Besorgen von Karten für ausverkaufte Vorstellung	10 Euro
Schiffsreisen Kabinenpersonal	ca. 5 Prozent des Reisepreises für die gesamte Urlaubszeit
Zugschaffner	1 bis 5 Euro bei besonderen Hilfestellungen

Abschluss des Abends

Wenn Sie den Abend beenden möchten, brechen Sie nicht gleich nach dem Essen auf. Nach einer kleinen zwanglosen Plauderei fragen Sie nach den Plänen des nächsten Tages und berichten von den eigenen Verpflichtungen am Morgen.

Sie könnten fragen: „Was kann ich nun als Letztes noch für Sie tun?", oder: „Was möchten Sie zum Abschluss noch trinken?", und sich mit: „Wir freuen uns schon auf ein Wiedersehen!" verabschieden.

Tipp

So verlassen Sie das Restaurant: Die Dame geht voran, der Herr hilft ihr in den Mantel, wenn sie dies wünscht, hält ihr die Türe auf und geht hinter ihr aus dem Lokal.

Bei Pannen mit Gästen

- Ein umgestürztes Glas – kurz entschuldigen, eigene Serviette drauf, Personal rufen.
- Haben Sie die Kleidung eines Gastes verschmutzt, legen Sie nicht selbst Hand an. Bieten Sie an, die Reinigung zu übernehmen. Sollten Sie sich selbst bekleckert haben, erledigen Sie die Reinigung so gut es geht im Waschraum.
- Ist das Besteck oder die Serviette auf den Boden gefallen, lassen Sie sie liegen und verlangen Sie nach neuem Besteck oder neuer Serviette.
- Sollten Sie einen Gast beleidigt haben, vermeiden Sie es, sich bei Tisch zu entschuldigen, sondern tun dies später unter vier Augen oder am nächsten Tag schriftlich oder mündlich.

Was Sie bei Tisch vermeiden sollten

Manche Dinge haben sich zwar regional oder im privaten Rahmen eingebürgert und sind dort auch durchaus üblich. Dennoch gilt es, darauf hinzuweisen, dass Sie diese bei Geschäftsessen oder in gehobenem Ambiente unbedingt vermeiden sollten.

DER LÖFFEL ALS „WICKELHILFE"

Beim Aufwickeln der Spaghetti wird kein Löffel verwendet. Man nimmt nur wenige Nudeln, um einen großen Knäuel zu verhindern, und wickelt diese am Tellerrand auf die Gabel, bis kaum noch eine Nudel herunterhängt. Passiert es trotzdem, wird nicht abgebissen, sondern mit der Gabel nachgehoben. „Hineinschlürfen" in den Mund ist unmöglich.

Teller tauschen oder von anderen probieren

In gehobenen Restaurants gilt es als Affront, wenn Gäste nach Belieben die Teller tauschen. Eingedecktes Geschirr wird vom Gast nicht verrückt und es werden keine Versuchshappen über den Tisch gereicht. Sie können bei der Bestellung den Kellner bitten, ein bis zwei Happen vom Essen Ihres Partners auf einen kleinen Extrateller zu geben. Das wäre eine gute Lösung und damit entfällt auch das Kleckern auf das Tischtuch. Teller werden weder verschoben noch bewegt. Außerdem gehört es sich nicht, über den Teller zu greifen.

In rustikalen Lokalen wird die Etikette viel lockerer gehandhabt. Sie können dort gerne vom Partner einen Happen probieren, bitten dafür jedoch auch dort immer um einen Extrateller.

Doggy-Bag

Es gibt Gegenden, wo man sich die eigenen Essensreste einpacken lassen kann. Dies ist in Gasthäusern in Wien oft üblich, kaum in Salzburg und schon gar nicht in den großen Städten Deutschlands. In gehobenen Restaurants ist das ein Fauxpas, schon alleine deshalb, weil die Portionen klein sind.

Zahnstocher, Lippenstift und Puderdose

Manchmal kann es passieren, dass ein Speiserest zwischen Ihren Zähnen hängen bleibt. Eine unangenehme Situation, da er dauernd stört und man so rasch wie möglich wieder ungehindert sprechen möchte. Den Zahnstocher verwenden Sie bitte niemals bei Tisch, auch nicht hinter vorgehaltener Hand. Sie ersuchen also möglichst unbemerkt um einen Zahnstocher, verlassen den Gastraum und erledigen das Reinigen der Zähne im Waschraum. In Amerika gehört es zum guten Ton, eine kleine Dose Zahnseide dabei zu haben.

Auch das Nachziehen der Lippen oder Pudern des Gesichtes sowie Kämmen sind bei Tisch verpönt. Allzu oft schneiden die Frauen Grimassen dabei und beäugen sich ausgiebig im Spiegel. Das ist nicht sehr stilvoll. Erledigen Sie auch das im Waschraum, wo Sie ungestört und vor allem unbeobachtet sind.

Regeln

- Mit offenem Mund zu kauen oder mit vollem Mund zu sprechen gehört zu den großen Tabus.
- Ebenso sind Schlürfen und Schmatzen absolute Tabus.
- Wenn Sie mit dem Essen fertig sind, stapeln Sie bitte nicht die leer gegessenen Teller oder stellen Ihren Salatteller auf den Teller des Hauptgerichts. Sie helfen damit dem Personal nicht, denn es hat eine eigene Ordnung beim Abservieren.

Tipp

Um einen Kaugummi loszuwerden, werfen Sie ihn in Papier eingewickelt in den Mülleimer. Überall, wo Menschen in ein Gespräch kommen könnten, ist es klüger, auf Kaugummi zu verzichten. Im Berufsleben ist Kaugummi kauen ein Fauxpas.

Wie isst man was?

Ein Restaurantbesuch oder eine Geschäftseinladung sind erst dann gelungen und erfolgreich, wenn Sie wissen, wie die einzelnen Speisen gegessen werden, und Sie sich völlig entspannt all das von der Speisekarte bestellen können, worauf Sie Lust haben. Damit Sie beim Lesen der Karte keine Ausdrücke entdecken, die Ihnen nicht geläufig sind, finden Sie hier die wichtigsten beschrieben und erfahren, was Sie auf dem Teller erwarten wird. Ein paar kleine Tricks und etwas Neugier sind die richtigen Voraussetzungen. Um Ihnen den Überblick und die Suche zu erleichtern, sind die Speisen in alphabetischer Reihenfolge angegeben.

Gerichte und Getränke in alphabetischer Reihenfolge

Aperitif wird ein appetitanregendes Getränk vor dem Essen genannt, zum Beispiel Champagner, Sekt, Sherry, trockene Weine, Campari. Bier ist kein Aperitif, wird aber gerne statt des Aperitifs gereicht.

Amuse-Gueule nennt man eine kleine Vorspeise, die unbestellt serviert wird und als Aufmerksamkeit des Hauses zu verstehen ist. Das Besteck wird immer dazu serviert, weil es nicht eingedeckt ist.

Artischocken sind ein Edelgemüse aus der Familie der Distelpflanzen. Für diese Vorspeise verwenden Sie die Finger und zupfen von außen nach innen Blatt für Blatt heraus. Mit dem hellen Teil nach unten dippen Sie das Blatt in eine Soße und streifen den Inhalt mit den Zähnen heraus. Sind alle Blätter weg, wird der Boden mit dem ungenießbaren „Heu" frei. Sollte das Heu nicht schon vom Koch entfernt worden sein, schneiden Sie es mit dem Besteck weg und legen Sie es zur Seite, den leckeren Boden essen Sie mit Messer und Gabel. Dieses Gericht erfordert eine Fingerschale zum Säubern der Finger.

Austern werden roh gegessen und dürfen ausnahmsweise geschlürft werden. Halten Sie die frisch vom Koch aufgebrochene Auster auf dem Teller mit der Hand fest. Mit der Austerngabel lösen Sie das Fleisch vom Muskel, beträufeln es dann mit etwas Zitrone und nehmen die Schale mit dem gelösten Muskelfleisch zum Mund, um sie möglichst geräuschlos auszuschlürfen. Es werden immer nur zwei oder drei Austern gegessen, da sie sehr eiweißhaltig und nicht für alle verträglich sind.

Avocados werden meist halbiert und mit Krabben gefüllt als Vorspeise serviert. Stechen Sie das Fruchtfleisch zusammen mit der Fülle mit einem kleinen Löffel aus der Schale. Dabei können Sie die Avocado mit einer Hand sanft festhalten.

Belegte Brote werden im Restaurant auf Tellern serviert und wie jede andere Speise mit Messer und Gabel gegessen.

Bouillabaisse ist eine französische Fischsuppe. Zwar löffeln Sie die Suppe, dürfen aber die Fischeinlage, wenn sie größer und sehr fest ist, mit dem Besteck schneiden. Krustentiere brechen Sie mit der Hand und legen die Schalen auf den Unterteller der Suppentasse, daher erfordert dieses Gericht eine Fingerbowle.

Brot oder Toast zur Vorspeise gereicht, wird in mundgerechten Stücken abgebrochen, niemals abgebissen. Sie bestreichen das Stück mit dem dazugehörigen Buttermesser und führen es mit der Hand zum Mund. Bitte nicht die kleinen Brotscheiben mit Butter bestreichen und abbeißen! Zum Frühstück ist es allerdings erlaubt, die Semmel und das Brot ganz zu bestreichen.

Chips an der Bar isst man nur mit einer Hand. Nehmen Sie nur einzelne Chips heraus und nicht gleich eine Handvoll. Sollte Ihnen das zu wenig sein, so legen Sie mit einem Löffel mehrere Chips auf einen kleinen Teller. Das ist für alle anderen Chipsfans hygienischer und appetitlicher.

Cocktailfrüchte dienen vorwiegend als Dekoration, können aber gegessen werden. Steckt am Rand des Cocktailglases eine Orangenscheibe, lassen Sie diese jedoch dort, sofern sie beim Trinken nicht stört. Die Scheibe bitte nicht auslutschen.

Die Olive im Martini, wenn sie nicht aufgespießt ist, greifen Sie mit Daumen und Zeigefinger aus dem geleerten Glas heraus und genießen sie.

Dekoration auf den Tellern darf gegessen werden. Es gibt Köche, die essbare Dekoration, ob aus Kräutern, Obst oder Blumen, zu einem wahren Kult erheben. Diese sind meist ein unerwartetes Gaumenerlebnis.

Digestif wird ein stark alkoholisches Getränk nach dem Essen genannt, wie zum Beispiel Cognac, Schnaps, Grappa oder Kräuterlikör.

Eier, weich gekocht, essen Sie bitte nie mit einem Silberlöffel, sondern mit einem Eierlöffel. Heben Sie mit einem kleinen Löffel die Eikuppe ab oder köpfen Sie das

Ei mit dem Messer, nehmen Sie die Kuppe in die Hand und löffeln Sie sie wie das ganze Ei aus.

Erdnüsse werden wie Chips gegessen, siehe dort.

Farce heißt im Küchen-Französisch eine feine Füllung für Fisch, Fleisch, Geflügel und vor allem Pasteten.

Fingerbowle oder Fingerschälchen werden Ihnen mit einem Gericht serviert, das Sie teilweise mit den Fingern essen. Es ist eine Schale mit warmem Wasser und einer Zitronenscheibe darin. Bevor Sie wieder zum Besteck wechseln, tauchen Sie die Fingerspitzen in die Fingerbowle und trocknen sie anschließend mit der Extraserviette ab, was Sie öfter tun können. Wenn Sie diese Serviette nicht mehr brauchen, legen Sie sie rechts ab, damit sie abserviert wird. Leider sind mit der Fingerbowle schon viele Missgeschicke passiert.

Fisch wird entweder von der Bedienung filetiert und vorgelegt, wenn Sie das wünschen, oder als Ganzes auf einer Platte serviert. Sie zerlegen den Fisch ausschließlich mithilfe Ihres Bestecks und legen die Reste zurück auf die Platte.

Zuerst schneiden Sie die Bauch-, Rücken- und Schwanzflosse ab, hinter dem Kopf wird leicht eingeschnitten. Anschließend lösen Sie das oben liegende Filet ab, indem Sie einen Schnitt vom Kopf bis zum Schwanz entlang des Rückgrats oder in der Mitte machen. Sollten Sie die Haut nicht essen wollen, rollen Sie diese nun über das Messer ab und legen sie auf den Extrateller. Das frei liegende Filet lösen Sie mit dem Fischmesser einmal nach oben und unten. Mit Messer und Gabel heben Sie die Mittelgräte vom Schwanz zum Kopf hin samt diesem ab und legen sie auf den Grätenteller. Bleiben dabei noch Gräten im Fleisch stecken, werden diese mit (Fisch-)Messer und Gabel beiseitegelegt, sie dürfen auf keinen Fall mit den Fingern herausgezogen werden. Die Bäckchen mancher Fischarten, unterhalb der Augen, neben den Kiemen gelegen, gelten als Delikatesse. Heben Sie diese Leckerbissen mit der Gabel vorsichtig heraus.

Weicher Fisch wird mit dem Fischbesteck gegessen. Das Messer hat keine Schneide und dient nur als Schieber. Deshalb werden feste Fische wie Matjes oder Fischgerichte mit Beilagen mit dem normalen Besteck gegessen. Die Bedienung wechselt Ihr Besteck unaufgefordert aus, sollten Sie Fisch im Restaurant bestellen.

Tipp

Stoßen Sie bei Fischgerichten auf eine Gräte, entfernen Sie sie mit vorgehaltener Hand mit Daumen und Zeigefinger aus dem Mund und legen sie auf den Tellerrand. Das ist keine ganz zweifelsfreie Entsorgung, aber bestimmt ansehnlicher als das umständliche Bugsieren mit der Zunge auf die Gabel.

Folienkartoffeln werden meist mit einem kleinen Löffel aus der Folie und Schale gelöst, können aber auch mit Messer und Gabel gegessen werden.

Fondue wird mit langen, schmalen Fonduegabeln serviert. Damit tauchen Sie rohe Fleischstücke oder Gemüseteile in heißes Öl oder Suppe und legen sie auf den Fondueteller. Von dort essen Sie das selbst Gegarte mit Beilagen und Soßen mit dem normalen Essbesteck.

Beim Käsefondue tauchen Sie Weißbrotstücke in eine heiße Käsemischung.

Schokoladefondue ist zwar sehr üppig, aber eine abwechslungsreiche Nachspeise, bei der Obststücke in heiße Schokolade getunkt werden.

Garnelen brechen Sie hinter dem Kopf ab. Das hat zur Folge, dass sich der Panzer vom Schwanz löst und das Fleisch zum Verzehr bereit liegt, ansonsten lösen Sie das Fleisch mit den Fingern aus dem Panzer. Säubern Sie sich dann die Finger in der Fingerbowle und essen Sie das ausgelöste Fleisch mit der Hand oder der Gabel. Den schwarzen Faden des Darmes entfernen Sie mit dem Fischmesser oder der Gabel.

Geflügel darf im Restaurant nicht mit der Hand gegessen werden. Für das Filet nehmen Sie bitte Messer und Gabel zur Hand. Nur in Hendlstationen, manchen Gasthäusern und im Bierzelt ist es erlaubt, mit den Fingern zu essen. Zum Abwischen erhalten Sie ein Erfrischungstuch.

Hummer wird im Restaurant üblicherweise halbiert und soweit vorbereitet serviert, dass Sie bei Tisch keine Hummerzange benötigen. Die Hummergabel ist keine Essgabel, sondern dient nur zum Herausholen des Fleisches. Auch hier geht es nicht ohne Finger und anschließender Fingerbowle.

Kartoffeln können Sie mit der Gabel trennen oder mit dem Messer schneiden. Das Zerquetschen der Kartoffel in der Soße sieht nicht appetitlich aus, Sie sollten es deshalb vermeiden.

Kaviar wird üblicherweise auf Eis gelagert in der Dose serviert. Kaviar nehmen Sie mit einem Holz- oder Perlmuttlöffel portionsweise auf den Teller. Mit dem eigenen Kaviarmesser legen Sie ihn auf das Toastbrot oder den Blin. Verwenden Sie bei Kaviar kein Silberbesteck!

Käse und Brot stecken Sie nacheinander in den Mund. Mit der Gabel nehmen Sie den Käse, mit der Hand das Brot. Bei Weichkäse spricht nichts dagegen, kleine Brotstücke damit zu bestreichen.

Kiwi löffeln Sie aus der Schale. Sie wird allerdings nicht geköpft, sondern der Breitseite nach durchgeschnitten. Dann wird die reife Frucht mit einem Dessert- oder Eierlöffel verspeist.

Knödel schneiden Sie nicht mit dem Messer, weil die scharfe Schnittfläche nicht die Aufnahme der Soße ermöglicht. Nur wenn Sie mit einer Gabel Ihre Knödel trennen, binden sie auch die Soße.

Kompott bekommen Sie in einer Schale serviert und löffeln es. Obstkerne nehmen Sie mit dem Löffel von Ihren Lippen ab und legen sie auf den Unterteller. Kerne bitte nicht ausspucken.

Krebse werden selten im Ganzen serviert. Wenn doch, bekommen Sie ein gelochtes Krebsmesser und eine zweizackige Gabel zum Zerlegen des Krustentieres, essen das Fleisch aber mit Ihrem gewöhnlichen Besteck.

Kuchen essen Sie mit der Kuchengabel. Der Kuchenlöffel hilft nach, wo der Gabelstich nicht ausreicht.

Mehlspeisen werden nicht mit dem Messer geschnitten. Sollte nur eine Gabel zur Verfügung stehen, ist es klar. Ist ein Löffel mit eingedeckt, so verwenden Sie ihn anstatt eines Messers und nehmen die Bissen von der Gabel in den Mund. Schaufeln Sie die süße Köstlichkeit bitte nicht mit Gabel und Löffel von beiden Seiten, sondern bleiben Sie bei der Gabel.

Muscheln erhalten Sie in der Schale in einem Sud oder bereits unter das Gericht gemischt. Muscheln, die sich beim Kochen nicht geöffnet haben, legen Sie beiseite, sie könnten verdorben sein. Nehmen Sie eine leere Muschelschale in die rechte Hand und holen mit ihr das Muskelfleisch aus der nächsten Muschel. Diese „Zangenmuschel" mit dem Muschelfleisch führen Sie zum Mund und essen so die Muscheln. Dann nehmen Sie wieder das Besteck auf, wenn Sie andere Teile des Gerichts essen. Auch hier ist eine Fingerschale notwendig.

Obst bekommen Sie mit langen spitzen Messern serviert und essen es mit dem etwas kleineren Obstbesteck oder Sie verwenden z. B. bei einem Apfel die rechte Hand zum Schneiden und halten das Obststück mit der Hand fest. Kirschen, Erdbeeren oder andere kleine Beeren essen Sie mit einem Löffel oder als Nachspeise direkt vom Dessertteller mit der Hand. Liegen Weintrauben in einer Schale für Gäste bereit, so nehmen Sie von dort nicht jeweils eine einzelne Beere, sondern zupfen einen Traubenast von der Traube und essen diese Beeren.

Palatschinken werden mit dem Löffel geschnitten und mit der Gabel zum Mund geführt.

Pizza wird in der Pizzeria bzw. im Restaurant mit Messer und Gabel gegessen. Nur beim Stehimbiss können tortenförmige Stücke ohne Messer und Gabel mit der Hand gegessen werden. Sie beißen von der Spitze in Richtung dickwulstigen Rand ab.

Püree wird mit der Gabel und nicht mit dem Löffel gegessen.

Salzteigkruste ist eine spezielle Zubereitungsart. Sie wird zer- oder abgeklopft und keinesfalls gegessen, sondern auf dem Teller beiseitegeschoben.

Soßen werden nicht mit dem Brot aufgetunkt, sondern mit dem Soßenlöffel aufgenommen, außer in Frankreich, dort dürfen Sie tunken.

Scampi in der Schale werden mit den Fingern unten aufgebrochen und die Schale heruntergezogen, aber mit Messer und Gabel gegessen (Fingerbowle!). Liegen die Scampi schon halbiert in der Schale auf dem Teller, lösen Sie das Fleisch mit der Gabel heraus und essen mit Besteck.

Schnecken sind sehr einfach zu essen, da sie nur als Dekoration in die Schneckenhäuser gesteckt sind und sich leicht lösen. Mit der linken Hand nehmen Sie mit der Schneckenzange ein Schneckenhaus auf, ziehen mit der kleinen Schneckengabel das Fleisch heraus und legen es dann auf den Löffel im Teller. Gießen Sie die würzige Soße darüber und führen den Löffel zum Mund. Hier darf ausnahmsweise das Brot in die Soße getunkt werden, was sonst nicht erlaubt ist.

Sorbet wird zur Geschmacksneutralisierung zwischen Fisch- und Fleischgerichten serviert. Es ist ein angenehm kühlendes, auf Wasserbasis hergestelltes Fruchteis, das den Gaumen beruhigt und für den nächsten Gang vorbereitet. Manchmal ist auch ein Schuss Alkohol darin.

Spaghetti werden wie alle anderen Nudelgerichte nur mit der Gabel gegessen, aber niemals geschnitten, auch wenn sie noch so lang erscheinen. Mit der aufgestellten Gabel nehmen Sie drei bis fünf Spaghetti auf und drehen diese am Tellerrand um die Gabel, bis sie aufgewickelt sind. Diesen Bissen schieben Sie in den Mund und heben bei Bedarf mit der Gabel nach.

Spargel darf mit dem Messer in Stücke geschnitten werden und wird mit dem Besteck gegessen.

Sushi und Sashimi sind schmackhafte asiatische Reishäppchen in Algenblättern mit Fisch- oder Gemüsefülle. Sie werden ungeteilt mit Stäbchen zum Mund geführt und gegessen.

Suppen werden häufig in Suppentassen, gebundene oder cremige Suppen in tiefen Tellern serviert.

Die Suppentasse dürfen Sie, nur wenn sie klare Suppen beinhaltet, an einem Henkel anheben und den Rest austrinken. Den Löffel lassen Sie nicht in der Tasse stehen, sondern legen ihn auf die Untertasse.

Aus tiefen Tellern können Sie den Rest der Suppe durch dezentes Neigen des Tellers löffeln. Dazu neigt man den Teller von sich weg, nicht zu sich hin. Stilvoller ist es, den Teller gar nicht zu neigen und das bisschen Suppe übrig zu lassen.

Tartar ist rohes, klein gehacktes Fleisch vom Rind oder auch Fisch und wird mit Messer und Gabel gegessen. Wer Brot dazu isst, bricht es sich ab und schiebt es nachträglich in den Mund.

Tee bekommen Sie entweder mit einem Teebeutel serviert oder besonders stilvoll zum Aufgießen mit heißem Wasser. Den Teebeutel nehmen Sie am Faden aus der Kanne oder Tasse, legen ihn auf den Teelöffel und umwickeln das Ganze mit dem Faden, um ihn auszudrücken. Legen Sie den Teebeutel auf die Untertasse oder einen bereitgestellten Behälter.

Wo Teekultur hoch gehalten wird, bekommen Sie zu Ihrer Porzellan- oder Glaskanne mit den losen Teeblättern eine weitere Kanne, zumeist aus Metall, gefüllt mit heißem Wasser. Mit dem heißen Wasser gießen Sie Ihren Tee in der Tasse immer wieder auf, da er in der Teekanne stark oder bitter werden kann, wenn er länger zieht.

Trüffeln sind sehr teure, intensiv schmeckende Pilze, die von der Bedienung mit einem Trüffelhobel über die servierte Speise am Tisch gerieben werden. In manchen Restaurants werden die Trüffeln nach der abgeriebenen Menge berechnet, was teuer werden kann. Abgesehen davon, verdirbt zu viel Trüffel das Essen eher, als es zu bereichern.

Weißwurst kann man auf verschiedene Arten essen. Eine Möglichkeit ist, sie in ihrer Breite zu teilen: Die Haut beider Teile an der Längsseite bis zum jeweiligen Wurstende anritzen, mit der Krummseite der Gabel die angeritzte Haut halten und die Wurstfüllung mit dem Messer im Schiebeverfahren ablösen. Aussaugen oder andere Essweisen eignen sich für den Würstelstand, aber nicht für das Restaurant.

Würstchen wie Frankfurter oder Wiener Würstchen dürfen Sie mit der Hand in den Senf und Kren tunken und essen. Die Semmel oder das Brot brechen Sie in kleine Stücke und schieben es nach.

Zitronen werden in Vierteln oder Scheiben serviert. Beim Zitronenviertel stecken Sie die Gabel unter der Schale hinein und entsaften mit Daumen und Zeigefinger. Zitronenscheiben legen Sie mit der Gabel auf das Fleisch und drücken den Saft mit der Gabel aus.

Tipp

Wenn Sie nicht wissen, wie Sie ein Gericht essen sollen, fragen Sie ruhig das Servicepersonal oder eine vertraute Person, auch wenn Sie in einer größeren Runde sind. Es macht Sie nur sympathisch und erspart Ihnen womöglich eine unangenehme Situation.

Tipp

Wenn Sie öfter zu Geschäftsessen einladen, legen Sie eine Gästekartei
an, die Ihnen hilfreiche Informationen für die nächste Einladung liefert.

NAME _____ Vorname _____

Bevorzugte Speisen _____

Mag nicht so sehr _____

Bevorzugte Weinsorte _____

Isst aus religiösen/ethischen Gründen nicht: _____

Diabetiker/in: ja ____ / nein ____

Vegetarier/in: ja ____ / nein ____

Raucher/in: ja ____ / nein ____ Rauchwarenmarke _____

Sonstiges _____

Stimmt das?

WIE ISST MAN HÜHNERKEULEN?

Hühnerkeulen (Deutschland) oder Hendlhaxl (Österreich) werden in feinen Restaurants nicht mit der Hand gegessen, weil sie nicht zu den offiziellen Fingergerichten wie im Panzer servierte Schalen- und Krustentiere zählen. Auch Muscheln, sofern sie nicht überbacken sind, Artischocken, Spareribs und beim Geflügel nur die Wachtel sind Fingergerichte.

Im Biergarten, bei Volksfesten oder in der Hühnerbraterei werden Hühnerkeulen durchaus mit den Fingern gegessen. In Restaurants wird erwartet, dass Sie mit Messer und Gabel essen. Chicken Wings werden überall mit den Fingern gegessen, anschließend werden die Hände mit einer Papierserviette oder mit einem verpackten kleinen nassen Zitronentuch gereinigt.

DARF AUS DER SUPPENTASSE GETRUNKEN WERDEN?

Immer wieder heißt es, dass aus einer Suppentasse mit Henkel getrunken werden darf. Das stimmt nur bedingt. Nur eine klare Suppe darf ausgetrunken werden, aber erst nachdem die Einlage ausgelöffelt wurde. Das gilt allerdings nicht für große Suppentassen, sondern ausschließlich für kleine, die etwa so groß wie eine normale Kaffeetasse sind. Sie werden nur an einem Henkel gefasst, auch wenn sie zwei haben.

ZAHNSTOCHER BEI TISCH

Früher war es üblich, den Zahnstocher hinter vorgehalter Hand zu benutzen. Heute wird der Zahnstocher bei Tisch nicht mehr verwendet. Sie fragen nach einem Zahnstocher und gehen damit hinaus, um in den Nassräumen Ihre Zähne zu reinigen.

DARF SALAT GESCHNITTEN WERDEN?

Früher durfte man es nicht, heute darf Salat mundgerecht geschnitten werden.

BESTECKSPRACHE: ES HAT MIR NICHT GESCHMECKT!

Diese Bestecksprache gibt es heute nicht mehr. Es gibt nur noch zwei Aussagen:
* Offenes, mit den Spitzen zur Tellermitte abgelegtes Besteck heißt: „Ich esse noch."
* Rechts auf 16:30 Uhr abgelegtes Besteck heißt: „Ich bin fertig mit dem Essen."
Siehe auch Seite 185.

MIT WASSER WIRD NICHT ANGESTOSSEN!

Das hat sich verändert. Wenn der Gastgeber sein Glas erhebt und eine/r trinkt, aus welchen Gründen auch immer, nur Wasser, wäre es unhöflich, diese/n aus der Gemeinschaft auszuschließen. Am schönsten ist das mit einem Stielglas. Man darf heute aber auch mit einem normalen Wasserglas anstoßen. Es wird ja nicht auf das Getränk, sondern auf die Personen oder den Anlass angestoßen.

Geschäftsreisende
im Hotel

„Arbeitnehmer/in mit Mobilität und Flexibilität gesucht" bedeutet in den heutigen Jobanzeigen, dass sie viel unterwegs sein werden und häufig in Hotels übernachten.

Selbstverständlich gibt es erhebliche Unterschiede in Hinblick auf Ihre Unterkunft. Manche Menschen steigen gerne in kleinen Pensionen ab, wo sie als Hausgast besonders freundlich und familiär aufgenommen werden. Andere wieder lieben das Flair und die Anonymität internationaler Hotels. Dazwischen gibt es verschiedene Klassen an Hotelunterkünften. Informieren Sie sich vorab, was Sie in der von Ihnen gewählten Unterkunft an Annehmlichkeiten und Diensten erwartet. Einige Grundprinzipien gelten für jedes Haus, unabhängig von Größe, Preis oder Kategorie:

Das Zimmerpersonal ist nur für die Handtücher, das Bettenmachen und das Reinigen von Zimmer und Bad zuständig. Außer der Nachtkleidung dürfen keine persönlichen Dinge angefasst oder gar weggeräumt werden. Hinterlassen Sie daher Ihr Zimmer tagsüber so, dass diese Aufgaben leicht zu erfüllen sind.

Bedienen Sie sich aus der Minibar, so schauen Sie zuerst die Preisliste an, damit Sie beim Bezahlen keine unangenehme Überraschung erleben. Tragen Sie alles, was Sie an Getränken und Knabbereien konsumieren, in die dafür bereitgelegte Liste ein und nehmen Sie diese zum Bezahlen mit.

Regeln

- Treten Sie souverän und freundlich auf, auch wenn Sie müde und abgespannt sind.
- Halten Sie sich an das Ruhebedürfnis der anderen Gäste, egal zu welcher Tageszeit.
- Sind Sie zum Personal freundlich, können Sie auch eine zuvorkommende Bedienung erwarten.
- Angemessenes Trinkgeld kommt immer gut an.

Hotelsouvenir?

Als Hotelsouvenirs dürfen Sie nur das mitnehmen, was im Badezimmer für den Gast an Kosmetikartikeln bereitgestellt und nicht nachfüllbar ist. Was wiederbefüllbar ist, Textilien, Einrichtungsgegenstände, Aschenbecher, Dekorationsgegenstände sowie

Handtücher oder Fön sind Eigentum des Hotels und dürfen keinesfalls mitgenommen werden, sonst begehen Sie Diebstahl!

In manchen erstklassigen Hotels finden Sie als Gast ein kleines Geschenk mit einem Kärtchen „Mit Empfehlung des Hauses ...", das können Sie natürlich mitnehmen, ebenso eindeutige Werbeartikel wie Zündhölzer, bedruckte Kugelschreiber und ähnliches. Steht ein Obstkorb für Sie bereit, so dürfen Sie sich nur beim Obst bedienen, nicht aber Korb, Messer oder Stoffservietten einpacken. Bei besonders prestigeträchtigen und renommierten Häusern können Sie Souvenirs in einem kleinen Hotelshop kaufen.

Die Ankunft

Freundlichkeit und Serviceleistungen des Empfangs sind das Aushängeschild eines jeden Hotels. Schauen Sie sich beim Betreten einer Hotelhalle oder einer Pension ein bisschen um, damit Sie einen Eindruck vom Stil des Hauses bekommen. Die Hotelkategorie entscheidet, ob Sie bei der Ankunft Ihr Gepäck selber bis zum Empfang tragen müssen oder ob Ihnen ein Hotelpage dabei behilflich ist. Nach den Anmeldeformalitäten erkundigen Sie sich gleich, wann Sie am Abreisetag das Zimmer zu räumen haben. Nur in Ferienhotels werden Sie zum Zimmer begleitet und es werden Ihnen die Räumlichkeiten samt Bad gezeigt. Im Businesshotel ist das nicht üblich.

Internationale Hotels

In Hotels der obersten Kategorie brauchen Sie nach Ihrer Ankunft buchstäblich keinen Handgriff mehr selbst zu tun, auch die Eintragung ins Gästebuch müssen Sie nur noch unterschreiben. Allerdings wird von Ihnen erwartet, dass Sie sich Ihrer Umgebung entsprechend unauffällig benehmen und stilgerecht gekleidet sind.

Regeln

- Kommen Sie mit dem Auto, übernimmt der „Doorman" die Autoschlüssel und parkt den Wagen. Der „Boy" trägt Ihr Gepäck automatisch aufs Zimmer.
- Der „Concierge" oder „Portier" ist der bestinformierte Mitarbeiter in diesem Haus und steht Ihnen mit allen Informationen sowie Theaterkarten oder anderen Anliegen jederzeit zur Verfügung.
- Trinkgeld geben Sie dann, wenn Ihnen Arbeiten wie z. B. Koffer tragen abgenommen wurden. Dabei richtet sich die Höhe nach der Anzahl der Gepäckstücke. – Siehe dazu das Kapitel „Trinkgeld", Seite 194.
- Trinkgeld geben Sie für jede extra Leistung auch dem Portier.

„Gute Häuser"

In allen Häusern niedrigerer Kategorien oder typischen Geschäftshotels ist es üblich, sein Gepäck selbst zumindest bis zur Rezeption zu tragen. Die Person, die am Empfang steht, ist über alle Gäste und Dienste informiert. Hier bekommen Sie auch die notwendigen Auskünfte oder können ein Taxi bestellen, Flugzeiten checken lassen und vieles mehr.

Tipp

Wenn Sie nach einer langen Reise zu müde für die Anmeldeformalitäten sind, ersuchen Sie um Aufschub. Die/der Diensthabende beim Empfang wird Sie gerne wieder daran erinnern.

Das Hotelpersonal

Stil haben nur Personen, die auch mit Menschen geringerer Positionen, Dienstleistern/Dienstleisterinnen und Hotel-, oder Reinigungspersonal ebenso höflich umgehen wie sie es gleichgestellten Geschäftspartnern/-partnerinnen gegenüber tun. Als höflicher Gast werden Sie wesentlich mehr geachtet! Personal ist hier besonders sensibel, weil ihm in diesem Beruf die absonderlichsten Situationen unterkommen.

Anhand der hotelinternen Telefonliste können Sie sich schlau machen, welchen Service Sie in Ihrem Hotel zu erwarten haben und wofür Ihnen Personal zur Verfügung steht. Denken Sie daran: Ein Gast, der glaubt, durch einen hohen Zimmerpreis oder ein überzogenes Trinkgeld das Recht erkauft zu haben, sich schlecht benehmen zu dürfen, gilt keinesfalls als gut erzogene Person. Sie dürfen in solchen Situationen keinen Respekt mehr erwarten. Menschen mit Stil behandeln alle Menschen mit Würde, Respekt und Anstand.

Regeln

- Grüßen Sie Personal so freundlich wie möglich, aber nicht mit Händeschütteln – außer Sie sind Stammgast.
- Fragen Sie nach dem Namen des Kellners/der Kellnerin oder des Zimmerpersonals.
- Rufen Sie den Etagenkellner/die Etagenkellnerin, seien Sie bitte zumindest mit einem Bademantel bekleidet, besser ist in diesem Fall mehr.
- Geben Sie Trinkgeld in die Hand und stecken Sie es nicht irgendwo in die Kleidung des Hotelpersonals.
- Fragen und ersuchen Sie das Personal in einem höflichen Ton um seine Dienste.

Mit dem Schild „Bitte nicht stören" informieren Sie das Zimmerpersonal, dass Sie Ruhe wünschen. Hängen Sie daher dieses Schild bereits abends hinaus, damit Sie morgens nicht vom Reinigungspersonal überrascht werden. Erst wenn Sie soweit sind und das Zimmer am späteren Vormittag verlassen, hängen Sie das Schild „Bitte Zimmer aufräumen" hinaus.

Das Zimmer beziehen

Das Zimmer wird Ihnen immer vom Personal gezeigt, außer in Businesshotels. Der Herr/die Dame, der/die Sie begleitet, stellt sich mit Namen vor und informiert Sie, wo Waschräume, Minibar, Zimmersafe und Schränke sind, wie Klimaanlage oder Heizung, Telefon, Internetanschluss und Fernsehapparat funktionieren und wo Sie nach dem Personal klingeln können. Außerdem erfahren Sie, an welche Essenszeiten Sie sich halten sollen. Bedanken Sie sich mit einem kleinen Trinkgeld dafür.

Regeln

- Schlafen Sie länger als eine Nacht in diesem Zimmer, räumen Sie Ihre Kleidung in den Schrank.
- Wenn Sie nach dem Etagenkellner/der Etagenkellnerin rufen, seien Sie nicht ungeduldig.
- Überschreiten Sie beim Fernsehen und Telefonieren nicht die Zimmerlautstärke.
- Beachten Sie die Hinweise auf den Wäschewechsel – gebrauchte Handtücher auf den Boden, außer es ist tägliches Auswechseln der gesamten Wäsche üblich.

Sollten Sie Beschädigungen in Ihrem Zimmer bemerken, melden Sie diese gleich an der Rezeption, damit sie erstens behoben und zweitens nicht irrtümlich auf Ihre Rechnung gesetzt werden.

Der kleine Gruß

Die breiten Treppenhäuser und Gänge großer internationaler Hotels mit vielen Gästen verlangen keinen Gruß im Vorbeigehen, das wäre zu viel. Je schmaler die Treppen und je intimer das Hotel, umso näher kommt man sich auch körperlich und bedankt sich, wenn jemand Platz zum Vorbeigehen macht. Ab diesem Zeitpunkt sind Sie keine Fremden mehr, sondern nicken einander zu oder grüßen. Bleiben Sie einige Tage in so einem großen Haus, so grüßen Sie fremde Menschen, denen Sie öfter am Tag begegnen. Dieser „kleine Gruß" kann sein: „Guten Tag", „Grüß Gott", „Guten Morgen", „Einen schönen Tag", auch wenn Sie sonst keine Worte wechseln. Sind Sie nur eine Nacht im Hotel, so bleiben Sie mit den anderen Gästen fremd. Ihr Taktgefühl sagt Ihnen, wo höfliche Distanz und freundliches Grüßen angebracht sind.

Im Aufzug

Freundliches Grüßen oder ein paar Worte wechseln gehört im Aufzug dazu. Sie haben sicher schon oft die unangenehme Stille in einem Lift erlebt, wenn alle Mitfahrenden betreten auf die Etagenanzeige oder in die Luft starren und keiner weiß, was man sagen könnte. Auch hier ist der „kleine Gruß" zumindest ein Anfang, das Schweigen zu durchbrechen und höflich zu sein.

Speiseraum, Hotellobby und Hotelbar

Für Hotelrestaurants gelten grundsätzlich die gleichen Regeln wie in ganz normalen Restaurants der gleichen Kategorie. Korrekte Kleidung zum Frühstück, Mittagessen oder Abendessen ist Voraussetzung.

Es gilt als äußerst respektlos, wenn Sie in Jogginganzug oder legerer Sportkleidung zum Frühstück erscheinen, außer es ist Stil des Hauses. Auch ist es üblich, dass Herren ihr Sakko bei allen Mahlzeiten anbehalten. Auf einer Terrasse sind die Kleiderregeln etwas lockerer als im geschlossenen Lokal. Businesskleidung oder korrekte sportliche Kleidung passen zu jeder Mahlzeit, außer es ist abends ein festliches Dinner angesagt.

In Sport- oder Wellnesshotels gelten für die Gäste besondere Regeln der Bequemlichkeit. Achten Sie darauf, ob es einen extra Lift für den Besuch der Fitness- oder Gesundheitszonen gibt, denn auch hier gilt es als stillos, mit den Badeschlapfen und dem Bademantel durch die Hotellobby zu spazieren – außer es geht nicht anders. In vielen Hotels sind die Frühstücksräume schon als handyfreie Zone deklariert, halten Sie sich bitte daran und genießen Sie selbst ein ruhiges Frühstück. Meist suchen Sie sich Ihren Platz selber aus und bestellen, was Sie an warmen Getränken zum Frühstück möchten. Das Frühstücksbuffet hat sich weitgehend durchgesetzt und Sie können selber wählen, wonach Ihnen zum Start in den Tag ist.

Regeln

- Fassen Sie Essbares nicht mit der Hand an, sondern mit der Brot- oder Kuchenzange und verwenden Sie das Brottuch zum Schneiden des Brotes.
- Nehmen Sie nur so viel, wie Sie tatsächlich essen werden.
- Beugen Sie sich beim Anstellen nicht über andere Leute und greifen Sie ihnen nicht vor.
- Essen und trinken Sie erst bei Tisch in aller Ruhe.
- Nehmen Sie nichts Essbares aus dem Frühstücksraum mit oder richten sich womöglich eine Jause für später.

Der Gast und sein Tisch

Im Frühstücks- oder Speiseraum sorgen das Personal oder in kleineren Häusern die Inhaber für einen Platz, der Ihnen zugewiesen wird. Diese übernehmen die Tischordnung für Sie und sind auch dafür verantwortlich, dass nicht plötzlich eine fremde Person unerwartet an Ihrem Tisch sitzt. Sollte doch jemand an Ihren Tisch kommen und fragen: „Darf ich mich zu Ihnen setzen?", können Sie höflich darauf hinweisen: „Ich weiß nicht, wie die Tischverteilung gedacht ist."

Auf Ihrem Stammplatz stehen Tischkarten. Es ist möglich, dass Sie Ihren Tischwein oder andere Utensilien Ihres täglichen Gebrauchs beim Essen stehen lassen. Diese werden für Sie tagsüber weggeräumt und zur entsprechenden Mahlzeit wieder auf den Tisch gestellt.

Dem Personal, das Sie während Ihres Aufenthaltes an diesem Tisch bedient, danken Sie höflich und geben angemessenes Trinkgeld für seine Leistungen.

Die Terrasse

In der warmen Jahreszeit ist es ein Vergnügen, auf der Terrasse zu frühstücken oder sonst eine Mahlzeit dort einzunehmen. Reservieren Sie frühzeitig einen Platz beim zuständigen Personal, da die Terrassenplätze oft rar sind. Außerdem sollten Sie bedenken, dass das Speisenangebot kleiner als in den Restauranträumlichkeiten sein kann und auch andere Gäste hier Platz finden.

In besonders kostspieligen Hotels ist es üblich, dass für die Hausgäste eigene Terrassenplätze reserviert sind und diese auch nicht an andere Gäste vergeben werden.

Die Hotelbar

Die Hotelbar wird gerne noch zum Abschluss des Abends, nach dem Dinner, einem Abendprogramm oder zur Zerstreuung allein reisender Gäste aufgesucht. Sie ist angemessener Aufenthaltsort für weibliche und männliche Hotelgäste gleichermaßen, daher sollten Frauen nicht unerwünscht angesprochen oder gar belästigt werden. Viele Frauen gehen lieber abends in die hauseigene Hotelbar als alleine zu einer Abendveranstaltung. Respektieren Sie das bitte.

Genießen Sie das Können des Barkeepers und trauen Sie sich über einen ausgefallenen Cocktail, wenn Sie daran Vergnügen haben. Trotz der sprichwörtlichen Diskretion des Barkeepers sollten Sie ihn nicht zu Ihrem persönlichen Beichtvater küren und Dinge erzählen, die Ihnen am nächsten Morgen womöglich unangenehm sind.

Tipp

Wenn Sie Ihre Konsumation im Restaurant, im Hotelcafé oder in der Bar auf die Gesamtrechnung setzen lassen, unterschreiben Sie jede Bestellung und schreiben Sie das Trinkgeld gleich dazu. Andernfalls lässt sich kaum noch nachverfolgen, was Sie wann konsumiert haben, die Belege werden Ihnen bei der Abrechnung vorgelegt.

Reklamation und Beschwerde

In den nobelsten Häusern bis zu den kleinsten Pensionen kann es vorkommen, dass Sie Anlass zur Beschwerde haben. Überlegen Sie, wohin Sie sich mit Ihrer Beschwerde oder Reklamation wenden.

Sollten Sie einen technischen Defekt in Ihrem Zimmer oder in den Seminarräumen feststellen, schauen Sie in der Telefonliste nach, ob es einen zuständigen Hausmeister gibt und informieren Sie ihn darüber. Andernfalls wenden Sie sich an den Portier oder das Empfangspersonal.

Sollten Sie gravierende Mängel in Bezug auf das Hotel oder gar Beschwerden über das Personal haben, jammern Sie nicht herum, sondern wenden Sie sich an das Hotelmanagement. Natürlich sollten Sie das nicht vor dem gesamten Hotelpublikum, sondern diskret machen.

Regeln

- Beschweren Sie sich nicht wegen jeder Kleinigkeit.
- Verlangen Sie nicht bei jeder Reklamation gleich nach dem Hotelmanagement.
- Wenn schon Beschwerden, dann bitte diskret!

Tipp

Sollten Sie Beschwerden über einen anderen Gast haben, so nehmen Sie nicht selber die Initiative in die Hand, sondern weisen den Portier/die Portierin darauf hin. Es ist nämlich immer Aufgabe des Hotels, für die Ruhe und Zufriedenheit der Gäste zu sorgen und Sie ersparen sich damit einen womöglich peinlichen Auftritt.

Sollten Sie mit dem Hotel und seinen Leistungen ganz und gar unzufrieden sein, so wechseln Sie das Haus, denn es entspricht offenbar nicht Ihrem Stil. Hier umfangreiche Reklamationen anzubringen, ist sinnlos. Entscheiden Sie bei der frühzeitigen Abreise selbst, ob Sie den Grund dafür überhaupt angeben möchten.

Bezahlen und Abreise

In allen Hotels ist es täglich eine große Herausforderung, einerseits den abreisenden Gästen genügend Zeit zum Ausschlafen, Frühstücken und Kofferpacken zu lassen und andererseits die Zimmer für die Ankommenden frisch, sauber bezogen und hygienisch rein vorzubereiten. Erkundigen Sie sich bereits bei der Anreise, bis wann die Zimmer am Abreisetag zu räumen sind. Üblich ist, dass Sie das Zimmer bis spätestens 12 Uhr räumen müssen. Sollten Sie das Zimmer noch länger brauchen, so können Sie fragen, ob dies möglich ist. In manchen Hotels gehört dies zum besonderen Service.

Oft stellt es sich als einfacher heraus, wenn Sie bereits am Vorabend die Rechnung des Hotelzimmers bezahlen und am Abreisetag nur noch Kleinigkeiten wie die Minibar zu begleichen haben. Diesen Wunsch sollten Sie aber frühzeitig ankündigen, damit das Personal an der Rezeption sich entsprechend vorbereiten kann.

Regeln

- Überprüfen Sie alle Belege, nach denen abgerechnet wird: unterschriebene Konsumationsscheine, Minibar-, Telefon- und Fernsehrechnung sowie sonstige Leistungen.
- Nehmen Sie sich Zeit fürs Abrechnen und Bezahlen.
- Geben Sie an, wie Sie bezahlen möchten und ob Sie spezielle Rechnungen brauchen.
- Trinkgeld bedenken.
- Geben Sie alle Schlüssel zurück.
- Bedanken Sie sich für den angenehmen Aufenthalt.

Falls Sie zwar Ihr Zimmer räumen, aber zum Beispiel bei einem Symposium oder Seminar noch länger im Haus bleiben, zeigt Ihnen der Portier/die Portierin, wo Sie im Bereich des Empfangs Ihr Gepäck unterbringen können.

Sport verbindet

Sportliche Betätigung ist nicht nur salonfähig und oftmals ein gut passendes Gesprächsthema, sondern nimmt in unserer immer hektischer werdenden Zeit eine wichtige Funktion ein. Nicht umsonst lassen große Firmen Fitnessstudios und Rückenschulen in den eigenen Räumen ausstatten oder motivieren und finanzieren Trainings für die Mitarbeiter/innen.

Sollten Sie sich mit Kollegen/Kolleginnen oder Ihren Vorgesetzten zum Sport treffen, bedenken Sie, dass bestimmte Werthaltungen immer im Mittelpunkt stehen. Beweisen Sie, dass Sie Teamspieler/in sind, indem Sie in der Gruppe zusammenhalten, Freundschaft und Solidarität zeigen. Diese Eigenschaften sind, auch wenn wir hier von Sport reden, im Geschäftsleben sehr bedeutend.

Achtung vor dem Gegner/der Gegnerin hat höhere Bedeutung als der Sieg im Wettkampf. Sollten Sie also gegen Ihren Chef/Ihre Chefin im Tennis antreten, so lassen Sie ihn/sie nicht offensichtlich gewinnen, nur weil er/sie Ihr Vorgesetzter/ Ihre Vorgesetzte ist.

Dazu gehört auch Fair Play. Akzeptieren und halten Sie bestehende Regeln ein, insbesondere in Konfliktsituationen. Beim Spiel zeigen Sie nämlich Ihren wahren Charakter.

Körperlichen Einsatz zeigen Sie ausschließlich im Rahmen der vorgegebenen Regeln. Dass Sie dabei auf psychische Aggression wie Schimpfworte sowie physische Gewalt mit Bodychecks im Mannschaftssport oder „fliegenden" Sportgeräten verzichten, versteht sich von selbst.

Geschäftliches beim Sport

Abgesehen von gemeinsamen Sportaktivitäten wie Segeln, Skifahren, Basketball, Fußball oder Tennis hat sich international vor allem der Golfplatz zum wichtigsten Verhandlungsort entwickelt. Biz-Golf dient nicht mehr nur den Chefetagen, sondern Damen wie Herren jeden Alters und unterschiedlichster beruflicher Positionen und Tätigkeiten für die Geschäftsanbahnung.

„Die Business-Golf-Etikette nicht zu kennen, lässt Sie unprofessionell erscheinen und verringert Ihre Chancen auf ein erfolgreiches Geschäftsergebnis", betont Managementexperte Gerry Kierans. Abgesehen davon müssen Sie für die Platzreife eine eigene Prüfung über Etikette auf dem Golfplatz ablegen.

Der Golfplatz bietet eine entspannte Atmosphäre mitten in der Natur, abseits von brodelnden Konferenzräumen, und eignet sich daher als günstiger Ort, um einen Geschäftskontakt aufzubauen. Golfen ist im Gegensatz zu vielen anderen Sportarten kein Konkurrenzspiel, denn es achten alle auf ihren eigenen Ball. Um erfolgreich zu sein, müssen alle mit möglichst wenigen Schlägen ihre Bälle zum 18. Loch bringen.

Die Disziplin erlaubt ebenso offene wie persönliche und diskrete Gespräche. „Der für mich wichtigste Punkt besteht darin, dass der Golfplatz der perfekte Ort ist, um Verbindungen zu verbessern und andere auch privat kennenzulernen. Das daraus hervorgehende gegenseitige Vertrauen und Verständnis bildet die Grundlage für erfolgreiche Geschäftskontakte", weiß der Business-Golf-Experte Kierans aus eigener Erfahrung.

Tipp

Die beste Gelegenheit, um über Geschäfte zu reden, bietet der mittlere Teil der Runde, also die Abschnitte zwischen dem Grün und dem nächsten Abschlag, und natürlich Loch 19, das Clublokal.

Geben Sie Acht, dass Sie nicht entgegen der Golf-Etikette einen potenziellen Kunden während der Runde durch zu langsames Spielen oder ein läutendes Handy aus der Ruhe bringen. Ebenso sollten Sie mit angemessenen Tischmanieren und ordentlicher Golfkleidung im Clublokal auftreten. Es gibt kaum einen Ort, an dem Etikette so hoch gehalten wird wie auf dem Golfplatz, und das weltweit.

Höflichkeit beim Sport

Sollten Sie als Gast zu einem Turnier, einem Wettkampf oder zur aktiven Teilnahme an einer sportlichen Veranstaltung geladen sein, nehmen Sie dankend an. Können Sie diesen Sport allerdings nicht ausführen oder sind nicht entsprechend trainiert, getrauen Sie sich das auch zu sagen, bevor Sie sich blamieren.

Regeln

- Zeigen Sie Respekt gegenüber Verlierern/Verliererinnen.
- Die allgemeine Etikette gilt auch im Sportdress.
- Setzen Sie sich niemals im verschwitzten Sportdress an einen Tisch mit normal bekleideten Personen.
- Handy aus beim Sport, damit Sie andere und sich selbst nicht in der Erholung vom täglichen Stress stören.

Tipps

- Obwohl es üblich ist, sich im Sport zu duzen, ist es manchmal besser zu warten, wie Sie angesprochen werden.
- Protzen Sie nicht mit Ihren sportlichen Erfolgen.

Wenn Sie zu Sportarten wie Segeln, Fallschirmspringen oder Bungee-Jumping eingeladen sind, für die Sie nicht unbedingt Technik, aber viel Mut einbringen müssen, deklarieren Sie klar, wo Ihre Grenzen liegen. Beweisen Sie sich lieber als guter Zuseher/gute Zuseherin, als dass Sie sich eine Verletzung zuziehen. Gute Gastgeber und Gastgeberinnen werden Sie allerdings nicht mit solchen Angeboten beanspruchen.

Der Dresscode

Sie wirken immer

Die Aussage „Für den ersten Eindruck gibt es keine zweite Chance" kommt nicht von ungefähr. Innerhalb von etwa zwei Sekunden, in denen wir jemanden wahrnehmen, analysiert unser Unterbewusstsein die für uns vermeintlich wichtigsten Merkmale des Gegenübers: Mimik, Körperhaltung und natürlich die Kleidung.

Dabei ist zunächst zweitrangig, ob die Schuhe sauber geputzt sind oder die Ärmel-länge des Jacketts korrekt ist. Solche Details erkennen wir erst auf den zweiten Blick.

Der erste Eindruck ist reine Gefühlssache! Unbewusst ordnen wir unser Gegenüber anhand seiner Kleidung in „kompetent," „überlegen," „andere soziale Schicht/Berufsgruppe" usw. ein. Das uralte Schema „Freund oder Feind" hat bis heute nicht an Wirkung verloren.

Früher waren die Bekleidungsregeln der Männer und somit auch die Hierarchien völlig klar. Doch die Dresscodes wurden liberalisiert und fast alle Bekleidungsvorschriften von den Medien jubelnd über Bord geworfen. „Mit Jeans und T-Shirt wird im New Business das große Geschäft gemacht" und „Kompetenz mit legerer Kleidung" lauteten die euphorischen Überschriften.

Die Verwirrung ist perfekt, die alten Regeln wurden trotzdem nicht umgestoßen.

Tipp

Die passende Kleidung für jeden Anlass finden Sie im Anhang, Seite 287.

Kleidung als Ausdruck Ihrer Einstellung

Ihre Kleidung ist die zentrale Botschaft. Damit demonstrieren Sie eventuell: „Ich habe es nicht nötig, mich anzupassen. Ich will zeigen, dass ich anders bin, provozieren oder aufreizen kann." Berühmt ist das einheitlich schwarze „Individualistenoutfit" von Künstlern, Musikern und Architekten. Jugendliche zeigen mit ihrer Kleidung, dass sie sich eine eigene Bühne abseits der Erwachsenen errichten.

Es kann aber auch bedeuten, dass Sie wenig Wert auf Kleidung legen oder schlichtweg keine Ahnung von angemessener Kleidung haben. Ein bewusst gestaltetes Erscheinungsbild zeigt, dass Sie sich wohl in Ihrer Haut fühlen. Das heißt, dass die Kleidung zu Ihnen, Ihrem Typ und zum jeweiligen Anlass passen muss.

Sowohl als Firmenleiter/in als auch als Mitarbeiter/in ist es wichtig, den Dresscode des Unternehmens bereits beim Einstellungsgespräch zu klären und sich daran zu halten. Gibt es Kleidervorschriften oder Empfehlungen für Einladungen und gewisse Anlässe, so teilen Sie dies Ihren Gästen mit.

Was heißt „overdressed" und „underdressed"?

„Overdressed" heißt zu gut und „underdressed" zu schlecht für den Anlass angezogen. Wenn Sie in einem sehr exklusiven Unternehmen arbeiten und es keine einheitliche Kleidung gibt, dann sind Jeans und Polo underdressed, hingegen in einem mittelständischen Unternehmen, das auf Sportartikel spezialisiert ist, können Jeans und Polo welldressed sein. Overdressed wäre beispielsweise ein klassisches Kostüm auf einer urigen Alm.

Begriffe zum Dresscode

Ob Geschäftsessen, Cocktailparty, Präsentation oder eine Opernpremiere – viele Veranstaltungen erfordern bestimmte Kleidung. Häufig können Sie schon aus dem Veranstaltungsort den richtigen Dresscode lesen. Wenn nicht, erkundigen Sie sich vorher, damit Sie nachher nicht ins Fettnäpfchen treten.

White Tie

Das ist der sogenannte „große Gesellschaftsanzug": ein Frack mit Schößen, die Hose ist dunkel und hat doppelte Satinstreifen. Dazu werden Lackpumps getragen, das Hemd hat einen Vatermörder-Kragen, eine Doppelmanschette und eine verdeckte Knopfleiste. Die Piqué-Fliege ist selbst gebunden, dazu trägt man eine weiße Weste; ein Gürtel wäre ein Fauxpas.

Die Damen tragen zu diesem Anlass die große lange Abendrobe und niemals Kostüm oder Hosenanzug.

Bei großen Bällen wie dem Opernball in Wien, bei Banketten und ähnlich festlichen Veranstaltungen steht dieser Dresscode auf der Einladung.

BLACK TIE, CRAVATE NOIRE ODER TUXEDO (AMERIKA)

Das ist der kleine Gesellschaftsanzug, die weniger festliche Variante des Fracks: Smoking mit schwarzer Fliege; Krawatte wäre ein Fauxpas. Zum Smoking gehören schwarz geschnürte Lackschuhe, das Hemd hat einen Umlegekragen, eine verdeckte Knopfleiste und Doppelmanschetten. Die schwarze Fliege ist selbst gebunden, bunte Fliegen haben hier nichts verloren. Statt eines Gürtels wird ein Kummerbund getragen.

Eine andere Variante, die weiße Smokingjacke, auch Dinnerjacket genannt, wird für abendliche Feste unter freiem Himmel angezogen. Die Dame trägt dazu ein langes Abendkleid.

Ursprünglich wurde der Smoking zu jeglicher Art von Abendveranstaltung getragen, heute nur noch zu besonderen Anlässen wie Premieren oder Hochzeiten.

BLACK TIE OPTIONAL

Sie können zwischen Smoking mit schwarzer Fliege und dunklem Anzug mit Krawatte wählen. Es ist auch möglich, den Smoking ohne Fliege zu tragen, wobei das Hemd geöffnet ist. Damen tragen Cocktailkleider, lange Abendkleider oder festliche Kostüme, auch ein Damensmoking wäre möglich.

Cut, Cutaway oder Morning Coat

So wird das Gegenstück zum Frack genannt. Die Jacke hat einen Schwalbenschwanz. Der Cutaway verdankt seinen Namen den „abgeschnittenen Ecken" des Gehrocks. Er wird nur tagsüber getragen und deshalb auch „Morning Coat" genannt. Die Hose ist schwarz-grau gestreift und wahlweise mit einer hellgrauen oder farbigen Weste kombiniert. Das Hemd ist weiß und die Krawatte silbergrau.

Bei einem festlichen Tagesanlass bis 18 Uhr wie Hochzeiten, Taufen und Beerdigungen (hier mit schwarzer Weste und schwarzer Krawatte) ist diese Kleidung angebracht.

Formal oder Tenue de ville

Das ist der schwarze Stadtanzug. Dazu werden eine diskrete festliche Krawatte, ein weißes Hemd und schwarze Schuhe mit Ledersohle getragen. Dieser Dresscode wird auch „Cocktail" oder „Business Attire" genannt. – Vorsicht: Bei Abendeinladungen bedeutet „Formal" Smoking und ist gleichbedeutend mit „Black Tie".

Die Damen entscheiden sich für ein kurzes Cocktailkleid oder eine elegante Kostümkombination.

Diese Kleidung passt bei feierlichen und festlichen Anlässen wie Hochzeiten und festlichen Abendveranstaltungen.

Semi-Formal

Dieser Dresscode klingt legerer als er ist. Tagsüber wird der dunkle Anzug mit Krawatte getragen. Die Damen tragen mindestens ein elegantes Kostüm oder elegantes Kleid. Nach 18 Uhr und zu einer Hochzeit kann es durchaus auch ein Smoking mit oder ohne Fliege sein. Die Damen tragen Cocktailkleid oder Abendgarderobe.

Gängig ist dieser Dresscode bei Hochzeiten, beim Business-Day mit Kontakt zur Chefetage oder bei Geschäftsreisen.

BUSINESS

Hier werden ein dunkler Anzug, eine dunkle Krawatte und schwarze Schuhe getragen. Das Hemd ist immer weiß oder maximal in Pastelltönen. Als Faustregel gilt: Je höher die Position in einem Unternehmen ist, umso dunkler sollte der Anzug sein. Die Dame trägt Kostüm oder Hosenanzug in dunkler Farbe mit weißer oder maximal pastellfarbener Bluse. Die Schuhe sind schwarz.

Im strengen Business und in hohen Führungsetagen, bei Geschäftsessen, Veranstaltungen und Besprechungen gilt Business-Dresscode.

BUSINESS CASUAL

Für Business Casual gibt es keine allgemeingültige Definition. Vielmehr soll es dem Anlass oder der Örtlichkeit angemessene Kleidung sein. Somit kann Business Casual sowohl von Firma zu Firma als auch im privaten Bereich unterschiedlich aufgefasst werden. Meist bedeutet es: „No Jeans, no Tie" – also Anzug ohne Krawatte.

Üblich ist diese Kleidung am Casual Friday, bei legeren Firmenfeiern oder zum Brunch.

COME AS YOU ARE

Klingt zwar ungezwungen, ist es aber nicht. Man erscheint so, wie man das Büro nach Arbeitsschluss verlässt. Es wird Businesskleidung getragen, nur die Krawatte kann abgelegt werden. Das passt zu einem Essen mit Kollegen und Kolleginnen oder einem Drink am Abend.

Dieser Look braucht eine freizeitliche Note mit einer gewissen Eleganz und soll gepflegt und ordentlich wirken. Qualitativ hochwertige Hosen aus festem Baumwollstoff, beispielsweise Chinos und feine Pullis oder ein sportlicher Blazer sind hier erlaubt.

Das Hemd kann kurz- oder langärmlig sein und wird ohne Krawatte getragen. Als Schuhe passen dunkle, klassisch-elegante Leder-Loafer oder Slipper.

Für die Dame bedeutet das ein Kleid, eine Hose oder ein Rock aus fester Baumwolle. Dazu wird eine Bluse, ein Shirt oder ein Pulli aus edlem Material getragen. Die Schuhe zur Hose können flach sein, daher bieten sich dunkle Slipper oder Ballerinas an, Sneakers sind zu sportlich.

Jeans mit sportlichem Blazer sind dann erlaubt, wenn die Jeans sehr dunkel und eher elegant sind und nicht abgetragen wirken.

Smart Casual passt für Menschen, die nur im Büro arbeiten und wo lockere Geschäftsmäßigkeit der Dresscode ist, bei einem Brunch, beim Stadtbummel oder beim legeren Freizeitprogramm eines Unternehmens.

CASUAL

Steht für ein ungezwungenes Outfit wie Jeans, Polos, Sneakers, Shirts etc., aber keine kurzen Hosen, Sport- oder Strandbekleidung. Kurze Hosen und offene Schuhe gehören in den Sommerurlaub. Es soll eine zwanglose und locker sitzende Kleidung sein, die einen wirklichen Freizeitcharakter besitzt. Die Materialien haben im Gegensatz zu Smart Casual keinen eleganten Touch. Die Stoffe können gröber sein und passen für zu Hause oder beim Stadtbummel.

Was trägt man in verschiedenen beruflichen Situationen?

Achten Sie darauf, dass Sie entsprechend Ihrer Position, Ihrem Stand und Status gekleidet sind und nicht mit Ihren Vorgesetzen in punkto teurer Designerkleidung konkurrieren wollen.

Für das Gespräch mit der/dem Vorgesetzten wählen Sie, was auch sonst betriebsüblich ist. Wichtig ist aber, dass Sie einen korrekten Eindruck machen und sich gut angezogen in ihrer „zweiten Haut" fühlen. Sie bringt Ihnen auch Selbstsicherheit.

VERTRIEBSSITZUNGEN

Es geht ums Verhandeln, daher heißt es, „gut gewappnet" im Wortsinn zu sein. Ihr Kleidungsstil soll in etwa dem entsprechen, was in der jeweiligen Branche bei Kundenbesuchen getragen wird. So gewinnen die Vertriebs- und Firmenleiter einen Eindruck davon, wie sich ihre Repräsentanten nach außen darstellen. Wenn Sie diesbezüglich unsicher sind, fragen Sie ruhig Ihre/n Vorgesetzte/n nach der firmeneigenen Auffassung zum Kleiderstil.

REPRÄSENTATIONSAUFGABEN

Repräsentationsaufgaben erfüllen Sie auch als Teilnehmer/in an einer Fortbildungsveranstaltung. Sie sind nicht als Privatperson, sondern als Mitarbeiter/in ihres Unternehmens anwesend. Entscheiden Sie sich daher für eine dezente Bürokleidung, eventuell sogar etwas Sportliches. Leider erlebt man immer wieder, dass Seminarteilnehmer/innen statt in gehobener Freizeitkleidung in Hausschuhen, alten Jeans und ausgewaschenen T-Shirts erscheinen.

Vortragende

Bei einem Auftritt als Referent/in oder Redner/in bestimmt Zurückhaltung Ihre Kleidung. Je kleiner das Publikum, desto unauffälliger sollte Ihre Kleidung sein.

Bei Ihrem Auftritt vor großem Publikum machen kräftige Farben Sie für alle gut sichtbar. Gemeint sind dabei aber nicht große Muster und schrille Töne, sondern einfarbiger Anzug mit kräftigerer Krawatte, oder farbiges Kostüm und feine Stoffe.

Wählen Sie keine hellen Anzüge oder Kostüme für Ihren öffentlichen Auftritt, da Sie im Rampenlicht durchsichtig erscheinen. Eine klare Kleidung unterstreicht eine klare Aussage.

Messen und Ausstellungen

Bei diesen Besuchen wird im weitesten Sinne Businesskleidung erwartet und getragen. Je nach Branche sind die Anforderungen etwas strenger oder lockerer. Tragen Sie gutes und bequemes Schuhwerk zu Ihrem Kostüm bzw. zu Ihrem Anzug.

Machen Sie einen sehr bewussten Messebummel und betrachten Sie die Firmenauftritte und die Kleidung der entsprechenden Mitarbeiter/innen. Sie werden erkennen, dass viele einfach nicht wissen, was Sie zu diesem Anlass anziehen sollen, sofern es nicht vom Unternehmen vorgegeben ist.

Sind Sie für Ihre Firma bei einer Messe, Ausstellung oder einem Kongress vertreten, so ist es bereits üblich geworden, eine einheitliche Kleidung der Mitarbeiter zu verlangen. Ihre Grundgarderobe wird dabei mit Hemd, Bluse oder Krawatte im Firmenstil ergänzt. Besonders Großfirmen lassen eine einheitliche Kleidung, so etwas wie eine „zivile Uniform" entwerfen, die Sie als Teil Ihres äußeren Erscheinungsbildes und der Corporate Identity betrachten. Ist keine einheitliche Kleidung vorhanden, so lohnt es sich, das Messe- und Kongressteam bezüglich der Kleiderordnung anzusprechen.

HUNDSTAGE

Die heißesten Tage im Jahr zwischen Mitte Juli und Mitte August heißen umgangssprachlich Hundstage. Diese Bezeichnung leitet sich vom Sternbild „Großer Hund" ab, der früher in diesem Zeitraum am europäischen Sternenhimmel zu erkennen war. Die Temperaturen sind vor allem für Berufstätige eine große Herausforderung, weil die Kleidung im Büro zwar leicht, aber nicht zu freizügig sein soll.

Besonders als Dame sollten Sie darauf achten, dass Sie nicht zu dünn gekleidet sind und nicht zu viel Haut sichtbar wird – das enthebt Sie jeglicher Autorität; Spaghettiträger, transparente Shirts, sichtbare BHs, Shorts und luftige Kleider gehören nicht ins Geschäftsleben. Bleiben Sie bei Ihrer Businesskleidung, auch die Herren.

Eine Erleichterung gibt es im strengen Business nur durch die dünnere Stoffqualität Ihrer Kleidung, sonst bleiben Sie beim Dresscode, selbst bei hohen Temperaturen im Freien.

Je nach Beruf können Männer an diesen Tagen ein Polo oder Hemd mit Krawatte tragen, außer das Unternehmen erlaubt Ihnen, ohne Krawatte zu gehen; dann sollten Sie davon Gebrauch machen, damit ein einheitliches Bild herrscht. Bei gelockerten Kleidungsregeln in den Hundstagen behalten Sie bei Terminen dennoch Sakko oder Blazer an.

Dresscodes in unterschiedlichen Branchen

In jedem Beruf gilt traditionell ein anderer Kleidungsstil. Was Sie tragen, soll dem Firmenimage entsprechen, berücksichtigen Sie daher die hauseigene Kleiderordnung. Zurückhaltung bei Farben und Accessoires, außer in der Mode- und Werbebranche, gilt in fast allen Berufen.

Was Sie täglich anziehen, soll auf die Aufgaben, die Sie an diesem Tag zu erledigen haben, zugeschnitten sein. Bei alltäglichen Gesprächsverhandlungen mit Mitarbeitern/ Mitarbeiterinnen ohne Kundenverkehr können Sie ruhig sportlicher gekleidet sein als bei wichtigen Geschäftsabschlüssen, wenn dies dem Stil des Hauses entspricht.

KLEIDUNG IN BANKEN, VERSICHERUNGEN, RECHTSABTEILUNGEN ODER IN DER BUCHHALTUNG

Hier trägt man Kostüm oder Anzug entsprechend dem Business, denn weniger ist mehr. Es gilt Werte wie Seriosität, Vertrauen und Sicherheit zu vermitteln und diese werden unter anderem über die Kleidung transportiert. Auch die Mitarbeiter/innen des Back-Office-Bereichs sind im Haus unterwegs und sollten diese Kleiderregel beachten. Hier, wo kein Kundenverkehr stattfindet, dürfen selbstverständlich Blazer oder Sakko ausgezogen werden.

Understatement ist Ziel in diesen Berufsfeldern. Ihre Kleidung soll modern und nicht hausbacken wirken. Bei Kundenterminen eignen sich dunkle Businessfarben für Ihre Kleidung am besten.

KLEIDUNG IM MANAGEMENT, CONSULTING, TRAINING, MARKETING UND PR

Hier gilt es einen Tick schicker zu sein als im klassischen Business, aber nicht zu modisch. Hosen mit Pullover sind nur in der Werbe- oder Modebranche möglich, sonst wählen Sie nur den kompletten Hosenanzug oder die Blazer-Hose-Kombination, Anzüge und Kombinationen für Herren. Grundsätzlich gilt hier hochwertige Businesskleidung eher in gehobener Qualität in dunkleren Farbtönen.

Kleidung im Verkauf – High-Tech, Computer, Software, technische Produkte, medizinischer Bedarf

Professioneller Look ist notwendig und verlangt daher gemäß dem klassischen Business Kostüme, Kombinationen, komplette Hosenanzüge, Anzüge und Kombinationen in mittleren bis dunkleren Farbtönen. Wählen Sie die Farben so, dass sie nicht ins Auge springen, aber trotzdem modern und zeitgeistig sind.

Kleidung in der Dienstleistung – Makler, Gastronomie, Hotel, Verkauf

Hier muss Ihre Kleidung geschäftsmäßig, aber ruhig etwas modischer sein. Kostüme, Kombinationen, komplette Hosenanzüge oder Anzüge müssen nicht unbedingt in dunklen Businessfarben sein. Nur bei wichtigen Terminen und Verhandlungen ist es notwendig, zur klassischen Geschäftskleidung zurückzukehren.

Kleidung im Direktvertrieb – Kosmetik, Geschirr, Dessous, Küchengeräte, Diätartikel, Modeartikel

Verkaufen Sie eher ein konservatives Produkt, so sind dunkle oder neutrale Farben sehr gut und seriös. Sie dürfen aber nicht zu streng wirken. Im Bereich Mode und Schönheit können Sie sich ruhig farbenfroher zeigen, es wird geradezu von Ihnen erwartet. Wichtig ist, dass Ihr Aussehen immer professionell, auch sportlich-elegant, aber nie nachlässig oder gar zu bunt ist. Geben Sie Acht, dass Sie nicht zu modisch auftreten und damit Interpretationen Ihrer Kunden/Kundinnen während der Präsentation ausgesetzt sind. Ob Kostüme, Hosenanzüge, Anzüge, Kombinationen oder auch Zweiteiler bei Frauen, dies entscheidet der Wert des jeweiligen Produkts, Je hochwertiger es ist, umso professioneller müssen Sie auftreten und wirken. Die Qualität der Produkte muss über die Kleidung transportiert werden.

KLEIDUNG IM KREATIVEN BUSINESS – WERBUNG, MEDIEN, MODEBRANCHE, TOURISTIK, VERLAGSWESEN

Hier soll Ihre Ausstattung modischer, bunter, kreativer und ausdrucksstärker, jedoch alles von guter Qualität sein. Kunden/Kundinnen brauchen die Botschaft: Kreativität. Wichtig ist dabei zu sehen, dass konservative Kunden nicht so viel Kreativität vertragen wie andere. Seien Sie daher eher zurückhaltend und signalisieren Sie, dass Sie Trends setzen. Sind Sie zu konservativ gekleidet, mutet man Ihnen keine Kreativität zu. Verabschieden Sie sich auch von der durchgehend schwarzen Kleidung und setzen Sie farbliche Akzente mit Krawatten, Uhrbändern oder ausgefallenen Accessoires.

Laut Farbpsychologie schafft durchgehend schwarze Kleidung Distanz, dort wo Sie eigentlich Nähe brauchen. Ich würde mich von keiner Modeberaterin bedienen lassen, die selber modisch nicht sichtbar auf dem Laufenden und stilsicher ist.

KLEIDUNG IM PFLEGE- ODER HEILBERUF – SOZIALDIENSTE, PSYCHOLOGEN/PSYCHOLOGINNEN, THERAPEUTEN/THERAPEUTINNEN

Sofern Sie keine vorgeschriebene Anstaltskleidung, eine Uniform oder einen weißen Mantel und eine weiße Hose tragen, eigenen sich Kombinationen mit Rock oder Hose. Sie sind am praktischsten und lassen Ihnen Bewegungsfreiheit. Businesskostüme oder Anzüge sind hier fehl am Platz. Eher frische und/oder aufmunternde Farben unterstützen Ihre Arbeit mit den Menschen.

KLEIDUNG FÜR LEHRBERUFE – LEHRER/INNEN, ERWACHSENENBILDNER/INNEN, TRAINER/INNEN

Hier gibt es Unterschiede in den verschiedenen Lehrbereichen. Lehrer/innen an einer öffentlichen Schule werden sich eher leger kleiden, hingegen erscheinen Trainer/innen in einer Bank im Businesskostüm, Businessanzug, weil es dem Image der Branche entspricht. Allgemein gilt, dass die Businesskleidung farbenfroher sein darf, nicht zu laute Farben hat, aber doch modisch ist. Versuchen Sie keine Interpretationsflächen für Ihre Schüler/innen oder Studenten/Studentinnen zu bieten, beispielsweise mit auffälligem Schmuck, zu kurzem Rock oder schrillen Farben. Das mindert die Konzentration und schmälert Ihren kompetenten Auftritt.

Sind mehrere Tage Seminar oder auch Trainings geplant, so kleiden Sie sich am ersten Tag eher zurückhaltend, damit Vertrauen entstehen kann. Haben Sie diesen Bonus Ihrer Teilnehmer/innen, kann Ihre Kleidung legerer oder auch modischer werden. Erkundigen Sie sich auf jeden Fall nach dem Image des Unternehmens, der Schule oder des Veranstalters, damit Sie hier in kein Fettnäpfchen treten.

Vermeiden Sie Kleidungsstücke mit großflächigem Rot bei kleinen Gruppen im Lehrberuf, denn es wirkt anregend bis aufregend und kann sogar Aggressionen auslösen.

Tragen Sie gerade in Seminaren nicht ganz schwarz, das distanziert Sie von den Teilnehmern. Mittlere Farben sind eine gute Wahl.

Wählen Sie als Dame immer Kleidung, die Ihre Schultern und Oberarme bedeckt, seien Sie im Geschäftsleben nie ärmellos anzutreffen.

UNIFORMIERTE BERUFE – APOTHEKER/IN, RICHTER/IN, FLUGBEGLEITER/IN, PILOT/IN, KRANKENPFLEGEPERSONAL, HOTELANGESTELLTE/R, MESSEBEGLEITER/IN, SERVICEMITARBEITER/IN

Hier können Sie Individualität nur mit zurückhaltendem Schmuck, einem farbigen T-Shirt oder auch einem Tuch zeigen. Für Damen ist ein gepflegtes Make-up sehr wichtig. Männer müssen sich dem Gesetz der uniformierten Masse unterwerfen und können leider nicht wirklich ihre Individualität zeigen.

Krawatten, Tücher und Schmuck

Der deutsche Verleger Peter Hohl meint: „Wenn ich Krawatte trage, signalisiere ich meiner Umwelt, ich möchte behandelt werden wie jemand, der eine Krawatte trägt." Jede/r scheint es wie in einem ungeschriebenen Gesetz zu wissen, wie das sein soll – die Krawatte ist immer noch ein Erfolgsgarant und verleiht Ihnen Autorität. Sie ist Symbol für einen Mann, der in der beruflichen Hierarchie einen gewissen Rang bekleidet.

Auch wenn Sie sich gerne modisch geben, eignen sich Krawatten mit Comicfiguren oder anderen lustigen Mustern nicht für den Berufsalltag. Dezent modern gemustert zu einem schicken Hemd, so machen Sie mit Ihrer Krawatte einen stilvollen Auftritt.

Tücher und andere Accessoires unterliegen den jeweiligen Modeerscheinungen. Seidentücher passen aber immer zum klassischen Businesskostüm, sofern es Sie in Ihrer Bewegungsfreiheit nicht hindert.

Die Machtexpertin Christine Bauer-Jelinek vergleicht Krawatte beim Herren und Tuch oder kurze Kette bei der Dame mit dem „Kehlschutz" der mittelalterlichen Kampfanzüge und erklärt sie zur notwendigen Ausstattung in Verhandlungen.

Schmuck und andere Accessoires wie Ketten, Clips oder Broschen sind selbstverständlich den Modeströmungen unterworfen. Generell soll aber für sie gelten, dass sie nur Ihren Typ unterstützen und nicht von den wesentlichen Inhalten, die Sie vermitteln wollen, ablenken sollen. Vermeiden Sie jeglichen Firlefanz, übertrieben große Clips, Rüschen und große Colliers. Diese Schmuckstücke gehören in den privaten Rahmen, nicht ins Business.

Die Schuhe

Das Thema Schuhe ist ganz wesentlich in Ihrem Erscheinungsbild, denn sie geben Ihnen Bodenhaftung im Berufsleben. Daher sind bei Damen hochhackige Schuhe oder gar Stilettos verpönt und dürfen nur außerhalb der Geschäftszeiten getragen werden. Ihr eleganter Schuh sollte geschlossen sein ebenso sauber geputzt und ordentlich geschnürt. Für Herren eignen sich am besten dunkle, elegante Schuhe zum Anzug. Achten Sie darauf, dass die Absätze nicht abgetreten sind und das Oberleder nicht ausgebeult ist. Sollte es so weit sein, dass Ihre Lieblingsschuhe solche Alterserscheinungen zeigen, müssen Sie sich von ihnen als Begleiter im Berufsleben trennen.

Turnschuhe, geflochtenes Schuhwerk, zehenfreie Sandalen oder gar Gesundheitspantoffeln sind Standard in Gesundheitsberufen, haben aber im Business nichts verloren.

Image des Unternehmens

„Das passt nicht zu meinem Image" oder ähnliche Aussprüche sind immer häufiger zu hören. Oft hat man den Eindruck, dass dieser Begriff überbewertet wird. Manchmal kommt das Wort „Image" erst ins Spiel, wenn es bereits beschädigt ist. Es ist also ein Ausdruck, der vieles beinhaltet und einiges von den Menschen und Unternehmen verlangt, die darauf Wert legen.

Image ist ein englischer Begriff, der uns bereits in der deutschen Sprache sehr vertraut ist. Es umfasst alle Erwartungen und Vorstellungen, die subjektiv mit einer Persönlichkeit, einem Produkt oder einem Unternehmen verbunden sind. Daher ist es wichtig, zu wissen, dass nicht eine Person oder ein Ding an sich, sondern wie jemand oder etwas von anderen wahrgenommen wird, sein Image bildet.

Denken Sie an ein Mosaikbild, das sich aus Tausenden Steinchen zusammenfügt. Das ist Ihr Image, je nachdem, welche Bauteile welcher Qualität und Größe, ob fein geschliffen oder grob behauen, Sie dafür wählen. Das heißt ins Berufsleben übersetzt, es ist entscheidend, in welcher Kleidung, mit welchem Erscheinungsbild Sie auftreten, wie Sie sprechen, sich anderen gegenüber verhalten, welche Tischsitten und Umgangsformen Sie pflegen und vieles mehr. Wir verwenden viel Zeit dafür, um unser Image zu schaffen, zu pflegen, neu anzupassen oder gar zu korrigieren.

In den letzten Jahren ist es für Unternehmen immer mehr eine Imagefrage geworden, wie sehr sie sich für das Gemeinwohl einsetzen, beispielsweise mit Sozial-, Kultur-, oder Sportsponsoring.

Wie wird Image aufgebaut?

Image wird mit der Aussagekraft von Symbolen verbunden, denn sie zeigen den tatsächlichen Imagewert. Die Automarke, der Produzent des Designerkleides, sogar der Friseur, die Wohngegend und andere Statussymbole sind daran beteiligt. Allerdings, je harmonischer sich das Bild einer Person nach außen präsentiert, umso leichter macht sie es den anderen, sie einzuordnen. Manche zeigen daher gerne Individualität, demonstrieren bewusste Stilbrüche und bauen sich so ihr persönliches Image auf.

Es wird immer schwieriger, zwischen Sein und Schein zu unterscheiden, weil es keine Frage des Geldes mehr ist, sich ein entsprechendes Image zuzulegen. Wir spüren aber sehr genau, ob das vornehme Verhalten einer Person echt oder aufgesetzt ist. Bestes Beispiel dafür sind Menschen, die gewöhnlich Umgangssprache oder Dialekt sprechen und plötzlich krampfhaft bemüht sind, mit Hochsprache ein besonderes Image zu vermitteln. Das ist noch nie gut gegangen.

Image ist Chefsache

In einem Unternehmen wird Image üblicherweise der PR- oder Marketingabteilung zugeordnet und als Strategie entwickelt, denn das glaubwürdige Image entsteht nicht durch geschriebene Worte, sondern durch persönliches Verhalten. An erster Stelle steht dabei der Chef/die Chefin. Ihr gelebtes Beispiel ist die erfolgreichste und kostengünstigste Imagestrategie. Stellen Sie sich als Geschäftsführer/in eines Sportartikelhandels einen massiv übergewichtigen Menschen vor – fühlen Sie sich seinen/ihren Produkten verbunden oder würden Sie einer drahtig athletischen Person in dieser Position den Vorzug geben? Von fachlicher Kompetenz ist hier nicht die Rede, sondern ausschließlich von Image, das auf einer anderen Ebene vermittelt wird.

Porschefahrende Geschäftsführer/innen passen nicht ins Image einer Sozialorganisation, die von Spendengeldern lebt. Wie auch ein Vorstandsdirektor/eine Vorstandsdirektorin mit dem Kleinwagen des Sohnes/der Tochter kaum Erfolg auf gute Geschäfte zu erwarten hat, da er/sie sich nicht seinem/ihrem Image entsprechend verhält.

Ihre Firma hat eine bestimmte „Corporate Identity" und Sie haben viel in Marketing-Strategien und die Optimierung Ihrer Produkte investiert. Orientieren Sie sich als Führungskraft an folgenden Regeln, die Sie täglich aufs Neue fordern werden.

Regeln

- Die Führungsebene ist verantwortlich für die Corporate Identity.
- Wertschöpfende Bilder des Unternehmens fördern.
- Imagebewusstsein soll gelebte Realität sein.
- Als Vorbild kommunizieren Sie die wichtigsten Unternehmensgrundsätze.

Der deutsche Modeunternehmer, Skiläufer und Filmemacher Willy Bogner weiß, woher das Image seines Namens, seines Unternehmens und seiner Produkte stammt, denn er als Chef prägt es nachhaltig: „Ich arbeite sehr viel und sehr gerne, und ich glaube, dass es das Wichtigste für einen Unternehmer ist, dass die Mannschaft stets motiviert ist."

Tipp

Thematisieren Sie regelmäßig das persönliche Erscheinungsbild und
Auftreten Ihrer Mitarbeiter/innen, denn es bringt positive Verhaltensänderungen und schafft Sicherheit. Ein eintägiges Imageseminar, eine
Klausur oder themenbezogene Sitzung kann nachhaltige Veränderungen
auslösen.

Mitarbeiter/innen als Imageträger/innen

Mitarbeiter/innen sind das wichtigste Gut eines Unternehmens. Der Fokus hat sich
in den letzten Jahren von den Maschinen und Investitionsgütern wieder auf die
beteiligten Menschen gelegt. Es wurde erkannt, dass Mitarbeiter/innen eine Firma
erfolgreich machen und sie es sind, die den nötigen Wettbewerbsvorteil aufbauen
und absichern. Ein Unternehmen lebt von der positiven Präsenz der Mitarbeiter
und Mitarbeiterinnen. Produkte werden immer ähnlicher, die Konkurrenz immer
größer, was zählt ist der Mitarbeiter/die Mitarbeiterin, der/die sein/ihr Unternehmen in Image, Outfit und Umgangsformen repräsentiert. Ihr Verhalten ist Teil des
Unternehmensimages und fällt in die Verantwortung der „Human Resource Manager" oder Personalentwicklungsabteilung. „Mitarbeiter können alles, wenn man sie
weiterbildet, ihnen Werkzeuge gibt, vor allem aber, wenn man es ihnen zutraut", ist
der deutsche Industrielle Hans-Olaf Henkel überzeugt.

Von den Mitarbeitern und Mitarbeiterinnen wird auf das Unternehmen geschlossen.
Daher ist es notwendig, ihnen in der Entwicklung eines wertschöpfenden Images
Bilder zu vermitteln, die sie in ihrer Tätigkeit bestärken. Eine deutsche Studie belegt,
dass in der Computerbranche 68 Prozent der Kunden/Kundinnen, die die Marke
wechseln, nicht wegen des Produktes, sondern wegen des persönlichen Verhaltens
der Kundenberater/innen umgestiegen sind. Gerhard Cromme, ehemaliger Vor-

standsvorsitzender der Friedrich Krupp AG, empfiehlt: „Man muss die Leute nur erst zu Wort kommen lassen und dann auch machen lassen."

Sollten Sie als Kundenberater/in privat auf dem Sportplatz sein, so wird auch dieses Verhalten in der Situation entscheidend sein, wenn Sie dort Kunden/Kundinnen treffen oder von ihnen gesehen werden. Treten Sie dort unangemessen laut und rücksichtslos auf, ist Ihr Image gleich ein anderes. Das könnte Ihnen bereits berufliche Probleme schaffen. Wir sind also kaum so privat, dass unser Verhalten egal wäre. Dieselbe Wirkung haben unangemessene Einträge in sozialen Netzwerken wie Facebook oder Twitter.

Imagerelevante Umgangsformen bei Kunden/Kundinnen

Die Sprache und der Ton eines Unternehmens spielen dabei eine wichtige Rolle: Dazu gehören Wortwahl, Briefstil, Gepflogenheiten in der Gestaltung des E-Mails oder Telefonate. Richtlinien für Kontaktformen unterstützen die Mitarbeiter/innen, denn sie wissen: „Wir machen das so". Sollte es keine Vorgaben von der Unternehmensleitung geben, so fragen Sie nach, wenn Sie unsicher sind.

Regeln

- Kennen Sie die „Corporate Identity" und das Image Ihres Unternehmens?
- Klären Sie Sprache und Wortwahl in Ihrem Unternehmen.
- Gibt es Kleidungsvorgaben und wie lauten diese?
- Prüfen Sie Ihr eigenes Auftreten und korrigieren Sie, wenn nötig.
- Stellen Sie Kundenwünsche in den Mittelpunkt und nicht das eigene Empfinden.

Ein Personalchef von BMW meint: „Es reicht nicht, wenn unsere Mitarbeiter gut sind, man muss es auch noch sehen!" Und er hat recht damit, denn Äußerlichkeiten werden immer mehr mit Image verbunden. Das persönliche Erscheinungsbild wirkt als Ausdruck von Kompetenz. Kleidungsvorgaben werden zwar nicht von allen

Mitarbeitern/Mitarbeiterinnen goutiert, aber sie helfen das Image zu vertiefen und fördern ganz sicher den persönlichen Erfolg.

Ein stimmiger Auftritt hat nicht nur mit Kleidung zu tun, sondern auch mit der Bewirtung Ihrer Kunden/Kundinnen und Geschäftspartner/innen. Denken Sie daran, dass Sie verschiedene Getränke, verschiedene Sorten Tee, Kaffee und kleine Knabbereien bereitstellen, wenn es dem Image Ihres Unternehmens entspricht.

Peinlichkeiten

DIE HOSE DES CHEFS IST OFFEN

Kein Mensch möchte mit einer offenen Hose durch den Tag gehen, ohne dass ihn jemand darauf aufmerksam macht. Weisen Sie ihn aber nicht in der Gruppe darauf hin, sondern dann, wenn Sie mit ihm alleine sind. Sie sagen ganz einfach: „Ihre Hose ist offen!", dann drehen Sie sich um und sehen nicht beim Zumachen zu.

DARF MAN BEI ERKÄLTUNG EINEN HÄNDEDRUCK ZURÜCKWEISEN?

Nein, das darf man nicht. Das wird als persönliche Zurückweisung empfunden. Waschen Sie sich einfach öfter die Hände. Wenn Sie selber die/der Erkältete sind, können Sie es auch aktiv ansprechen und sagen: „Bitte entschuldigen Sie, darf ich Sie heute ohne Händedruck begrüßen – ich bin erkältet und möchte Sie nicht anstecken. Passt das für Sie?" Das versteht dann jede/r und man beweist einen sorgsamen Umgang mit dem Gegenüber.

Missgeschicke passieren einfach

Ob das Rotweinglas umgeschüttet wird oder man unerwartet, aber hörbar rülpst, so etwas kann jedem passieren. Entschuldigen Sie sich kurz. Das war es, mehr nicht. Lenken Sie keine Aufmerksamkeit auf das Missgeschick und machen Sie kein Drama daraus. Wir sind alle nur Menschen.

Darf man andere auf Missgeschicke hinweisen?

Das kommt auf Ihr Verhältnis zueinander an. Ist es ein freundschaftliches Verhältnis, kann man sicher darauf hinweisen. Ist der Reißverschluss offen, hat die Strumpfhose eine Laufmasche oder ist ein Fleck auf dem Anzug, kann man das ansprechen. Wenn jemand die Tischkultur oder eine andere Regel der Etikette nicht beherrscht, sollte man das nicht ansprechen, außer man wird gefragt.

Körpergeruch, Mundgeruch und Co.

Am besten spricht man die betroffene Person an, auch wenn manche Themen peinlich sind. Es ist Aufgabe einer Führungskraft, es in einem Vieraugengespräch zu klären, am besten zum Schluss des Arbeitstages. Manchmal ist es leichter, von Frau zu Frau als von Mann zu Frau zu reden, das muss abgewogen werden. Warum ist es vielen unangenehm, es anzusprechen? Weil man dem anderen nicht zu nahe treten, ihn nicht verletzen möchte und weil es einfach peinlich ist. Häufig ist man nicht der Einzige, dem das auffällt. Die Betroffenen wissen es nicht und sind meist dankbar dafür. Am besten bringen Sie zum Ausdruck, dass es Ihnen peinlich ist, das Manko anzusprechen, das zeigt dem anderen, dass Sie sich um seinetwillen/ ihretwillen dazu entschlossen haben, darüber zu sprechen.

Öffentlicher Auftritt

Sie alle kennen das Gefühl schweißnasser Hände, Herzklopfen, ein leichtes Flattern in der Magengegend – nur noch fünf Minuten bis zum öffentlichen Auftritt oder Interview! Auch wenn Sie schon viele Reden gehalten und Interviews gegeben haben, so sind diese Ereignisse immer mit Anspannung verbunden und das ist gut so. Nur so bleiben Sie auch spannend für Ihre Zuhörer/innen, ob auf der Bühne, im Fernsehen oder im Radio.

Ein Meilenstein in Ihrem eigenen Berufsleben war sicherlich die erste große Präsentation. In Führungspositionen mehren sich diese Aufgaben und Sie sollten sich nicht routinemäßig daran gewöhnen, sondern mit Freude annehmen. Öffentliche Auftritte sind eine wunderbare Chance, vor vielen Menschen zu reden, zu überzeugen und sich zu profilieren.

Bei Auftritten ist der erste Eindruck entscheidend über Ihren Erfolg, bereiten Sie sich inhaltlich, rhetorisch und persönlich gut vor. Dazu gehören auch technische Abläufe, Körperhaltung, Mimik, Gestik, Ihre Kleidung und Frisur.

Bühnenauftritt

Ein Bühnenauftritt ist oft nur imaginär, denn es ist nicht entscheidend, ob Sie auf eine erhöhte Bühne steigen oder einfach in einem großen Rahmen sprechen. Die Aufmerksamkeit aller Anwesenden ist in dieser Situation auf Ihre Person gerichtet und Sie haben eine räumliche Distanz zu Ihrem Publikum zu überwinden. Jede noch so winzige Kleinigkeit am äußeren Erscheinungsbild oder Unsicherheit wird vom Publikum registriert und gespeichert. Manche Redner/innen oder Präsentatoren/Präsentatorinnen genießen diese Augenblicke des „Ausgeliefertseins" und laufen zur Höchstform auf, andere werden sich nur schwer an diese Herausforderung gewöhnen.

Bereiten Sie sich umfassend auf Ihren Auftritt vor, das ist der erste Schritt zum Erfolg. Sie können sicher sein, begnadete Profiredner/innen erkundigen sich über Örtlichkeit, Publikum und technisches Equipment, auch wenn Sie es später nicht zugeben.

Regeln

- Verwenden Sie ein Mikrofon, um von allen gut gehört zu werden.
- Bildhafte Unterstützung wie Präsentationsfolien sind bei Vorträgen obligat.
- Durchschreiten Sie vor Beginn der Veranstaltung den Raum, um ein Gefühl dafür zu bekommen.
- Eine technische Probe ist unbedingt notwendig.
- Erkundigen Sie sich nach dem Dresscode.
- Wählen Sie ein Outfit, in dem Sie sich wohl fühlen, das Ihre Persönlichkeit unterstützt und das zum Dresscode des Publikums und zum Thema passt.

- Eine Stunde vor Veranstaltungsbeginn anwesend zu sein, schafft Ihnen einen guten Zeitpolster, um noch einmal alles durchzugehen.

Tipps

Nehmen Sie Ersatzkleidung mit oder kleiden Sie sich erst kurz vor Veranstaltungsbeginn entsprechend. Sollten Sie in letzter Sekunde noch einen Fleck auf Ihr Hemd oder eine Laufmasche in den Strumpf bekommen, sind Sie nicht in der Verlegenheit, so Ihren öffentlichen Auftritt absolvieren zu müssen. Außerdem ist Ihre Kleidung dann frisch und gebügelt und nicht von einem arbeitsamen Tag gezeichnet. Leinenkleidung eignet sich für solche Auftritte überhaupt nicht, da sie in kurzer Zeit aus der Form geht, knittert und Ihnen dadurch ein schlampiges Aussehen verleiht, auch wenn es teure Designermodelle sind.

AUF DIE BÜHNE, FERTIG, LOS!

Fragen Sie vor der Veranstaltung, welche Möglichkeiten Sie bei Ihrer Rede haben. Ist ein Rednerpult aufgestellt, auf dem Sie Ihre Unterlagen ablegen können? Gibt es Sitzgelegenheiten oder wie und wo werden Sie ins Rampenlicht gestellt? Klären Sie auch die Auf- und Abgangsmöglichkeiten der Bühne.

Für Ihre Präsentation ist es entscheidend, ob Sie an einem Rednerpult frei stehend auf der Bühne sind, auf einem Podium oder auf Couchen auf der Bühne sitzen. Danach richten sich Ihre Vorbereitung und die Kleidung. Damit es Ihnen nicht so ergeht, wie einer hochrangigen Diskutantin, die auf eine Bühne mit tiefen Polstermöbeln gebeten wurde. Ihr Rock war knielang, daher konnte sie nicht entsprechend sitzen, ohne dass die Zuhörer/innen zu tiefe Einblicke bekamen. Ihre Statements waren rhetorisch unverständlich, sie zupfte pausenlos an ihrer Kleidung herum, bis sie sich nicht mehr an der öffentlichen Diskussion am Podium beteiligte und schwieg. Ein peinlicher Auftritt, nur wegen ein paar fehlender Zentimeter Stoff. Als Mann sollten Sie darauf achten, dass die Sockenhöhe der Hosenlänge entspricht und nicht das die Haut Ihrer Beine hervorschaut, wenn Sie sitzen.

Wenn Sie aufgefordert werden öffentlich aufzutreten, kontrollieren Sie zuvor Ihre Kleidung, knöpfen Sie das Sakko oder die Jacke bereits vor dem Losgehen zu und gehen Sie aufrechten Schrittes. Damit vermitteln Sie Selbstsicherheit und Kompetenz, außerdem bringt Ihnen die aufrechte Haltung einen guten Resonanzkörper für eine feste Stimme.

Regeln

- Stützen Sie sich nicht am Rednerpult ab, das hemmt Sie in Ihrer Gestik.
- Nummerieren Sie die Blätter Ihrer Unterlagen und rechnen Sie damit, dass jede Handbewegung gesehen wird.
- Verstecken Sie sich nicht hinter dem Rednerpult oder der Bühnendekoration.
- Blicken Sie immer wieder ins Publikum und fixieren Sie nicht Ihre Unterlagen.
- Zeigen Sie dem Publikum niemals den Rücken.
- Beugen Sie sich nicht zu einem fix montierten Mikrofon vor, es ist eigens für Rednerpulte eingerichtet und verlangt eine größere Distanz.
- Stehen Sie fest, etwa hüftbreit und wackeln Sie nicht.

Tipp

Wenn Sie Ihre Präsentation beginnen, freuen Sie sich auf die kommenden Minuten Ihrer Rede, denn es kann Ihnen kaum noch etwas passieren. Sie sind gut vorbereitet, haben Unterlagen und Technik im Griff, nun brauchen Sie nur noch Ihre Begeisterung für das Thema an Ihre Zuhörer/Zuhörerinnen weiterzugeben. Natürlich ist das ein Lernprozess, bis Sie diese Augenblicke genießen können, wo alle an Ihren Lippen hängen, aber es ist eine schöne Herausforderung.

PANNEN KOMMEN VOR

Den besten Rednern und Rednerinnen passieren Pannen, das kann eben einmal vorkommen. Oberste Devise ist Ruhe zu bewahren. Alle Zuhörer/innen beobachten

Sie nämlich aus dem eigenen Unwissen über die Ursachen ganz besonders intensiv. Pannen können Ihre Chance sein, alle Sympathien an sich zu ziehen.

Sie bleiben also ruhig, fragen über das Mikrofon die Haustechnik, ob sie die Panne, was auch immer es ist, gleich beheben können. Wenn nicht, bitten Sie Ihr Publikum, entweder näher zu rücken, wenn die Tontechnik streikt, oder ruhig sitzen zu bleiben, wenn die Lichttechnik ausfällt und es finster ist. Entschuldigen Sie sich mit fester Stimme für den technischen Defekt und weisen Sie darauf hin, dass daran gearbeitet wird.

Sollten Sie kurz vor Redebeginn Ihr Manuskript nicht mehr finden, schreiben Sie sich die notwendigsten Stichworte auf und starten Sie, als ob alles in Ordnung wäre. Wenn Sie sich fest auf den Inhalt konzentrieren, kommen Sie leicht durch Ihre Rede. Weisen Sie keinesfalls darauf hin, dass Sie das Manuskript vergessen haben und nun versuchen den Vortrag zu retten oder dergleichen. Das Publikum würde dabei nämlich besonders aufmerksam auf Ihr Stolpern und Stottern warten.

Sollten Sie sich doch versprechen, fällt das meist gar nicht auf. Reden Sie lieber weiter, denn das ist der Charakter von „Live", umständliche Entschuldigungen bei kleinen Versprechern langweilen nur und schwächen Ihre Aussage.

Wenn ein Kabelsalat auf der Bühne Ihr Verhängnis wird, beweisen Sie Humor und schimpfen Sie nicht über Ihre eigene Ungeschicklichkeit oder die des technischen Personals. So etwas kann passieren, daher ist auch keine Entschuldigung notwendig. Wenn Ihnen etwas zu Boden fällt, das Sie brauchen, heben Sie es ganz ruhig ohne Kommentar auf. Sollten Sie dieses Utensil ohnehin nicht brauchen, so lassen Sie es einfach liegen.

Entsteht Unruhe im Saal, weil jemand zu spät kommt, niesen muss oder andere akustische Störungen passieren, lassen Sie sich zunächst gar nicht aus dem Konzept bringen. Sollten die Störungen aber weitergehen, werden Sie in Ihrer Rede langsamer und leiser und blicken in die Richtung, aus der die Unruhe kommt.

Bedenken Sie aber auch selbstkritisch, ob Ihre Präsentation nicht schon zu lange dauert.

Tipp

Sie selbst sind Ihr kritischster Zuhörer und kaum jemand im Publikum nimmt Ihre Pannen tatsächlich wahr. Mit einem Lächeln zu Beginn und am Ende Ihrer Rede sowie einer festen Stimme haben Sie bereits gewonnen. Ihre Zuhörer erkennen Sie als einen Menschen mit Emotionen, Wissen und einer großen Natürlichkeit.

Fernsehauftritt

Die Psychotherapeutin Rotraud Perner ist überzeugt: „Noch nie waren wir so gut informiert wie heute – noch nie waren wir so sehr manipuliert wie heute." Stimmt, denn wir leben in einem Medienzeitalter, das uns jederzeit und überall mit Neuigkeiten aus der ganzen Welt versorgt. Die Allgegenwärtigkeit der Medien wird immer aufdringlicher. Diese umfassende Vereinnahmung und Rekrutierung von Medienkonsumenten und -konsumentinnen verleihen ihnen eine Dominanz, der sich keine/r, die/der etwas zu sagen hat oder bewirken möchte, entziehen kann.

In unserem Medienzeitalter kann jede/r täglich in die Situation kommen, dass er/sie vor einer Fernsehkamera ein Statement oder ein Interview geben soll oder in einer Fernsehsendung als Studiogast eingeladen ist. Keine gewöhnliche Situation und eine große Herausforderung, denn es ist Ihre Chance, sich zu präsentieren und zu bewähren. Die audiovisuellen Medien haben ihre Gesetze, die Mitarbeiter/innen des Fernsehens ihre Regeln, und diese zu kennen bedeutet einen großen Vorsprung.

FERNSEHGERECHTE SPRACHE

Der Fernsehauftritt, ob in einer Live-Show oder Nachrichtensendung, bei einem Interview oder Statement vor laufender Kamera, ist ein öffentlicher Auftritt und richtet sich an ein Massenpublikum. Überlegen Sie daher gut, was Ihre wichtigste Information ist und wählen Sie nur ein Thema aus der Vielzahl Ihrer Fachbereiche aus. Einfache Formulierungen, gute Struktur und kurze Sätze sind die wichtigsten verbalen Elemente. Besser, Sie wiederholen Ihre Hauptbotschaft, als Sie reißen ständig neue Themen an, die aufgrund der knapp bemessenen Sendezeit ohnehin nicht in voller Länge diskutiert werden können.

Regeln

- Unterbrechen Sie keine Fragen und fallen Sie Ihren Gesprächspartnern/-partnerinnen nicht ins Wort, denn Sie bekommen Ihre Sprechzeit ohnehin.

- Antworten Sie in kurzen Sätzen und bilden Sie keine Schachtelkonstruktionen, denn die lassen sich kaum schneiden.
- Sprechen Sie ruhig, langsam, nicht zu hastig oder gar hysterisch. Bleiben Sie sich aber selber treu!
- Fragen Sie nach, wenn Sie etwas nicht verstanden haben.
- Unterbrechen Sie Ihren Satz, wenn Sie sich versprechen und beginnen Sie neu.
- Deuten Sie nichts an, sondern sagen Sie, was Sie meinen!

Tipp

Vermeiden Sie folgende Sprachwendungen: „Wie ich schon gesagt habe, ...", „Wie Sie wissen, ...", „Da möchte ich noch etwas sagen". Diese Wiederholungen sind bei Fernsehinterviews nicht passend und wirken unsicher.

Abgesehen von den Inhalten, die Sie bei Ihrem Fernsehauftritt transportieren wollen, sind Ihr Erscheinungsbild und Ihr Auftreten von zentraler Bedeutung. Es handelt sich um ein optisches Medium, daher wird dieser Reiz zu allererst und am stärksten aufgenommen. Laut einer Untersuchung richtet sich die Aufmerksamkeit der Zuseher und Zuseherinnen zu etwa dreißig Prozent auf Ihre Stimme, zu mehr als sechzig Prozent auf Ihr Aussehen und zu nur maximal zehn Prozent auf den Inhalt. Daher sollten Sie besonderes Augenmerk auf Ihr optisches Erscheinungsbild legen.

Fernsehgerechte Kleidung

Überprüfen Sie, ob Sie mit Ihrem Aussehen und der Kleidung zufrieden sind. Nehmen Sie sich ausreichend Zeit vor dem Spiegel, korrigieren Sie, was Ihnen nicht gefällt und fragen Sie Kollegen oder Kolleginnen. Jede Situation ist anders. Sind Sie in einer Fernsehsendung Gast, so sollte Ihre Kleidung zum Hintergrund und zu Ihrem Hauttyp passen. Hat beispielsweise jemand eine rote Hautfarbe oder rote Flecken im Gesicht und trägt einen grasgrünen Pullover, so wird das Gesicht am Bildschirm gleichsam zu einem „Tomatengesicht". Das Rot wird durch die Komplementärwirkung des Grüns verstärkt.

Bei der Kleidung überlegen Sie, welches Image Sie vermitteln wollen. Eher leger wirken Sie in Pulli und Hosen, es sollte aber nicht schlampig aussehen, auch wenn es ein teurer Designerpulli ist. Allzu große Rollkrägen z. B. hängen schlapp herunter und wirken in der halbtotalen Kameraeinstellung entsprechend kraftlos. An Pullovern lassen sich außerdem die üblichen Mikrofone nur schlecht anbringen.

Seriös und kompetent wirken Sie im Kostüm oder Hosenanzug. Es besteht allerdings die Gefahr, dass diese Kleidung brav, fad und farblos wirkt. Die Stoffe sollten nicht zu klein gemustert sein, nicht glänzen oder reinweiß sein, denn die Kamera-Auflösung macht daraus ein lästiges Flimmern. Meiden Sie auf jeden Fall knitternde Stoffe oder Leinen. An Jacken lässt sich das Mikrofon gut befestigen und die dazugehörige Funkanlage in den Taschen oder am Bund gut verstecken. Dick gefütterte Überjacken ziehen Sie besser aus, denn darin sieht man immer unförmig aus.

KRAWATTEN UND TÜCHER

Krawatten sind ein wichtiges Thema im Fernsehen. Das bewies schon Robert Hochner, langjähriger Moderator der Spätnachrichtensendung im ORF. Er war ein Fan von schönen und ausgefallenen Krawatten, konnte aber aufgrund der Kameratechnik nicht alle Stücke tragen. Außerdem wurde er ständig von seinen Zusehern/ Zuseherinnen darauf angesprochen. Eines Tages wechselte er via Blueboxtechnik bei jedem Moderationstext das Design seiner Krawatte. Zum Abschluss der Sendung stellte er trocken fest: „Ich hoffe, meine sehr geehrten Damen und Herren, dass in dieser Sendung ein Krawattenmuster auch für Sie dabei war. Die Technik und ich, wir haben uns große Mühe gegeben."

Krawatten können Signalwirkung haben, zu glänzend sein oder einen Moiré-Effekt haben, sodass die Aufmerksamkeit der Zuseher/innen mehr auf dieses Accessoire als auf Ihre Botschaft gerichtet ist. Bei politischen Diskussionen in Wahlkampfzeiten sehen Sie oft, dass Politiker die Krawattenfarben ihrer Partei tragen oder die Farbe als Annäherung an eine entsprechende Partei interpretiert wird.

Von losen Schals oder Tüchern ist abzuraten, da sie ständig verrutschen und außerdem an den Ansteckmikrofonen scheuern, sodass Ihre Sprache von einem lauten Kratzen überdeckt wird.

BRILLEN UND SCHMUCK

Achten Sie darauf, dass Ihr Gesicht nicht glänzt, denn das verstärkt sich im Kameralicht. Etwas Puder hilft immer, selbst wenn Sie als Dame sonst nicht geschminkt sind, das gilt auch für Herren.

Schmuck ist ein Blickfang, daher sollte er dezent sein, damit die Zuseher/innen Ihnen ins Gesicht sehen und nicht abgelenkt sind.

Tragen Sie eine Brille, so sollte sie sauber sein und nicht automatisch nachdunkeln. Sonnenbrillen nehmen Sie bitte unbedingt ab. Durch die dunklen Gläser verschwinden die Augen und sehen wie zwei dunkle Löcher in Ihrem Gesicht aus. Wenn jemand mit kohlschwarzen Haaren und einem schwarzen Bart vor einem dunklen Hintergrund auftritt und dabei eine schwarze Hornbrille und einen schwarzen Rollkragenpullover trägt, darf er sich nicht wundern, wenn er vom Publikum zum furchterregenden, unheimlichen „schwarzen Mann" erklärt wird.

Tipp

Fragen Sie direkt vor Beginn der Sendung oder des Interviews den Redakteur/die Redakteurin oder den Kameramann/die Kamerafrau, ob Sie gut aussehen oder ob Frisur und Kragen richtig sitzen. Bei Sendungen, wo Sie als Gast vor laufender Kamera eingeladen sind, werden Sie ohnehin vor und nach der Sendung entsprechend geschminkt und vorbereitet. Lassen Sie das geschehen, denn es sind Profis am Werk, die Ihnen einen guten Auftritt ermöglichen wollen.

DER INTERVIEWORT

Wenn Sie frei wählen können, wo Sie das Interview geben, nehmen Sie Ihren Lieblingsplatz im Büro oder draußen im Freien ein, dort, wo Sie gerne ein Buch zur Entspannung lesen würden. Vielleicht möchten Sie an einer Arbeits- oder Produktionsstätte der Firma gefilmt werden. Meistens freut sich das Kamerateam, wenn Sie selbst für den Interviewort einen guten Vorschlag bringen.

Wenn Sie bei Ihrem Interview lieber stehen, bitte Vorsicht, dass Sie nicht mit dem Oberkörper wippen und achten Sie auf bequeme, gerade Haltung. Möchten Sie beim Interview sitzen, sagen Sie das auch.

Hinter dem Schreibtisch wirken Sie streng und distanziert, aber kompetent. Der Schreibtisch sollte ordentlich aufgeräumt, aber nicht kahl sein. Fotos, Blumen oder Produktionserzeugnisse dezent arrangiert wirken immer sympathisch und geben dem Kameramann/der Kamerafrau einen guten Vordergrund. Legen Sie die notwendigen Unterlagen geordnet auf Ihren Tisch.

Auf einer Sitzgarnitur ist es manchmal kompliziert, mit einem Rock auch wirklich aufrecht und trotzdem bequem zu sitzen. Auf einem frei stehenden Stuhl haben Sie viel Freiraum, allerdings keinen „Schutz" durch das Mobiliar.

Achten Sie darauf, dass die Kamera in der Augenachse steht. Wenn der Redakteur/die Redakteurin im Verhältnis zu Ihrer Körpergröße sehr groß oder sehr klein ist, versuchen Sie diesen Größenunterschied durch Hinsetzen oder Aufstehen auszugleichen. Bieten Sie nötigenfalls einen zusätzlichen Stuhl an oder stellen Sie Ihren Stuhl selber höher.

Regeln

Achten Sie darauf,
- dass der Raum ruhig ist und die Fenster geschlossen sind.
- dass keine lauten Umgebungsgeräusche wie Musik, Straßenlärm oder Produktionsgeräusche ablenken.

- dass Ihr Telefon umgeleitet ist.
- dass der Computer ausgeschaltet ist, denn er erzeugt ein lästiges Brumm-geräusch, an das wir uns bereits gewöhnt haben, das im Film aber zu hören ist.
- dass keiner bei der Türe hereinplatzt – ein aufgeklebter Zettel warnt die Herein-kommenden.
- dass im Hintergrund nicht ständig Leute vorbeilaufen oder Fahrzeuge vorbei-fahren.
- dass Sie selbst nicht durch irgendwelche Ereignisse in Ihrem Blickfeld abgelenkt werden.

Tipp

Die Entscheidung über den Interviewort und die Form des Gesprächs treffen aber immer noch der Redakteur/die Redakteurin und das Kamera-team. Sie können allenfalls Vorschläge oder Wünsche einbringen, sollten sich aber keinesfalls zu sehr in deren Arbeit einmischen.

Umgang mit Journalisten/Journalistinnen und Kamerateam

Bitten Sie den Redakteur/die Redakteurin und das Kamerateam herein. Meistens sind es drei Personen: Redakteur/in, Kameramann/-frau und Assistent/in. Fragen Sie nach Getränkewünschen. Das bricht das erste Eis und lenkt ab; außerdem sind die Medienleute oft unter Zeitdruck und ohnehin durstig.

Geben Sie bei der Begrüßung Ihre Visitenkarte dem Redakteur/der Redakteurin, er/sie ist für sämtliche Inhalte zuständig und braucht als Einzige/r Ihre Karte. Damit ist auch geklärt, wie Sie angesprochen werden wollen und was Ihre Funktion ist.

Fragen Sie, ob sich das Team für das Interview umsehen möchte, wenn nicht, schla-gen Sie dezent Ihren selbst gewählten Interviewort vor.

Der Redakteur/die Redakteurin will mit Ihnen ein Vorgespräch zum Interview führen. Erklären Sie in Stichworten, worum es geht, was Ihre Position ist, welches Thema besonders interessant und neu ist. Verschießen Sie aber nicht hier gleich Ihr „Pulver". In der Zwischenzeit baut das technische Team für das Interview auf. Schicken Sie neugierige Zuschauer weg, wenn Sie sich irritiert fühlen.

Vor Beginn des Interviews wird der „Weißabgleich" gemacht, dabei wird Ihnen ein weißes Blatt Papier vor Gesicht oder Brust gehalten. Es dient zur Einstellung der Kamera und hat keinerlei Bedeutung für Sie. Bei der folgenden Sprechprobe sagen Sie Ihren Namen, Titel und Ihre Funktion in der Firma. Es festigt Ihre Stimme, der Redakteur/die Redakteurin ist informiert, wie Sie angesprochen werden wollen und welche Funktion Sie haben.

Lächeln Sie während der ersten Frage, wenn es zum Thema passt, das entspannt Sie und macht Sie sympathisch. Antworten Sie freundlich, passen Sie sich in Ihrer Sprechlautstärke an den Redakteur/die Redakteurin an und flüstern Sie nicht. Schauen Sie nicht in die Kamera, sondern sprechen Sie ungezwungen mit der fragenden Person, die knapp neben der Kamera steht.

Wenn das Team weg oder die Sendung vorbei ist, haben Sie sich einen Kaffee und zumindest eine Pause verdient. Außerdem sind die Kollegen/Kolleginnen neugierig, wie es Ihnen ergangen ist. Sie waren toll!

Das Radiointerview

Das Radio bestimmt als Massenmedium unseren Lebensalltag. Das Netz an Radiostationen wird dichter, damit steigt die Möglichkeit, Personen mit diesem Medium Stimme zu verleihen, öffentlich aufzutreten und Anliegen zu transportieren. Das Radio hat wie alle anderen Massenmedien eigene Gesetze. Sie zu kennen und zu probieren, gibt persönliche Sicherheit, schafft Professionalität und damit ein gutes Image. Grundsätzlich gelten beim Radio die gleichen akustischen Gesetze wie beim

Fernsehen. Ein paar Komponenten verschieben sich allerdings, da das Bild fehlt und Stimme und Inhalt diese Information ersetzen müssen. Das Radio stärkt Impulse, gibt Informationen und schafft individuelle Bilder im Kopf. Eine radiogerechte Sprache orientiert sich an der gesprochenen und nicht an der geschriebenen Sprache. Ihr Aussehen tut in diesem Medium nichts zur Sache, daher sind viele Radiomitarbeiter und -mitarbeiterinnen bei ihrer Studioarbeit eher salopp gekleidet.

STIMME UND SPRACHE

„Wer das Ohr beleidigt, dringt nicht zur Seele vor", wusste bereits der römische Redner Quintilian und er formulierte damit das erste Radiogesetz: Stimme macht Stimmung! Das bedeutet, dass Stimme und Sprache in unmittelbarem Zusammenhang mit der gesamten Persönlichkeit stehen. Sie sind ein Spiegel dessen, inwieweit es deren Besitzer/in möglich ist, er/sie selbst zu sein.

Beim Radio ist es wichtig, Bilder durch Sprache zu erzeugen. Umschreibungen und konkrete Beispiele bleiben immer mehr im Gedächtnis hängen als Theorien und sind wesentlich spannender. Haben Sie keine Scheu, wichtige Statements zu wiederholen. Erzählen Sie keine großen Geschichten, sondern antworten Sie in knappen Sätzen, aber mit den notwendigen Informationen. Achten Sie darauf, dass ein Gesprächsfluss zustande kommt.

Tipp

Aktive Sprache und Formulierungen, also keine „Hauptwortsätze", sind besonders wichtig, damit Ihre Botschaft auch dynamisch wirkt. Setzen Sie die Stilmittel der gesprochenen Sprache ein: Lebendigkeit, Spannung, situationsgerechtes Sprechtempo und Pausen. Das gilt für alle Ihre Präsentationen.

Viel Erfolg bei Ihren öffentlichen Auftritten, Sie werden einen großen Erfahrungsschatz anlegen – und vor allem genießen lernen.

Europäisches Parkett

Seit Bestehen der Europäischen Union wächst dieses Staatengebilde ständig und vereint 28 Länder auf wirtschaftlicher und politischer Ebene, aber Europa ist größer und vielfältig wie kaum ein Kontinent. Neben den offiziellen Amtssprachen gibt es noch eine Vielzahl anderer Sprachen und Dialekte, was bedeutet, dass jedes Land seine Umgangsformen in das allgemeine europäische Geschäftsleben einbringt. Auch hier sollten Sie Sicherheit zeigen. Zumindest die bekanntesten Rituale, vor allem rund um das Begrüßen, sollten Ihnen geläufig sein, um auch tatsächlich ins Gespräch und vor allem ins Geschäft zu kommen. Damit es Ihnen nicht so geht wie einem Destillathersteller aus Österreich, der in Bulgarien Obst für seine Produktion kaufen wollte: „Es wäre gut gewesen, sich schon im Vorfeld mehr mit der Mentalität auseinanderzusetzen, um auch das nötige Einführungsvermögen zu entwickeln."

Andere Länder – andere Sitten

Viele Unternehmen, die Partner/innen und Kunden/Kundinnen in anderen Ländern haben, erwarten sich zwar gute Geschäftsbeziehungen, bieten aber oft ihren Mitarbeitern/Mitarbeiterinnen keine entsprechenden Schulungen an. Ein weltweit vertretener Stahlkonzern hat eines seiner Hauptgeschäftsfelder in Asien geschaffen. Die Mitarbeiter/innen, die zu Verhandlungen nach Asien fliegen, lernen diese Umgangsformen, indem sie die bereits erfahrenen Kollegen und Kolleginnen bei ihrer Arbeit beobachten. Sie können sich vorstellen, wie stressgeladen diese Geschäftsreisen sind und wie sehr sich die Konzentration von den tatsächlichen Verhandlungsthemen auf die Umgangsformen legt.

Kommen Sie also aus geschäftlichem Anlass in ein anderes Land, kann und soll es gar nicht darum gehen, sich allen Verhaltensnormen anzupassen. Viel wichtiger ist es, sich darum zu bemühen, die Sitten, Moral und Gesellschaftsnormen anderer Völker zu respektieren und sich nicht in verletzender Weise ihnen gegenüber zu verhalten.

Internationale Verhaltensnormen für Frauen

Gesetze, Erlaubtes, Geduldetes und Verbotenes für Frauen variieren von Land zu Land. Oft liegen solchen Regeln jahrhundertealte Gesellschaftsmuster zugrunde. Eine generell gültige Empfehlung für Frauen im Geschäftsleben gibt es jedenfalls nicht. Es ist notwendig, hier mit besonderem Fingerspitzengefühl sowohl auf Grußformen,

Bekleidungsvorschriften, Rangfolge und Höflichkeiten achtzugeben und sich vorab über die Sitten eines Landes zu informieren.

In Europa können wir ein deutliches Nord-Süd-Gefälle erkennen. Am ungezwungensten kann sich eine Skandinavierin in ihrer Heimat bewegen. Hingegen sind die Frauen im europäischen Süden, obwohl sie auch berufstätig sind, am meisten in der Öffentlichkeit eingeschränkt.

Die Position der Frauen in islamischen Ländern existiert nur im Privaten und in Zusammenhang mit ihrer Familie, öffentliche Auftritte sind kaum möglich oder stark reglementiert. Dort wäre es auch eine extreme Provokation, als Frau mit einem Minirock oder mit Hosen und unbedecktem Haar aufzutreten.

Im Folgenden finden Sie die wichtigsten Umgangsformen in europäischen Ländern, sofern sie sich von unserer deutschsprachigen Kultur wesentlich unterscheiden. Die Reihenfolge richtet sich nach der alphabetischen Ordnung der Anfangsbuchstaben des jeweiligen europäischen Landes.

BELGIEN

Das Land ist getrennt durch die unterschiedlichen Kulturen der Wallonen und Flamen, daher sollten Sie mit Fingerspritzengefühl die bestehenden Animositäten beachten, aber nicht ansprechen.

Fast alle europäischen Sprachen sind hier vertreten, ist Brüssel doch Sitz der Europäischen Union. Drei Wochen lang ist die Stadt Regierungssitz der Europäischen Kommission sowie der verschiedenen Räte und Interessenvertreter/innen. Für eine Woche übersiedeln mehr als tausend Referenten/Referentinnen mit ihren Politikern/Politikerinnen zur Plenarwoche nach Straßburg ins Parlament. Die Kleidung bei Gesprächen und Verhandlungen ist formell-konservativ.

BULGARIEN

Die Gestik in Bulgarien unterscheidet sich wesentlich von unserer: Nicken heißt „Nein", Kopfschütteln bedeutet „Ja".

Verhandlungen sind sehr langwierig, denn es wird nicht gleich mit dem Wesentlichen gestartet, sondern darauf hingeführt. Behördengänge sind aufwendig, Rangordnung und hierarchisches Denken stark ausgeprägt, daher trifft alle Entscheidungen der Firmenchef. Argumentieren Sie sehr sachbezogen und kritisieren Sie kaum. Schutz-geldforderungen und Vorauskassa können an Sie gestellt werden, um ein Geschäft abzuschließen.

Bulgaren sind stolz auf ihre Gastfreundschaft, unterhalten sich gerne und laden ihre Geschäftspartner/innen bei näherer Bekanntschaft auch zum Abendessen nach Hause ein. Bringen Sie Ihrem Gastgeber/Ihrer Gastgeberin eine Kleinigkeit mit und kalkulieren Sie Ihre Zeit großzügig. Ein festliches Essen wird normal mit Rakija, einem Schnaps, und Salat begonnen. Beachten und würdigen Sie den bulgarischen Rotwein, der Ihnen sicherlich im Laufe des Abends serviert wird.

DÄNEMARK

Das dänische Geschäftsleben ist unserem sehr ähnlich, allerdings mit mehr Kapital und weniger Pomp bei Repräsentationsaufgaben. Vermeiden Sie es also, zu protzig aufzutreten, Gastgeschenke sollten nur Mitbringsel oder Blumen sein.

Geben Sie sich sehr höflich und bescheiden und genießen Sie die reduzierte Hektik im Geschäftsleben. Für individuelle Übernachtungen und gutes Essen suchen Sie eine „Kro", das ist eine Kette vorzüglicher Gastronomiebetriebe.

DEUTSCHLAND

Blumen überreichen Sie in Deutschland nie im Papier, die Folie bleibt allerdings um den Strauß gewickelt. Das Papier entsorgen Sie am besten selbst rechtzeitig, damit die/der Beschenkte sich nicht damit befassen muss. Heutzutage darf man Blumen auch in gerader Anzahl verschenken: Jede Zahl ist willkommen, Hauptsache, der Strauß ist schön gebunden.

ESTLAND

Die Esten fühlen sich als Nordeuropäer und legen großen Wert darauf, nicht mit anderen Osteuropäern oder den Balten, wie Letten und Litauern, in einen Topf geworfen zu werden. Bei Verhandlungen ist klarer Sachbezug gefragt, Small Talk hat hier keine Tradition. Halten Sie keine Monologe, sondern stellen Sie Fragen an Ihre Geschäftspartner/innen. Vereinbarungen werden sehr genau eingehalten. Pünktlichkeit wird auf jeden Fall von Ihnen erwartet. In der Anrede und auf Einladungskarten werden grundsätzlich keine akademischen Titel verwendet. Außerdem wird rasch zum Vornamen gewechselt. Kleidungsvorschriften und Tischmanieren entsprechen unseren Regeln.

FINNLAND

Die Bekleidungsvorschriften für offizielle Gelegenheiten entsprechen denen unserer formellen Regeln, sind also keineswegs leger, die Tischmanieren sind international. Besonderes Augenmerk legen die Finnen auf Zuverlässigkeit und Pünktlichkeit. Gastgeschenke sind nicht üblich, jedoch können Sie mit einem kleinen Blumenstrauß Ihre Aufmerksamkeit bei Einladungen erweisen.

FRANKREICH

Die Businesskleidung entspricht den internationalen Standards, wenn auch einen Hauch lässiger. Abends legen die Herren sogar im feinen Restaurant gerne ihre Krawatten ab, öffnen den Hemdkragen und hängen das Sakko über der Stuhllehne. Bei offiziellen Einladungen und in besonders exklusiven Restaurants gilt diese Lässigkeit jedoch keinesfalls.

Einladungen in ein Privathaus sind eine besondere Auszeichnung, weil sie selten ausgesprochen werden. Erscheinen Sie in Abendgarderobe, selbst bei einer Gartengesellschaft. Je später der Einladungstermin, desto dunkler und eleganter sollten Sie sich kleiden. Blumen schicken Sie morgens frisch ins Haus. Gastgeschenke sind üblich, sollten aber nicht zu protzig ausfallen.

Bei den Tischmanieren gibt es einige Unterschiede. Der Platz der Dame, der Sie immer in den Stuhl helfen müssen, ist rechts, das gilt auch für den Ehrenplatz. Zum Käse verwenden Sie keine Gabel. Die Gänseleberpastete wird nicht mit dem Messer zerteilt. Auch dürfen Sie wie bei uns kein Brot schneiden, sondern brechen es. Das Weißbrot steht während der gesamten Mahlzeit bereit und dient zum Tunken der Soße oder als allgemeine Beilage, die Krümel beim Brechen des Brotes stören nicht.

GRIECHENLAND

Die Bekleidungsvorschriften sind in der Oberschicht sehr förmlich und elegant. Erkundigen Sie sich bei Einladungen genau über den Dresscode der Gastgeber, packen Sie also lieber ein Dinnerjacket ins Reisegepäck. Die Tischmanieren sind zwar nicht so streng wie bei uns, werden aber gerne gesehen. Aus historischen Gründen ist es besser, in Griechenland Gespräche über die Türkei zu vermeiden.

GROSSBRITANNIEN UND NORDIRLAND

Konservativ-formelle Kleidung bestimmt hier das Geschäftsleben. Die Marotte der Londoner Banker, mit dem „bowler-hat" (Melone) zu erscheinen, sollen Sie als Gast allerdings weder imitieren noch kritisieren. Für alle offiziellen Anlässe gilt bei der Kleidungsvorschrift „Black Tie", dass Sie als Herr einen Smoking tragen.

Die Tischmanieren haben in England eine große Bedeutung und unterscheiden gebildete und weniger gebildete Gesellschaftsschichten. Der wesentliche Unterschied zu unseren Regeln liegt im Gebrauch von Löffel und Gabel: Der Löffel darf bei der Suppe nur seitlich herangeführt und niemals ganz in den Mund gesteckt werden. Die Gabel verwenden Sie nur mit dem Rücken nach oben – entweder Sie quetschen das Essen zwischen oder schieben es auf die Zinken. Die kontinentale Umgangsform hat aber für Engländer ihren besonderen Reiz, daher brauchen Sie sich beim Essen nicht umstellen. Gastgeschenke sind unüblich, aber Blumen passen schon.

Beachten Sie die unumgängliche „tea time", die allen Geschäftsterminen vorgezogen wird. Britische Höflichkeit erfordert immer etwas Distanz zum Nächsten. Reichen Sie daher einem Briten nicht die Hand zum Gruß.

ITALIEN

Die Bekleidungsvorschriften entsprechen unseren, sind aber auffallend eleganter. Der Smoking kann für den Geschäftsreisenden notwendige Abendausstattung werden.

Einladungen von sehr guten Geschäftspartnern oder -partnerinnen gibt es eher in private Räume als ins Restaurant. Gastgeschenke sind üblich, Blumen schicken Sie am Vormittag ins Haus. Es gehört zum guten Ton, sich über die Familie zu erkundigen und über die eigene zu erzählen, eventuell sogar Fotos zu zeigen, bevor Sie zum Geschäft kommen. Trotzdem dürfen Sie die Rationalität der verhandelnden Geschäftspartner/innen nicht unterschätzen.

Die Bekleidungsvorschriften entsprechen der englischen Businessetikette. Auch die Tischmanieren sind eigentlich englisch. Iren gelten als besonders freundlich und herzlich. Gastgeschenke sollten höchstens taktvoll bescheiden ausgewählt werden, aber Blumen gelten immer als Überraschung.

KROATIEN

Im Dreißigjährigen Krieg waren die französischen Offiziere von den kroatischen Reitertruppen beeindruckt, weil sie eine schmucke Halsbinde trugen, die als Krawatte für elegante Anlässe und im Geschäftsleben von Frankreich aus ihren Siegeszug um die Welt angetreten hat. Eine Theorie lautet, dass sich das Wort Krawatte aus dem französischen „à la croate" entwickelt hat.

Bei förmlichen Anlässen wartet der Herr beim Grüßen, bis ihm die Dame ihre Hand reicht, der Jüngere grüßt Ältere zuerst. Außerdem sagt man vor dem Familiennamen Gospodine (Herr)/Gospodjo (Frau) oder den offiziellen Titel der angesprochenen Person. Hierarchisches Denken und Standesbewusstsein sind stark ausgeprägt, darauf müssen Sie als Gast Rücksicht nehmen. Auch Statussymbole haben eine große Bedeutung.

Verhandlungen können sich in die Länge ziehen, da persönliches Kennenlernen nicht einfach per E-Mail oder Telefon abgewickelt werden kann. Planen Sie Ihre Termine daher großzügig.

Vergleiche mit dem „Balkan", Ländern wie Serbien oder Bosnien, werden als Beleidigung angesehen, hingegen werden Verweise auf die engen Verbindungen zu Österreich und die gemeinsame Geschichte gerne gehört.

LETTLAND

Hier erleben Sie Offenheit gegenüber österreichischen und deutschen Investoren und können die Koordinationsdrehscheibe nach Russland gut einsetzen. Trotzdem wollen Letten nicht mit den Russen verglichen werden.

Hierarchien, Pünktlichkeit und Sachlichkeit sind besonders wichtig, die Handschlagqualität zählt ebenso wie das geschriebene Wort. Die Anrede erfolgt ohne Titel und es ist durchaus üblich, sich mit Vor- und Zunamen vorzustellen.

Dresscode und Tischmanieren gelten nach internationalen Regeln. Fisch in allen Zubereitungsarten gehört zu den beliebtesten Speisen in Lettland.

LITAUEN

Dieses Land bietet einen um ein Drittel geringeren Lebensstandard als die anderen europäischen Staaten und gehört zu den ärmsten EU-Beitrittsländern. Korruption kann daher schon vorkommen, mündliche Verträge haben kein starkes Gewicht.

Am Beginn eines Geschäftskontaktes ist Korrespondenz und persönliche Ansprache erforderlich. Pünktlichkeit gehört in Litauen zur eisernen Disziplin.

Während der Mahlzeiten werden Trinksprüche ausgebracht, auch wenn nur einzelne oder keine Gäste anwesend sind. Sonst gelten die eher konservativen Kleidungsvorschriften.

LUXEMBURG

Die drei gleichberechtigten Amtssprachen Deutsch, Französisch und Luxemburgisch (Lëtzebuergesch) weisen bereits darauf hin, dass sämtliche Umgangsformen international ausgerichtet und sehr weltoffen sind. Die Stadt Luxemburg ist Sitz der Montanunion, des Europäischen Gerichtshofs und vieler europäischer Dachverbände, daher ist hier die Beamtenschaft sehr stark vertreten.

MALTA

Schon vor fünftausend Jahren lebte auf dieser Insel ein hochentwickeltes, gebildetes Volk. Aufgrund archäologischer Zeugnisse scheint es wahrscheinlich, dass hier eine matriarchale, also von Frauen dominierte Kultur existierte. Davon ist im modernen Geschäftsleben von Malta wenig zu erkennen.

Heute ist es Zentrum für Kongress und Sprachausbildung für ganz Europa. Die Malteser gelten als sehr zuverlässige Geschäftspartner/innen, geradezu eine Mischung aus britischer Präzision und mediterranem Improvisationstalent. Die Familie ist heilig und wird auch bei Geschäftsterminen eingeflochten und vielfach gefeiert. Während der Siesta, also zwei bis drei Stunden nach dem Essen, sollten Sie nicht mit Ihren geschäftlichen Anliegen stören.

Die Kleidungsvorschriften sind international, aber doch etwas legerer, vor allem im Bereich des Tourismus.

NIEDERLANDE

Die Umgangsformen sind in den Niederlanden auch im Geschäftsleben eher unkonventionell bis leger. Rasch werden Sie per Du angesprochen, da ein „Sie" sehr distanziert klingt. Halten Sie sich aber an die Anredeformen Ihrer niederländischen Geschäftspartner/innen, denn in den Unternehmen dominiert das förmliche „Sie" sowohl unter den Mitarbeitern/Mitarbeiterinnen als auch in den Führungsebenen. Bekleidungsvorschriften und Tischmanieren unterscheiden sich nicht von unseren Gebräuchen.

NORWEGEN

Die norwegischen Frauen gelten europaweit als am meisten gleichberechtigt. Daher sind Frauen in Führungspositionen in der Politik wie in der Wirtschaft sehr häufig anzutreffen. Ihr Geschäftspartner in Norwegen könnte daher durch eine Frau in Führungsposition vertreten sein.

Die Bekleidungsvorschriften sind im Business international. Für Einladungen bedanken Sie sich unbedingt am nächsten Tag. Gastgeschenke können durchaus Blumen sein, aber nicht zu protzige.

OSTEUROPÄISCHE LÄNDER

Damit sind jene Länder gemeint, die sich vor Jahren von der kommunistischen Staatsform abgewendet haben und nun auf dem Weg zur Demokratie ihren Stellenwert in der europäischen Wirtschaft suchen. Ihre gemeinsame Vergangenheit drückt sich bis heute in verschiedenen Umgangsformen aus, die traditionell sind und als Ritual gerne gepflegt werden.

- Einnehmende Herzlichkeit und freundschaftliche Nähe können auch Tücken haben.
- Pünktlichkeit und korrekte Kleidung werden bei allen Terminen erwartet.
- Der Handschlag ist als Geste oft wichtiger als der schriftliche Vertrag, Sie sollten aber nicht darauf verzichten.
- Small Talk und Geschichten aus dem eigenen Leben leiten Geschäftsverhandlungen ein.
- Rituale bei Trinksprüchen zu kennen und zu beachten ist für Ihren Geschäftserfolg wichtig.
- Halten Sie unmissverständlichen Abstand zu anwesenden Frauen, da ein zu vertrauter Umgang leicht falsch verstanden werden kann.
- Begießen Sie Ihren Geschäftsabschluss erst danach mit Alkohol, nicht schon während der Verhandlungen.

Tipp

Ein Maschinenfabrikant mit Niederlassungen in mehreren osteuropäischen Ländern weiß, wovon er spricht: „Vor allem Geduld – die Uhren ticken nach wie vor anders als bei uns. Die Rücksichtnahme auf die Mentalität ist unumgänglich und die sprachliche Herausforderung ist zu bedenken. Und wenn man einfach auch nur ein paar Höflichkeitsfloskeln in einer jeweiligen Sprache kennt, hilft das schon."

POLEN

Trotz 45-jähriger kommunistischer Herrschaft haben sich in Polen viele traditionelle Umgangsformen bis hin zum eleganten Handkuss für Damen erhalten. Achten Sie daher bei Geschäftsverhandlungen und Einladungen auf Rangfolgen, Titel, Respekt gegenüber Frauen; Höflichkeit ist hier Trumpf. Grundsätzlich schütteln Erwachsene bei der Begrüßung einander die Hände. Wenn Sie einen Mann vorstellen, verwenden Sie die Anrede „Pan" vor dem Nachnamen, bei einer Frau „Pani". Einen Titel nennen Sie vor dem Nachnamen, können ihn bei formellen Gesprächen auch allein ohne Namen sagen.

Bei Vertragsabschlüssen ist immer das Einverständnis des „Senior-Chefs" notwendig. Ein Abschluss oder erfolgreicher Abend wird heute noch gerne mit einem Glas Wodka besiegelt, auch vormittags.

Ein geschäftsführender Gesellschafter berichtet über seine Erfahrungen mit polnischen Geschäftspartnern: „Die Leute sind am Anfang eher reserviert, aber wenn sie dann mal warm sind, dafür sehr herzlich und offen. Der persönliche Kontakt ist wichtig. In Polen sind wir zum Beispiel zu einer Hausmesse eingeladen worden, da war sogar der Pfarrer dabei. Das gäbe es bei uns nicht!" Stellen Sie sich in Polen auf vier Mahlzeiten am Tag ein: Nach dem leichten Frühstück folgt eine Zwischenmahlzeit als zweites Frühstück. Die Hauptmahlzeit wird traditionell erst um 15 Uhr eingenommen, Abendessen gibt es zwischen 18 Uhr und 20:30 Uhr. Bereiten Sie bei Einladungen einen kurzen Trinkspruch vor, denn bei formellen und informellen Abendessen ist es üblich, dass der Gastgeber einen Trinkspruch auf den Gast ausbringt, den dieser erwidern sollte. Bringen Sie der Gastgeberin eine ungerade Anzahl Blumen mit, die vorher ausgepackt werden.

PORTUGAL

Für Geschäftsverhandlungen brauchen Sie in Portugal manchmal mehr Geduld als bei uns, da sie zäh vonstattengehen. Die Portugiesen sind aber für ihre Selbstdisziplin, den Respekt gegenüber fremden Frauen und ihre Bescheidenheit fast sprichwörtlich bekannt.

Protokollgerechte Kleidung ist wichtig, bei vielen Abendanlässen wird auch „Black Tie", also Smoking, getragen. Ihre Gastgeschenke sollten bescheiden sein, aber Blumen passen immer.

RUMÄNIEN

Rumänen sind sehr gastfreundlich und man wird bei Privateinladungen mit Essen überhäuft. Das einzige, was sie als Gegenleistung erwarten, ist Freundschaft.

Erwachsene begrüßen einander oft mit einem Händeschütteln. Dabei wartet der Mann, bis die Dame ihre Hand entgegenstreckt. In der Anrede wird Wert auf Titel gelegt.

Geschäftsverhandlungen können sehr zeitintensiv sein. Bis ein Vertrauensverhältnis besteht, nehmen Sie sich also Zeit. Rechnen Sie in der Heimat des „Boeuf Stroganoff" mit üppigem Essen und Trinken. Vor allem die rumänischen Rotweine schmecken hervorragend. Ein Geschäftsmann gibt einen Eindruck davon: „So musste ich zum Beispiel bei einer meiner Geschäftsreisen nach Rumänien bei der Anlagenplanung in einer Farm mithelfen. Ich habe die zwei Tage damit verbracht, die Entscheidungsträger zum Essen und Trinken auszuführen. Über das Geschäft selber wurde nur eine halbe Stunde gesprochen, mit der Aussage, dass sie sich schon auf mich verlassen würden und die Bestellung wurde gemacht."

Achtung, Falle beim Trinken! Unser Wort „Prost" bedeutet auf Rumänisch „dumm". Der korrekte Ausdruck beim Anstoßen heißt „noroc". Passende Trinksprüche sind auch in Rumänien üblich, Sie sollten also welche parat haben. Für Small Talk eignen sich die Themen Kunst und Sport sowie die landschaftlichen Schönheiten.

RUSSLAND

Die Russen haben in ihrer wechselvollen Geschichte gelernt, viele Unannehmlichkeiten zu umgehen. Die Antwort „nein" bedeutet nur, dass die Frage falsch gestellt wurde, also ein neuer Weg gesucht werden muss.

Es wird großer Wert auf hierarchische Strukturen gelegt, anders ausgedrückt: Der Chef ist Patriarch. Die Mitarbeiter/innen werden immer als Untergebene angesehen, über die frei verfügt werden kann. Zur Standardausstattung jedes Geschäftsführers eines größeren Unternehmens gehören Chauffeur, Limousine und Leibwächter. Gruppenverantwortung und sanftmütige Chefs sowie kollegialer Führungsstil stoßen hier auf Unverständnis.

Bei Verhandlungen ist die Sitzordnung streng hierarchisch geregelt. Die höchstrangigen Personen jeder Seite sitzen den anderen in der Tischmitte gegenüber. Sie kommen am besten gleich zur Sache und bewerten die schriftlichen Verträge nicht allzu hoch. Den tatsächlichen Abschluss machen Sie meist nicht am Verhandlungstisch, sondern bei einem guten Essen, denn russische Geschäftsleute suchen den persönlichen Kontakt.

Wer eine ältere oder übergeordnete Person anspricht, nennt Vor- und Vatersnamen. Der Vatersname entspricht dem Vornamen des Vaters und enthält zusätzlich eine besitzanzeigende Endung, wie z. B. Swetlana Iwanowna, die Tochter des Iwan ange-sprochen wird. Ihren Bruder müssten Sie Dimitri Iwanowitsch nennen. Bei offiziellen Anlässen ist nur die Anrede mit Titel und Nachnamen üblich.

Im Geschäftsleben wird bei offiziellen Veranstaltungen formelle Kleidung getragen. Im Winter können Sie ruhig Ihre Winterstiefel für draußen anziehen und erst an der Gar-derobe Ihre mitgebrachten feineren Schuhe anziehen. Für Herren ist abends der dunk-le Anzug, aber nicht der Smoking üblich. Gastgeschenke und Blumen gehören dazu.

Die Tischmanieren unterscheiden sich nur in den Trinksitten von unseren. Der ranghöchste Gastgeber ist Tischvorsitzender, erhebt als Erster das Glas und spricht einen Trinkspruch. Der Nächste ist der ranghöchste Gast, der mit einem Trinkspruch die Gastfreundschaft preist. Dann wechseln sich Gastgeber und Gäste in den Trinksprüchen jeweils ab. Einen schönen russischen Trinkspruch können Sie auch auf Englisch oder Deutsch ausbringen, es wird sicherlich von jemandem übersetzt. Wichtig ist nur, dass Sie ihn sehr herzlich formulieren, Persönliches einflechten und wortreich ausschmücken. Wählen Sie aus der Themenvielfalt wie die Schönheit der Frauen, persönliche und erwünschte Freundschaft, die schönen Dinge des Lebens, die Weisheit des Alters und vieles mehr. Man trinkt nicht auf gute Geschäfte! Sollte jemand auf die Schönheit der anwesenden Frauen trinken, erheben sich alle Männer.

Als schlechte Manieren gilt, wenn Sie ohne Trinkspruch einfach trinken oder sitzen bleiben, wenn auf die Frauen getrunken wird. Unterlassen Sie lieber Flirts oder freundschaftliche Nähe zu Frauen, um Komplikationen zu vermeiden.

- Achten Sie die russische Herzlichkeit auch im Geschäftsleben, verstehen Sie diese aber nicht falsch!
- Zusagen, auch im Small Talk, gelten als verbindlich.
- Suchen Sie zu Beginn Ihrer Reisen in die GUS-Staaten erfahrene Besucher/innen, um sich von ihnen aufklären und in die Sitten einführen zu lassen.

SCHWEDEN

Die Umgangsformen sind in Schweden sehr unkompliziert. Das Duzen ist allgemein üblich, denn „Sie" wird nur zu älteren Menschen gesagt. Businesskleidung wie bei uns ist angebracht.

Außerhalb Stockholms gilt zur Mittagszeit in fast allen Restaurants Selbstbedienung. Das bedeutet, dass Sie auch in gehobenen Restaurants nach dem Essen das Tablett selber zurücktragen. Abends erwartet Sie allerdings wieder Bedienung im Restaurant.

Gastgeschenke sollten klein und persönlich sein, auch ein Strauß Blumen macht Freude.

SCHWEIZ

Die wirtschaftliche Führungsschicht der Schweiz ist fast zu hundert Prozent männlich dominiert. Erst seit 1971 haben die Schweizerinnen das allgemeine Stimm- und Wahlrecht. Sie haben in den letzten Jahrzehnten sehr rasch ihre Gleichstellung angestrebt und sind in einigen Kantonsregierungen sogar in der Mehrheit.

Da in der Schweiz die Amtssprachen Deutsch, Französisch, Italienisch und Rätoromanisch gelten und auch je nach Region tatsächlich gesprochen werden, richten sich die Verhaltensregeln bei Kleidung und Tischmanieren nach den jeweiligen Normen des „Sprachmutterlandes".

Gastgeschenke, auch Blumen, werden nur zu einem besonderen Anlass überbracht. In der Schweiz wird es geschätzt, wenn Sie sehr pünktlich, präzise und in der Zusammenarbeit partnerschaftlich sind.

SERBIEN

Viele serbische Manager haben im Ausland studiert oder gearbeitet, daher gelten hier im Geschäftsleben die gleichen Kleiderregeln wie bei uns. Pünktlichkeit bei Sitzungen wird sehr geschätzt. Die Verhandlungen kommen rasch auf den Punkt, gute Vorbereitung ist daher notwendig.

Vermeiden Sie Gespräche über Status und Zukunft des Kosovo, denn das stark ausgeprägte Nationalgefühl kann für diese politische Diskussion gefährlich werden.

Gäste, die zum Abendessen eingeladen sind, erhalten als Vorspeise Käse und Wurst, „Meze" genannt. Der Gastgeber/die Gastgeberin bemüht sich, als Zeichen des Wohlstandes und der Gastfreundschaft mehr Speisen auf den Tisch zu bringen, als seine/ihre Gäste essen können.

SLOWAKEI

Bekleidungsvorschriften und Tischmanieren entsprechen den übrigen europäischen Ländern. Auch hier sollten Sie bei Einladungen Gastgeschenke oder Blumen mitbringen.

Beachten Sie vor allem die Höflichkeitsformen. Der korrekten Anrede wird beispielsweise sehr große Bedeutung beigemessen. Bei der Vorstellung beginnen Sie anders als bei uns bei der Dame, der Jüngere vor dem Älteren, also die Hierarchie von unten nach oben. Der förmlichen Anrede folgt meist die Berufsbezeichnung und dann erst der Nachname.

Im lockeren Gespräch vermeiden Sie politische Themen oder Vergleiche zu der Slowakei benachbarten Ländern. Schätzen Sie stattdessen die schöne Landschaft und Kultur des Landes.

Slowenien

Slowenen fühlen sich als Mitteleuropäer und nicht dem Balkan zugehörig, geben Sie also Acht darauf. Generell werden Sie geringe Mentalitätsunterschiede zu Österreich oder Süddeutschland bemerken.

Zu allen offiziellen Anlässen tragen Sie formelle Kleidung. Gastgeschenke oder Blumen werden gerne angenommen. Slowenien hat in den vergangenen Jahrzehnten vor allem durch ausgezeichnete internationale Sportereignisse und Wettkämpfe im Wintersport, aber auch Segel-, Ruder- und Golfsportmeisterschaften auf sich aufmerksam gemacht und eine eigene Identität geschaffen.

Spanien

Die Spanier zählen sich zu den elegantesten Männern Europas. Daher brauchen Sie als Geschäftsreisender unbedingt einen dunklen Businessanzug und stets frische Oberhemden. Die Geschäftszeiten sind eher nach hinten verschoben, was bedeutet, dass ein Termin vor 9 Uhr unhöflich ist, dann aber bis 21 Uhr bei Besprechungen gearbeitet wird. Während der spanischen Siesta zwischen 14 und 16 Uhr sind die meisten Geschäfte geschlossen, da sollten Sie auch keine Anrufe bei Privaten tätigen. Abendeinladungen beginnen meist erst um 22 Uhr, wobei es sich schickt, in private Haushalte erst eine halbe Stunde nach dem vereinbarten Termin zu kommen.

Die Tischmanieren sind trotz ganz anderer Küche den unseren sehr ähnlich. Als Gastgeschenk bringen Sie zum Beispiel Wein; Blumen schicken Sie ab Vormittag ins Haus der Gastgeber/innen.

Tschechien

Im Geschäftsleben legt man Wert auf Hierarchie, Pünktlichkeit und auf formelle Begrüßungs- und Vorstellungsetikette. Halten Sie am besten gleich Ihre Visitenkarte bereit und würdigen Sie entsprechend diejenige, die Sie erhalten. Dabei werden Titel in der Anrede und auf der Visitenkarte sehr wichtig genommen. Außerdem setzen Sie vor den Titel die Anrede „Pani" für Frau, oder „Pan" für Herr. Die Anrede für eine Ärztin würde lauten: Pani Doktorko und den Nachnamen. Erst wenn Sie Ihre Geschäftspartner/innen lange Zeit kennen, wechseln Sie zum vertraulicheren Vornamen in der Anrede.

Die Businesskleidung ist international ausgerichtet und sollte formell-konservativ sein. Vor allem jüngere Geschäftsleute sind sehr karriereorientiert und verfügen über fein geschliffene Umgangsformen. Hingegen werden ältere Menschen im Business für glaubwürdiger gehalten als jüngere. Auf der informellen Ebene werden im Geschäftsleben die meisten Informationen ausgetauscht.

Nehmen Sie sich Zeit fürs Kennenlernen, und die Kontakte werden sogar bis in den Privatbereich reichen. Bei Einladungen, auch außerhalb eines offiziellen Anlasses ist es gut, einen Trinkspruch parat zu haben. Gastgeschenke und Blumen sind bei Einladungen obligat.

TÜRKEI

Als einziger Staat der Welt mit 99 Prozent muslimischer Bevölkerung ist die Türkei ein demokratischer Staat, ohne die im Islam übliche Einflussnahme der Geistlichen auf die Politik des Landes. Aber wir stehen hier einem völlig anderen Kulturkreis gegenüber, wenn auch viele Geschäftsleute und Akademiker ihre Ausbildung in Österreich oder Deutschland gemacht haben.

Ein wesentlicher Unterschied sind die Verhaltensregeln für Frauen. Am Land gelten hier fast noch mittelalterliche Gesetze. Grundsätzlich haben Türkinnen seit 1934 alle politischen Rechte, die aber nur von den Städterinnen wahrgenommen werden. Vor allem in der Politik und in den Bereichen der Wissenschaften und Universitäten sind im europäischen Vergleich überdurchschnittlich viele Frauen gut positioniert.

Nehmen Sie sich viel Zeit für Verhandlungen, aber zeigen Sie nicht, dass Sie „unendlich viel Zeit" dafür haben. Die Sitzordnung wird penibel eingehalten und kann daher Verhandlungen in die Länge ziehen. Entscheidungen fallen nur auf höchster Ebene. Der Umgang miteinander ist sehr formell und so soll auch die Vorstellung mit Titel und Name vonstattengehen.

In der Türkei ist die gewohnte Businesskleidung üblich. Bei Einladungen in private Räumlichkeiten verlangt die Höflichkeit, dass Sie Ihre Schuhe aus Hygienegründen ausziehen. Damen sollten daher eigene elegante Schuhe mitbringen, denen kein Straßenschmutz anhaftet, um nicht in Nylons mit Blick auf die Füße herumlaufen zu müssen. Für manche Türkinnen und Türken ist das fast anstößig.

Hier werden Sie die Gastfreundschaft und die Rolle der anfänglich zurückhaltenden Gastgeberin kennenlernen. Es sind aber auch Geschäftseinladungen in ein Restaurant üblich.

Die Tischmanieren sind etwas anders als bei uns. Beugen Sie Ihren Kopf tief über das Essen und tunken mit Brot aus Gemeinschaftsschüsseln. Nach dem Essen bekommen Sie Eau de Cologne in die aufgehaltenen Hände gespritzt und bedanken sich dafür.

Achten Sie darauf, sich niemals lautstark zu schnäuzen, sondern tupfen Sie Ihre Nase nur ganz sanft ab, alles andere wäre peinlich.

UKRAINE

Persönliche Kontakte, Vertrauen und Beziehungsaufbau sind sehr wichtig im ukrainischen Geschäftsleben. Dieser Weg führt über Small Talk, denn Geschäfte werden mit einzelnen Personen und nicht mit Unternehmen gemacht. Es gelten stark hierarchische Strukturen, die Kontakte werden am besten gleich an oberster Stelle geknüpft. Die Entscheidungen trifft ohnehin der Chef, Teamarbeit und Eigeninitiative sind nicht gefragt.

Die Ukrainer sind sehr aufmerksam im Umgang miteinander und gute Gastgeber, nehmen Sie sich auch dafür Zeit. Beim Essen kann das beste Beziehungsmanagement gemacht werden. Kleine Geschenke können Sie zu Einladungen in Privathaushalte mitbringen.

Ungarn

Geben Sie Acht bei Vor- und Familiennamen, auch akademische und sonstige Titel sind wichtig. Der Familienname wird in Ungarn dem Vornamen vorangestellt. Daher sollten Sie die Namen wirklich kennen, um Ihre Geschäftspartner/innen nicht ständig mit dem Vornamen anzusprechen.

Für eine erfolgreiche Geschäftsbeziehung in Ungarn ist der persönliche Kontakt sehr wichtig. Bereits Zwanzig- und Dreißigjährige bekleiden wichtige strategische Positionen.

Die Bekleidungsvorschriften in Ungarn sind konservativ-formell, obwohl es sich vor allem im Bereich der neuen Kommunikationstechnologien mit jungen Mitarbeitern und Mitarbeiterinnen besonders hervortut. Die Tischmanieren entsprechen weitgehend den unseren. Der allgemeine Umgangston ist sehr höflich, freundlich, fast als liebenswürdig zu bezeichnen. Gegenüber der Dame hat der Herr stets zu warten, bis sie ihm die Hand reicht, auch im Geschäftsleben. Kleine kluge Gastgeschenke und Blumen sind üblich.

Weissrussland – Belarus

Die nationale Kultur der Weißrussen hat eine vielfältige Volkskultur geschaffen. Die weißrussische Gesellschaft ist sehr patriarchalisch ausgerichtet, was sich in der Sitzordnung bei Verhandlungen zeigt. Die Formen entsprechen den russischen. Persönliche Kontakte stehen an oberster Stelle im wechselseitigen Austausch und kommen vor den schriftlichen Verträgen.

Businesskleidung ist wie in allen anderen europäischen Ländern auch in Weißrussland obligat und notwendig.

ZYPERN

Seit 1974 ist diese Insel in den Südteil als Republik und den Nordteil mit türkischer Besetzung geteilt. Entsprechend haben sich die wirtschaftlichen Strukturen entwickelt und diesen Teil zum Finanzzentrum des östlichen Mittelmeerraumes gemacht.

Die offizielle Kleidung ist sehr korrekt und international ausgerichtet. Die Kleidungsvorschriften für besondere Anlässe lassen die ehemalige britische Kolonialmacht durchscheinen. Also kein Abendessen ohne Smoking und auch die Damen sollten entsprechend festlich, aber konservativ gekleidet sein.

Die Tischmanieren sind noch immer britisch angehaucht. In Zypern werden oft mehrere Gänge gleichzeitig gereicht, daher ist es besser, von überall ein bisschen zu nehmen, als einen Gang auszulassen.

Die angebotene Tasse Kaffee verlangt höfliches Zeitnehmen und Genießen.

Die langjährige Teilung Europas in einen Westen und Osten hat selbstverständlich ihre Spuren hinterlassen. Es ist eine große Chance, die in den Köpfen entstandenen Barrieren zu überwinden und offen auf die Menschen zuzugehen. Manche Geschäftsleute fühlen sich auf dem südamerikanischen oder anderen Kontinenten mit den Umgangsformen vertrauter als mit jenen vieler europäischer Länder. Die Recherche zu den Umgangsformen in Ländern des ehemaligen Ostens war besonders schwierig. Die Leistungen der Außenwirtschaft Österreich der Wirtschaftskammer Österreich sind beste Ratgeber.

Auf ihrer stets aktuellen Website und in einschlägigen Broschüren bietet die WKO (wko.at/awo) Informationen zu Wirtschaftsdaten und Umgangsformen aus der aller Welt.

Anhang – Checklisten

Die passende Kleidung für jeden Anlass

PRIVATE ANLÄSSE – CASUAL

- Stadtbummel
- Zu Hause
- Besuch von Ausstellungen, Museen, Messen, Kino

ZWANGLOSE ANLÄSSE – SMART CASUAL

- Einladung zum Grillabend
- Private Familienrunde
- Tanzveranstaltung
- Vereinsabende
- Lockere Sommerfeste
- Einladung zum Brunch

HALBOFFIZIELLE ANLÄSSE – BUSINESS CASUAL

- Vorstellungsgespräch im lockeren Business
- Seminarbesuch
- Businesslunch
- Kundenkontakt mit Marketing, PR, Verkauf
- Einladung zum Essen
- Elternabend
- Konzert/Theater (je nach Veranstaltung)
- Firmeneröffnung
- Vortragsbesuch

Offizielle Anlässe – Strassenanzug, festlicher und dunkler Anzug, Smoking

- Vorstellungsgespräche im strengen Business
- Geschäftsessen
- Sitzungen
- Als Vortragende/r bei öffentlichen Vorträgen und Präsentationen
- Kundenkontakt bei Versicherungen, Banken etc.
- Ball und Galaabend (festlicher und dunkler Anzug und Smoking)
- Diplomfeier
- Premieren (festlicher, dunkler Anzug, Salzburger Festspiele: Smoking)
- Einweihungen und Würdigungen
- Konzert/Theater
- Cocktailparty
- Hochzeit
- Taufe
- Beerdigung
- Firmung

Hochoffizielle Anlässe – Cut, Frack, Smoking

- Trauerfeier für hohe Würdenträger (Schwarzer Cut, besonders in Monarchien)
- Hochzeit in Adelskreisen (Cut)
- Pferderennen in Ascot (Cut)
- Wiener Opernball (Frack zwingend)
- Nobelpreisverleihung (Frack)
- Frankfurter und Züricher Opernball (Smoking und Frack)

Rangordnung

RANGORDNUNG, IN DER BEI BESONDERS GROSSEN FEIERLICHKEITEN BEGRÜSST WIRD

- Bundespräsident/in
- Kardinal
- Bundeskanzler/in
- Nationalratspräsident/in
- Vizekanzler/in
- Bundesminister/in
- Vorsitzende/r des Bundesrates
- Präsident/innen der Höchstgerichte – Verfassungsgerichtshof, Verwaltungs-gerichtshof, Oberster Gerichtshof
- Präsident/in des Rechnungshofes
- Sektionschef/in, wenn er/sie als persönliche Vertretung des zuständigen Bundesministers/der zuständigen Bundesministerin kommt
- Landeshauptmann/-frau
- Zweiter und Dritter Nationalratspräsident/Zweite und Dritte Nationalratspräsidentin
- Landtagspräsident/in
- Staatssekretär/in
- Diözesanbischof der katholischen Kirche
- Weihbischof
- Superintendent/in der evangelischen Kirche
- Landeshauptmann/-frau-Stellvertreter/in
- Landesrat/-rätin
- Zweiter und Dritter Landtagspräsident/Zweite und Dritte Landtagspräsidentin
- Obmann/-frau eines Landtagsklubs
- Abgeordnete zum Nationalrat
- Abgeordnete zum Landtag
- Mitglieder des Bundesrates
- Präsident/innen der Kammern – Handels-, Landwirtschafts-, Arbeiterkammer
- Sektionschefs/-chefinnen

- Landesamtsdirektor/in
- Ministerialrat/-rätin
- Präsident/in des Oberlandesgerichtes
- Oberstaatsanwalt/-anwältin
- Präsident/in des Landesgerichtes oder Kreisgerichtes
- Erster leitender Staatsanwalt/ Erste leitende Staatsanwältin
- Präsident/in der Finanzlandesdirektion, Post- und Telegrafendirektion, Bundesbahndirektion
- Amtsführender Präsident/Amtsführende Präsidentin des Landesschulrates
- Militärkommandant/in
- Sicherheitsdirektor/in
- Landeskommandanten/-kommandantinnen – Gendarmerie, Polizei, Feuerwehr
- Äbte und Prälaten
- Präsidenten/Präsidentinnen des Gemeindebundes
- Bürgermeister/innen von Statutarstädten
- Bezirkshauptleute
- Polizeidirektor/in
- Bürgermeister/innen
- Pfarrer, Dechanten
- Abteilungsleiter/in des Amtes der Landesregierung
- Hofrat/Hofrätin und Landesbeamter/-beamtin
- Bezirksobmänner/-frauen – Partei, Kammern
- Kammerräte/-rätinnen – Mitglieder der Vollversammlung, Landwirtschaftskammer, Handelskammer, Arbeiterkammer
- Gemeindevorsteher/innen
- Gemeinderatsmitglieder
- Ortskommandanten/-kommandantinnen – Gendarmerie, Polizei, Feuerwehr
- Höhere Funktionäre/Funktionärinnen von Vereinen und befreundeten Organisationen
- Gemeindesekretär/in
- Besonders wichtig: Vertreter/innen von Presse, Rundfunk und Fernsehen
- Musikkapellen, Sing-, Tanz- und Spielgruppe
- Alle übrigen Gäste

Keine Liste ist absolut bindend, das heißt, dass bei einer Kammerveranstaltung die Kammerfunktionäre und -funktionärinnen weiter vorne als auf obiger Liste rangieren. Man sollte auch unterscheiden, ob ein Ehrengast privat oder dienstlich anwesend ist. Der zuständige Abteilungsleiter/die zuständige Abteilungsleiterin des Amtes der Landesregierung wird von einem oder einer im Ort wohnenden, weiteren Abteilungsleiter in begrüßt – auch wenn diese/r älter oder bekannter ist.

- Landeshauptmann/-frau
- Erster Landtagspräsident/Erste Landtagspräsidentin
- Landeshauptmann/-frau-Stellvertreter der eigenen Fraktion und dann der anderen
- Landesräte/-rätinnen nach Wichtigkeit für die Veranstaltung
- Zweiter und Dritter Landtagspräsident/Zweite und Dritte Landtagspräsidentin
- Obmann/-frau eines Landtagsklubs
- Abgeordnete/r zum Nationalrat
- Abgeordnete/r zum Landtag
- Abgeordnete/r zum Bundesrat
- Bezirkshauptmann/-frau
- Bürgermeister/in
- Pfarrer/in
- Abteilungsleiter/in des Amtes der Landesregierung
- Bürgermeisterstellvertreter/in
- Parteiobmann/-frau – wenn er/sie nicht in einer anderen Funktion bereits begrüßt wurde
- Gemeindevorstände und Gemeinderäte/-rätinnen: wenige einzeln, mehrere als Gruppe
- Kommandanten/Kommandantinnen der Gendarmerie, Polizei und Feuerwehr
- Höhere Vereinsfunktionäre/-funktionärinnen und befreundete Organisationen
- Presse, ORF
- Musik gleich oder erst bei der Ansage des Musikstückes
- Alle übrigen Ehrengäste, in einer Pauschalbegrüßung die anwesenden Besucher

Formelle Anrede – Anschreiben

ÖFFENTLICHE ÄMTER UND FUNKTIONEN

persönliche Anrede	Briefanschrift
Frau Bundespräsidentin	An die Präsidentin der ..., Frau ... Titel, Name
Herr Bundespräsident	An den Präsident der ..., Herr ... Titel, Name
Frau Bundeskanzlerin	An die Kanzlerin der ..., Frau ... Titel, Name
Herr Bundeskanzler	An den Kanzler der ..., Herr ... Titel, Name
Frau Ministerin	Der Bundesministerin für ..., Frau ... Titel, Name
Herr Minister	Dem Bundesminister für z. B. Finanzen, Herr ... Titel, Name
Frau Staatssekretärin	An die Frau Staatssekretärin des ..., Titel, Name
Herr Staatssekretär	An den Herrn Staatssekretär des ..., Titel, Name

Und so weiter in dieser Form, die auch für Gerichte, Anwälte/Anwältinnen und Notare/Notarinnen gilt.

DIPLOMATISCHES CORPS GEMÄSS INTERNATIONALEM PROTOKOLL

Titel	persönliche Anrede	Briefanschrift
Botschafter/in Gesandte/r	Eure Exzellenz	An den Botschafter der Republik ..., Herrn/Frau ... Titel, Name
Apostolischer Nuntius	Eure Exzellenz	Seiner Exzellenz dem Apostolischen Nuntius, Monsignore Titel, Name
Botschaftsrat/ Botschaftsrätin	Herr Botschaftsrat/ Frau Botschaftsrätin	Dem Botschaftsrat/der Botschaftsrätin bei der (Staatsbezeichnung), Botschaft, Herrn ...
Gesandtschaftsrat/-rätin Botschaftssekretär/in	siehe Botschaftsrat	siehe Botschaftsrat

KIRCHEN- UND RELIGIONSGEMEINSCHAFTEN

Würdenträger der evangelisch-lutherischen Kirche

Titel	persönliche Anrede	Briefanschrift
Landesbischof/-bischöfin	Herr Landesbischof/ Frau Landesbischöfin	Herrn Landesbischof/Frau Landesbischöfin, Titel, Name

Nach diesem Beispiel werden alle mit ihrem Rang und dem Namen sowohl persönlich angesprochen als auch schriftlich kontaktiert: Dekan/in, Superintendent/in, Propst/ Pröpstin, Pfarrer/in, Pastor/in, Vikar/in

Würdenträger der römisch-katholischen Kirche

Titel	persönliche Anrede	Briefanschrift
Papst	Eure Heiligkeit	Seiner Heiligkeit Papst ... oder „Heiliger Vater"
Kardinal	Eure Eminenz	Seiner Eminenz, Vorname, Kardinal...
Bischof	Eure Exzellenz	Seiner Exzellenz Bischof von ...
Prälat	Herr Prälat	Herrn Prälaten ...

Würdenträger der jüdischen Gemeinde

Titel	persönliche Anrede	Briefanschrift
Landes- , Ober-, Rabbiner	Herr Rabbiner	Herrn Rabbiner ... Titel, Name ...

bestehende oder noch regierende Adelshäuser, die Wert auf ihre Abstammung legen und entsprechend Protokoll angesprochen oder kontaktiert werden wollen

Titel	persönliche Anrede	Briefanschrift
Prinz/essin (regierend)	Königliche Hoheit	An Seine/Ihre Königliche Hoheit den Prinzen/die Prinzessin, Vorname, von ...
Großherzog/in	Königliche Hoheit	An Seine/Ihre Königliche Hoheit den/die Großher-zog/in, Vorname, von ...
Prinz/essin (herzoglich)	Hoheit	An Seine/Ihre Hoheit Prinz/Prinzessin, Vorname, von ...
Herzog/in	Hoheit	An Seine/Ihre Hoheit Herzog/in, Vorname, von ...
Fürst/in	Durchlaucht	An Seine/Ihre Durchlaucht Fürst/in, Vorname, von ...
Graf/Gräfin	Graf/Gräfin Muster-mann	Herrn Graf/Frau Gräfin, Vorname, von Mustermann
Gilt auch für Baron/in und Freiherr/Freifrau		

Titel	persönliche Anrede	Briefanschrift
Rektor/in	Magnifizenz oder Professor/in	An den Rektor/die Rektorin der ... Universität ..., Herrn Professor/Frau Professorin, Titel, Name

Dekan/in	Spektabilität oder Professor/in	An den Dekan/die Dekanin der ... Universität ..., Herrn Professor/Frau Professorin, Titel, Name
Professorin	Frau Professorin	Frau Professorin, Titel, Name
Professor	Herr Professor	Herrn Professor, Titel, Name

In gleicher Weise werden auch hochgestellte Persönlichkeiten der Wirtschaft kontaktiert.

Blumensprache

Die Blumensprache ist kompliziert und vielfältig. Lassen Sie sich im Fachgeschäft beraten. Heute können Sie auch Herren Blumen schenken, aber wählen Sie dabei eher gedeckte Farben. Die Blumensprache gilt nur, wenn Sie einzelne Blüten wählen oder ausschließlich eine Sorte. Aber grundsätzlich Sei Ihnen empfohlen, bevor Sie an einem geschenkten Blumenstrauß heruminterpretieren, sich vor allem darüber zu freuen!

Was welche Blume bedeutet

- Anemone – Freude, Verlassenheit
- Chrysantheme – „Mein Herz ist frei!"
- Flieder – „Bist du auch treu?"
- Hyazinthe – Wohlwollen, „Deine Kälte lässt mich verschmachten"
- Immergrün – Erinnerung
- Immortelle – ewige Liebe
- Jasmin – „Du bist bezaubernd"
- Lilie – Glaube, Reinheit, daher oft bei kirchlichen Anlässen verwendet
- Maiblume, Maiglöckchen – Unschuld
- Malve – Garten, Schönheit
- Nelke rot – heiße Liebe, auch politisches Symbol der Sozialistischen Internationalen
- Orchidee – „Du bist mir zu verspielt"
- Rose rot – „Ich liebe dich über alles"
- Rose gelb – Untreue, Eifersucht
- Rose weiß – Schweigen, Treue, Zustimmung zur Liebe
- Schneeglöckchen – Trost
- Vergissmeinnicht – „Denk an mich"

Stichwortverzeichnis